大學用書

國父思想綱要

周世輔　編著
周陽山　修訂

三民書局　印行

國家圖書館出版品預行編目資料

國父思想綱要／周世輔編著;周陽山修訂.－－修訂七版五刷.－－臺北市：三民，2007
面；　公分

ISBN 957-14-3888-X　(平裝)

1.孫文主義

005　　81000213

© 國父思想綱要

編著者　周世輔
修訂者　周陽山
發行人　劉振強
著作財產權人　三民書局股份有限公司
臺北市復興北路386號
發行所　三民書局股份有限公司
地址／臺北市復興北路386號
電話／(02)25006600
郵撥／0009998-5
印刷所　三民書局股份有限公司
門市部　復北店／臺北市復興北路386號
重南店／臺北市重慶南路一段61號
初版一刷　1992年9月
修訂七版五刷　2007年10月
編　號　S 000130
定　價　新臺幣320元
行政院新聞局登記證局版臺業字第〇二〇〇號

ISBN　957-14-3888-X　(平裝)
http://www.sanmin.com.tw　三民網路書店

修訂七版序

本書係大學用書《國父思想要義》的簡易版本，定名為《國父思想綱要》，供專科學校教學之用，於民國六十九年出版，以後歷年迭有增補。唯因時空環境變遷，現應三民書局之邀，再度重修，大幅度刪減過時之內容，並簡化教材，以供讀者之需。

本書原由政治大學周世輔教授撰著，周教授辭世後，由其哲嗣周陽山教授繼續擔任編撰任務。惟為保留原著之基本精神，並未增加過多之新添內容。至於近年來修憲之分析，則以第六、七章新增方式提供讀者參酌。本書承姚蘊慧教授與陳維健老師協助整理，僅此致謝。是為序。

著者謹誌

中華民國九十二年六月

自序

一、中華民國六十八年（去年）七月間，著者曾應三民書局邀請，將大學用書《國父思想要義》予以簡化，另名《國父思想綱要》，重排出版，以供專科學校教學之用。

二、今年教育部通令各專科學校，「國父思想課程」應依照部頒五年制師範專科學校「國父思想課程標準」講授。（中華民國六十七年三月十一日臺(67)技字第六一七六號部令頒發）

三、三民書局董事長劉振強先生遵守教育部命令往往捷足先登，不敢後人，乃邀著者遵照部令重編《國父思想綱要》，並不惜工本重新排印，以應需要。

四、前編《國父思想綱要》目錄多照大學用書安排，不免稍涉艱深，而且將國父生平列於後面特載；本書（新編《國父思想綱要》）目錄則全照師專用「國父思想課程標準」安排，較為簡明，而且將國父生平列於前面（導論）。又在特載方面，另列國父年表，以利對照。

五、本書所引國父遺教、先總統蔣公言論及他人著述，多在原文下括列書名，以利一目了然，免查註釋。惟少數應解釋問題，則列於附註。因此，各章節未列參考書，只在最後列重要參考書目錄。

六、本書已將高普考應用資料全部列入，有的名為附錄，教學時可不講。凡欲應考者宜自閱。

七、讀者閱讀本書時，無論發現何種疑難問題而亟需解答者，可函三民書局轉交著者作答，如未按時答覆，可再來函追詢。

周世輔於中華民國六十九年七月

國父思想綱要　目次

修訂八版序
自序
緒　論　中山思想與三民主義的領航人……一
第一章　導　論……五
第一節　國父的生平及其著述……五
第二節　國父思想的時代背景……一四
第三節　國父思想的淵源……二一
第四節　三民主義思想的演進……二九
第五節　先總統蔣公對國父思想的闡揚……三四
第二章　民族思想……三七
第一節　民族主義概述……三七
第二節　恢復民族精神與民族地位……四二
第三節　解決民族問題的途徑……五三

第三章　民權思想……五九
第一節　民權主義概述……五九
第二節　自由與平等……六八
第三節　民權主義的政治體制……七六
第四章　民生思想……一〇一
第一節　民生主義概述……一〇一
第二節　平均地權與節制資本……一〇九
第三節　民主六大需要問題……一二四
第五章　哲學思想……一三五
第一節　國父哲學思想概述……一三五
第二節　宇宙論……一三九
第三節　人生論……一四九
第四節　知行論（知難行易學說）……一六二
第六章　憲政改革與中華民國憲法㈠……一七一
第一節　第一階段修憲內容分析……一七二
第二節　第二階段修憲內容分析……一八二
第三節　第三階段修憲內容分析……一九五

第七章　憲政改革與中華民國憲法(二)……二二五
第一節　第四階段修憲內容分析……二三五
第二節　第五階段修憲內容分析……二五七
第三節　第六階段修憲內容分析……二七四
第四節　第七階段修憲內容分析……二九九
重要參考書目……三二九
國父年表……三三三
中華民國憲法……三四三
中華民國憲法增修條文……三六五

緒論　中山思想與三民主義的領航人

國父孫中山先生明揭的民族、民權與民生主義，其位階與順序為何？過去學術界與知識界曾有不少爭議。有的學者強調民生主義的重要性，認為中山先生是一位思想的實踐者，因此民生主義所強調的政策原則及內涵（如平均地權、實業計畫、大企業收歸國有等），應居於三民主義的首位。

另外，也有人認為民權主義所強調的權能區分、建國大綱、五權憲法等原則，實係解決政治發展困境、奠定憲政民主制度的良方，對於民主政治的穩定化、制度化，尤其居功厥偉。

也有不少論者以為，民族主義旨在解決國族認同問題，對內係藉助王道民族主義、五族共和等手段，以尋求中國境內民族問題的解決；對外則主張世界各民族一律平等，拒斥以強凌弱的帝國主義與殖民主義。基於此，民族主義實係奠定國際和平與國內安定的良方，自係最基本之要務。

但是，自一九八〇年代末東歐、蘇聯發生劇變，開啟後冷戰時代新頁以來，前後出現了二十七個新興民主國家。此一新局勢讓我們有一個嶄新的機會，重新檢視中山思想有關國族建立及其程序的相關學說，並對民族、民權與民生這三者的位階、順序及其爭議，有進一層研究與反省的契機。

從後冷戰時代開始到二十一世紀開端的這十多年間，前述的蘇聯、東歐與中亞新興國家，分別面臨著幾種不同問題的嚴峻挑戰。茲分項縷述如下：

（一）經濟發展的困境

在極權主義的統制型經濟（command economy）體制瓦解後，人民生計普遍陷入困境，通貨膨脹居高不下，貨幣貶值一洩千里，而經濟成長率呈負數形式逐年滑落。結果造成嚴重的貧困化現象。在各國政府實施經改引進資本主義的市場機能後，儘管有一群新興的企業家階層（new entrepreneur）湧現，並且發達致富，創造了不少新的就業機會，但是貧富嚴重落差的現象，卻造成人心浮動、中下層民眾的怨懟與不滿，進而形成整體的社會不安。

（二）社會動盪與族群紛爭

由於經濟發展的遲滯，貧富差距的擴大，以及過去極權主義時代被壓抑的民族及族群問題重新浮現，在東歐、俄羅斯及中亞各地，普遍出現了嚴重的社會動盪、族群衝突，甚至是流血的殺戮與紛爭。諸如南斯拉夫內戰、高加索區的族群戰爭、車臣的獨立戰爭等，雖經歷國際的調停及斡旋，卻未有紓解、底定的跡象。此類族群衝突問題，已成為後冷戰時代國際間的一大隱憂，也成為東歐與中亞新興國家在民主化（democratization）進程中的最大困境。

（三）憲政鞏固與民粹主義（populism）的糾葛

對於新興民主國家而言，憲政體制的確立與鞏固，是奠定穩定民主競爭機制的關鍵所在。但是在這些國家裡，由於健全、成熟的公民社會（civil society）尚未形成，貧富差距與社會對立十分嚴重，而政治人物中又充斥著以粗俗語言與煽動情緒為尚的民粹主義運動家，將這些矛盾與對立不斷激化，藉此從中得利。其結果是，憲政鞏固面臨嚴重困境，民選的獨裁者（electoral autocrat）藉著民主選舉而上臺，並獨攬大權，威行專制，繼而遂行己意，將憲政體制按自身利益量身修訂（俄羅斯的「葉爾欽憲法」即為顯例）。於是，原應成為國家安全基石的憲法與憲政體制，反而成為民主發展之癌。這也是十多年來這些新興民主國家政治發展始終困頓不安的主因之一。

上述三大困境，也正是中山先生所說的民族、民權與民生三大問題所在。表面看來，似乎是以經濟問題最為首要，亦即民生主義最具關鍵地位。但是我們若從整體國家發展方向分析，則族群問題才是解決一切紛亂之源。換言之，如果國族認同與族群和諧關係未能底定，則憲政鞏固、經濟發展及財富分配問題，依然難以根本解決。基於此，如何解決民族問題，並建立維持族群和諧關係的民主協商機制，實係新興民主國家的首要課題。中山先生將解決民族問題列為三民主義三大課題之首，確是深具洞識的遠見。

至於民權與民生兩者之間的位階與次序關係，則因政治體制與民主程序，必須先行確立，方可決定公共政策及財富分配問題；因此對新興民主國家而言，惟有落實憲政鞏固、進行民主選舉、確立政黨體系，並奠定執政的文官機制，才算解決基本的民權問題。中山先生在建國三程序中強調「軍政——訓政——憲政」這三者的次序關係，即已充分掌握到新興民主國家面臨的實質困境。惟有落實訓政、教育民眾，並訓練其參政的基本知能，方得避免為少數野心家所煽動、誘引，進而導致專政復辟。基於此，民權主義所提供的解決藥方，確是新興民主國家解決政治發展困境的重要借鏡。

經由上述的分析，若從形式方面觀察，民生問題所關切的經濟發展、財富分配與公共政策制訂，似乎最為重要，而且影響人民生計至鉅。但是解決民族問題，形成和諧的族群關係，卻是解決三大問題之首務。這也是為何在清廷未滅之前，中山先生力倡「驅逐韃虜，恢復中華，建立合眾政府」，但是民國成立後，卻從王道與中庸的立場，強調「五族共和」的重要性。

至於中山先生在歷經軍閥亂政、洪憲復辟等逆流之後，力倡民權初步、地方自治與建國三程序等主張，毋寧是更清晰的掌握到民主發展與憲政鞏固問題的本源。如果民眾的參政權未能真正落實，如果穩定的憲政制衡機制未能奠立，則新崛起的威權領袖、野心軍閥和民選的獨裁者，就將處心積慮的吞食新興民主的薄弱根基了。民國初年的袁世凱、段祺瑞等野心家曾經扮演此類的角色，東歐後冷戰時期的米洛塞維契、葉爾欽、庫其馬、梅西爾等人，又何嘗不是類似的變體或翻版？

在辛亥革命已屆九十二周年之際，我們遺憾的是：在後冷戰的時代裡，竟然有這麼多的野心軍閥和威權領袖，依然扮演著當年袁世凱等人所扮演的角色。而全球成千萬上億的不幸子民，也正持續的承受著「民主——威權」轉型的陣痛與苦果。我們要問的是：儘管國父孫中山先生早已提出一套解決這些困境的問題與良方，但是，誰將是後冷戰時代的孫中山？誰將成為當代孫中山思想與三民主義三大問題的實踐者與領航人？

這正是本書所要提供的選擇。

第一章　導　論

第一節　國父的生平及其著述

一、國父生平

㈠名號——國父孫中山先生，名文，幼名德明，字帝象，稍長，號日新，又號逸仙。又嘗自署載之或公武。三十二歲時，旅居日本，曾署中山樵，世人遂稱中山先生。

㈡故鄉——國父於清同治五年（一八六六）陰曆十月初六（公曆十一月十二日）誕生於廣東省香山縣（今稱中山縣），該縣位於珠江三角洲的南端，臨澳門（葡萄牙殖民地），與被英人割佔的香港隔海遙對。由於地近英、葡殖民地，中山先生對國際思潮與現代文化乃有深刻的體悟。

㈢家世——香山孫氏本是中原世族，唐末天下大亂，百姓渡江南徙。孫氏子孫散布於贛南、閩南與粵省各地。河南陳留有孫誗者，因黃巢之亂，遷居江西寧都。越五代至承世公，復遷福建長汀之河田。至明初永樂年間友松公時，再遷廣東省江上流紫金縣之忠壩。又十二傳至連昌公，以累世參與反清義師，兵敗流散，於康熙年間從紫金遷居增城；又過了兩代，再遷至香山縣涌口門村。又兩代到殿朝公時從涌口門村遷居翠亨村，殿朝公就是國父的高祖。（羅香林著，《國父家世源流考》）

國父的父親達成公，一名觀林，生於嘉慶十八年（一八一三），卒於光緒十四年（一八八八）。達成公純樸忠厚、有長者風度，善排難解紛，為村民所敬仰。少時家道艱困，曾赴澳門業縫工，壯歲返里，御粗布服，耕田牧豕，兼營商販，終歲勤勞。娶同邑隔田鄉楊騰輝公之女，稱賢內助。國父狀貌甚似其母，其豁達大度，志切上進，受雙親之薰陶和鼓勵影響至大。達成公四十二歲生長子德彰，自是長女金星，次子德佑，次女妙西，皆遞隔三歲而生。五十四歲生國父，時楊太夫人年三十九，又五年生季女秋綺。

㈣求學——國父於七歲入學，在私塾讀國學，十三歲赴檀香山入英人所辦之意奧蘭尼書院（Iolani College），在學期間，英文成績為全校之冠，接著再進入美國教會學校阿湖書院（Oahu College），光緒九年（一八八三），兄德彰令國父返回本國唸書，國父返國後轉往香港，入拔萃書室（Diocesan Home, Hongkong），數月後，再轉入香港皇仁書院（Queen's College），又數月中法戰爭發生，此時他眼見滿清腐敗，決心革命。除西學外，更鑽研本國經史，吸取固有文化。

他於二十一歲攻習西醫，入廣州博濟醫院（Conton Hospital）肄業，二十二歲轉入香港新創之西醫書院。在學期間研究學問和鼓吹革命雙向並進，常稱許洪秀全為漢族英雄，倡言革命。與陳少白、尢列、楊鶴齡等人朝夕往還，交往最密，數年如一日，朋友都戲稱孫、陳、尢、楊為「四大寇」。

國父於光緒十八年（一八九二）畢業於西醫書院，在學五年半期間，各科成績均極優異，不僅冠於全校，即至書院合併到香港大學為止，前後二十八年，沒有一位學生成績能夠比得上他。（羅香林著，《國父

之大學時代》）

㈤革命經過——茲分三個時期分述之：⑴興中會時期；⑵同盟會時期；⑶民國時期。

1. 興中會時期：第一個革命組織成立，歷經兩次革命起義，倫敦蒙難亦在這個時期發生。

甲、興中會成立　興中會是國父推動革命的第一個組織，於光緒二十年（一八九四）十一月二十四日成立於檀香山。當時檀島華僑約四萬人，而國父胞兄德彰居茂宜島，有牛數千頭，田數百頃，疏財仗義，貢獻殊多。興中會以「振興中華」為號召，誓詞有云：「驅除韃虜，恢復中華，創立合眾政府，倘有貳心，神明鑒察」。

乙、興中會時期的兩次革命　光緒二十一年春，興中會謀襲取廣州作為革命的根據地，但事機不密，陸皓東等五位志士被捕就義。國父亦為香港政府所驅逐，轉赴歐美，繼續奮鬥。當光緒二十六年（一八九六）十月抵倫敦後，發生了震驚一時的倫敦蒙難（下文詳述）。迨庚子拳亂發生時，國父命鄭士良舉義惠州，與清軍激戰月餘，眾寡懸殊，加以國父在臺策應計畫時，因日本內閣改組，新總理伊藤博文對中國革命不表支持，致人員武器均未能及時支援，這是國父革命起義的第二次失敗。

丙、倫敦蒙難　第一次廣州革命起義失敗後，國父為香港政府放逐五年。一八九六年國父抵倫敦繼續為革命事業奮鬥，不料為清駐英公使館誘捕，秘密幽禁，準備專送回國，幸得前香港西醫書院業師，時居倫敦之康德黎先生竭力營救，加以英國政府及新聞界主持正義，被禁十二日，卒獲釋放（黃宇和著，《倫敦蒙難記》）。國父由是聲名大漲，各國獲知中國革命之真象。乃利用時間在英、德、法等國考察旅行，對各國政治、社會作深入之研究❶。

2.同盟會時期：同盟會的成立，是革命志士的一次大團結。前後共經歷八次革命起義的失敗，最後終於有辛亥武昌革命的成功。

甲、同盟會的成立　光緒三十一年春，國父再赴歐洲，先後在比、德、法召集留學生開會，宣誓加入革命者七、八十人。是年七月返日，留日學生舉行盛大歡迎會，到會千餘人，國父發表演說，闡揚革命精蘊，感人至誠，在場者莫不感奮，當即成立籌備會，統一革命組織，定名為「中國同盟會」。七月二十日開成立大會，會中通過推國父為總理，宣言以「驅除韃虜，恢復中華，建立民國，平均地權」為綱領，並確定「中華民國」之名稱。加盟者三百餘人，全國十八省，除甘肅省因無留日學生外，其餘各省均有代表參加，革命聲勢為之壯大，乃前所未有。

乙、同盟會時期的革命運動　同盟會成立後，七年之間，舉事八次（連興中會兩次為十次），前仆後繼，百折不撓。終於武昌起義一舉成功，推翻了二千多年來的專制政體，創建了民主共和的新中國。十次革命簡表如後。

❶ 在《孫文學說》第八章中，國父謂：「倫敦脫險後，則暫留歐洲，以實行考察其政治風俗，並結交其朝野賢豪，兩年之中，所見所聞，殊多心得。始知徒致國家富強，民權發達，如歐洲列強者，猶未能登斯民於極樂之鄉也。是以歐洲志士，猶有社會革命之運動也。予欲為一勞永逸之計，乃採取民生主義，以與民族、民權問題，同時解決，此三民主義之主張所由完成也。」

時間	地點	主事者	重大事蹟
光緒二十一年九月	廣州	陸皓東等	事機不密失敗。
光緒二十六年八月	惠州	鄭士良	攻克沙灣、新安等地。
光緒三十三年四月	黃岡	余丑、許雪秋	佔協署，克黃岡。
同右	惠州（七女湖）	鄧子瑜	混戰十日，惠州震動。
光緒三十三年七月	欽州、防城	黃興	佔防城，逼欽州。
光緒三十三年十月	鎮南關	國父親率黃興、胡漢民等	佔領鎮南關三要塞，戰鬥七晝夜。
光緒三十四年二月	欽、廉、上思	黃興	轉戰數月，黃興威名大振。
光緒三十四年三月	河口	黃明堂	佔領河口，守月餘。
宣統二年正月	廣州	倪映典	率新軍攻廣東省城。
宣統三年三月	廣州	黃興	攻入督署，黨內精英，犧牲慘重。死後葬於黃花岡者七十二人。

3.民國時期：民國成立後，國父功成身退，決心讓位於袁世凱。但袁別具野心，唆使刺客暗殺國民黨的代理事長宋教仁，違背約法，並免國民黨籍三督軍職，建立「洪憲帝制」。其後雖於民國五年六月羞憤而死，但北洋軍閥仍割據亂法，國家陷入分崩離析的分裂狀態。直至民國十四年三月十二日逝世前，國父一直致力於「和平、奮鬥、救中國」的革命事業，未嘗稍歇。

甲、討袁與護法　武昌起義後，國父在海外辦理交涉，斷絕清廷外國之借款，於十一月六日返國。十日被推選為臨時大總統，並於十三日（即民國元年一月一日）就任。國父為求全國統一，爭取袁世凱之支持，乃於四月離職，舉袁世凱接任臨時大總統之位。唯袁氏妄圖稱帝，收買奸佞，刺殺革命黨人，造成國民黨領袖之一的宋教仁被刺。民國二年七月江西、江蘇、安徽、廣東、福建等省舉兵討袁，八月相繼失敗。國父乃於十一月率同志赴日，於民國三年六月組織中華革命黨於東京，九日發表宣言，制定革命方略，定青天白日滿地紅旗為國旗。民國四年蔡鍔在雲南起義討袁，國父一面令李烈鈞參加，一面發動各省同志響應。民國五年六月袁死，黎元洪繼任總統。民國六年五月督軍團叛變，國父在上海通電西南各省討逆救國。七月自上海抵廣州，倡導護法，主張恢復舊國會及民國元年約法。九月當選為中華民國軍政府海陸軍大元帥。

民國七年辭大元帥一職，軍政府改組，被選為七總裁之一，乃離粵赴滬，從事著述，十二月發表《孫文學說》。

民國八年二月發表宣言，主張南北議和必須以恢復國會為先決條件。八月創辦《建設》雜誌於上海，將《實業計畫》內容分期發表。十月改中華革命黨為中國國民黨。

民國九年三月著《地方自治開始實行法》。六月和唐紹儀、伍廷芳、唐繼堯共同發表宣言，否認民國七年改組之廣東軍政府。十月粵軍克廣州。十一月自上海抵粵，恢復民國六年的軍政府。

乙、北伐討賊　民國十年四月軍政府取消，改設中華民國政府，五月國父就任非常大總統。六月討伐廣西軍閥陸榮廷，九月全省底定。十一月抵桂林，籌備北伐，對北伐軍講述「軍人精神教育」。十二月蘇俄代表馬林來見，談及國父思想的淵源，並共商中蘇合作事宜，未有結果。

民國十一年三月自桂林回師，五月赴韶關督師，北伐軍入江西，六月自韶關回廣州。陳炯明唆使部下叛變，砲轟觀音山，國父督艦討伐，並命北伐軍回師。蔣中正自浙來粵至白鵝潭赴難。八月因北伐軍回師失利，離粵赴滬。蘇俄代表越飛派人來見，再商中蘇合作，不久發表「孫越聯合宣言」。

民國十二年一月發表中國國民黨宣言，宣布對世局主張，以及民族、民權、民生政策。適滇桂軍克廣州，陳炯明敗走惠州。二月自上海抵粵，設大元帥府，任命蔣中正為大本營參謀長。時值曹錕、吳佩孚賄選，乃聯絡西南各省領袖通電聲討，任命譚延闓為北伐討賊軍總司令，進行北伐。

民國十三年一月召開中國國民黨第一次全國代表大會，並在廣東高等師範學校開始講演「三民主義」。四月公布《國民政府建國大綱》。五月任命蔣中正為黃埔陸軍軍官學校校長兼粵軍參謀長。九月赴韶關督師北伐，發表宣言，討伐直系軍閥。時值北京政變，馮玉祥倒戈，曹吳垮臺，段祺瑞出任臨時執政，電請國父共商國是。乃率同志離粵北上，主張召開國民會議及廢除不平等條約，過日本時講演「大亞洲主義」。十二月抵天津，扶病至北京。

民國十四年一月因肝病病勢加重，入北京協和醫院接受手術。二月自協和醫院移居行轅。三月十一日簽字於遺囑，十二日上午九時三十分不幸逝世於北京。大星遽殞，舉世同哀。

二、三民主義及其重要著述

國父重要著述（講詞）甚多，皆以救中國、救世界為主要內容，範圍甚廣，凡政治、經濟、心理、社會等內涵，無所不包。茲將其重要者分別說明如下：

㈠《民權初步》——國父於民國二年譯美國沙德夫人的《會議規則》，定名為《民權初步》，自加解釋云：「民權何由而發達？則從固結人心，糾合群力始；而欲固結人心，糾合群力，又非從集會不為功。是集會者，實為民權發達之第一步。」（《民權初步》序）此書專講集會議事的規則，教導人民集會，以達訓練行使民權之目的，同時養成人民守法紀的習慣，為民權訓練的起點。

㈡《孫文學說》——此書於民國七年開始撰著，民國八年出版。國父鑑於當時人民及黨員受了「知之非艱，行之惟艱」的影響，致三民主義與革命方略，未能實現，故提倡知難行易說。他在自序中說：「吾黨之士，於革命宗旨革命方略，亦難免有信仰不篤，奉行不力之咎也。而其所以然者，非盡關乎功成利達而移心，實多以思想錯誤而懈志也。此思想之錯誤為何？即『知之非艱，行之惟艱』之說也。」國父用「知難行易」說破除此種錯誤心理，同時舉出十種事例來證明「知難行易」，鼓勵黨員及國人實踐力行，改造國人心理，故《孫文學說》，亦稱為《心理建設》。

㈢《實業計畫》——國父於歐洲大戰期間撰《實業計畫》一書，規定國家建設的途徑和原則，該書包括十大綱領和六大計畫，實為一空前巨著。《實業計畫》不但為中國物質建設的藍圖，同時也可解決世界上的相關問題。國父在《實業計畫》結論中說：「世界有三大問題，即國際戰爭、商業戰爭與階級戰爭是也。在此國際發展實業計畫中，吾敢為此世界三大問題而貫一實行之解決。」蔣中正先生認為《實業計畫》，消極的目的，在預防任何國家獨佔中國的經濟勢力；積極的意義，則在結成中國與各國之間經濟上平等互利的關係，以保持和平。

㈣《建國大綱》——《建國大綱》發表於民國十三年四月十二日，革命的目的在於建設，《建國大綱》討論建國的方向、步驟與方法，為建設新中國重要的實典。

國父說：「夫革命之目的，在於實行三民主義。而三民主義之實行，必有其方法與步驟。」（〈制定建國大綱宣言〉）這方法與步驟，即是建國大綱。先總統蔣公說：「總理對於政治建設最簡明精要的具體方案，就是《國民政府建國大綱》。」（《國父遺教概要》第二講）

㈤《地方自治開始實行法》——國父說：「地方自治者，國之礎石也。礎不堅則國不固。」（〈自治制度為建設之礎石〉）先總統蔣公說：「地方自治是政治建設之初步，也就是三民主義的國家建設的基本，因為地方自治是國家建設的基本，十分重要。」（《國父遺教概要》第二講）地方自治開始實行法規定了地方自治的範圍和其工作項目，包括：⑴清戶口；⑵立機關；⑶定地價；⑷修道路；⑸墾荒地；⑹設學校。

㈥《三民主義》——國父於民國十三年一月二十七日在廣東高等師範開始有系統完成了民族主義六講及民權主義六講，惟民生主義只講了四講（食、衣、住、行），因北伐赴韶關督師，沒有能夠全部講完。先總統蔣公就民生主義補充了育、樂兩篇，為建設民生主義社會規劃出了一個藍圖。

㈦《五權憲法》——《民報》週年紀念，國父講「三民主義與中國民族之前途」已提到五權憲法。民國十年正式作五權憲法講演，民國十三年講民權主義時亦講五權憲法，對於立法、行政、司法、考試、監察五權之運用，說明甚詳。

㈧《軍人精神教育》——民國十年國父在桂林講「軍人精神教育」，首論精神與物質的區別和關係，其中講到心物二者本合為一，為後來「心物合一論」定名之依據。次論智仁勇的意義和種類及與軍人之關係，後論決心與生死問題，即提倡成仁取義的人生觀，或稱革命的人生觀。

除此以外，〈上李鴻章書〉、文言文《三民主義》、〈第一次全國代表大會宣言〉、〈錢幣革命〉及其他講詞，亦係國父重要之著述，值得吾人研究。

第二節　國父思想的時代背景

一、適應世界潮流

國父說：「余之革命主義內容，賅括言之，三民主義、五權憲法是也。苟明世界之趨勢，與中國之情狀者，則余之主張實為必要，而且可行也。」（《中國革命史》）國父學說思想以三民主義與五權憲法為主。此三民主義與五權憲法，就時代背景論，既合乎世界潮流，也合乎中國國情。茲就民族、民權、民生主義與世界潮流之關係，分別說明之。

（一）民族主義與世界潮流

歐洲在中世紀前還沒有明顯的民族主義，到西元一四五三年東羅馬帝國崩潰後，歐洲各國脫離了羅馬帝國的束縛，有了民族文學，民族國家，也有了民族意識和民族主義。國父說：「夫民族主義之起源甚遠，而發達於十九世紀，盛行於二十世紀。」（文言文《三民主義》）同時列舉了數民族的民族獨立與民族解放運動，茲照原文大意略述如下：

1. 日爾曼民族於十八世紀之末及十九世紀之初，因拿破崙與英、俄、普、奧聯軍作戰大敗（一八一〇），乃脫離法國之羈絆，即進行德意志民族復興運動。

2.希臘於一八九二年脫離土耳其而獨立。

3.義大利於一八五九年戰勝奧國，一八六一年成立義大利王國，一八六六年併吞了威尼斯，一八七〇年併吞了羅馬，乃完成義大利半島之統一。

4.芬蘭於一八一〇年為俄國所割據，一九一七年乘俄國革命之際，脫離俄國而獨立。

5.波蘭曾遭俄、普、奧三次瓜分，於一九一七年宣告獨立。

6.捷克斯拉伐克原屬奧匈帝國，後得英、美、法、義之助，於一九一八年獨立。

7.南斯拉夫於一九一八年宣布獨立，脫離奧匈帝國而獨立。

除以上七項為國父文言文《三民主義》中提及者外，還有：

8.美國於一七七六年脫離英國建立多民族之聯邦共和國。

9.瑞士曾為拿破崙所征服，於一八一五年經維也納會議決定為永久中立國。

10.第一次世界大戰前，土耳其國勢衰弱，大戰後，凱末爾將軍革命成功，掀起民族復興運動，國勢為之一振。

11.日本原遭到西方強國之壓迫，於一八六七年明治天皇即位後，進行君主立憲，改革內政，國運由是而復興，史稱「明治維新」。

上面這些民族統一與民族復興運動，都是國父提倡民族主義的世界時代背景。換言之，國父提倡民族主義乃合乎世界潮流的趨向。

（二）民權主義與世界潮流

歐洲在中世紀後，民族國家紛紛出現，但是這些國家多實行君主專制，人民並沒有因國家獨立而享自由平等，依然不堪其苦。於是產生了民主革命運動，其先後的次序如下：

㈠英國——國父說：「講到民權的起源，本來發生於英國。」（〈民權主義第四講〉）按英國於一六四九年革命黨魁克林威爾 (Oliver Cromwell, 1599–1658) 掀起民權革命，將英王查理判死刑，實行共和。一六六〇年發生復辟運動，一六八九年通過權利法案，是為不流血的光榮革命，自此以後建立了議會制的君主立憲政體。

㈡美國——一七七五年美國人因反抗英國而發動獨立戰爭，經八年苦戰，一七七六年七月四日發表〈獨立宣言〉，於一七八三年獲得勝利，乃採用孟德斯鳩的主張而建立三權分立的民主共和政體。

㈢法國——一七八九年法國發生大革命，一七九七年國民會議通過〈人權宣言〉，一八四八年再發動二月革命，建立與美國相似的三權分立的共和政制。

㈣瑞士——瑞士的民權發展，最為國父所贊賞。他說：「近來瑞士的人民，除了選舉外，還有創制權和複決權。」

後來，美國西北部較瑞士更進步。國父說：「近來美國西北幾邦新開闢地方的人民，比較瑞士更多得了一種民權，那種民權是罷官權。」

此外，日本維新，實施憲政，也是一種民主革命運動。

國父提倡民權主義，除選舉權外，還提倡創制、複決及罷免權。這種「直接民權」的主張，與目前國際上的「直接民主」潮流，時相一致。

(三) 民生主義與世界潮流

這裡自工業革命談起。

㈠工業革命與社會問題——一八二五年英國工業革命成功，以機器代替手工。此種革命漸由英國傳到歐陸及美國。英人亞當史密斯 (Adam Smith, 1723–1790) 倡自由經濟，風行一時。民主革命帶來了個人主義，工業革命又提倡自由經濟，結果造成了資本主義，造成貧富懸殊，勞資對立，由經濟問題衍生了嚴重的社會問題，因之產生社會革命運動與社會主義。國父說：「世界開化，人智益蒸，物質發舒，百年銳於千載，經濟問題，繼政治問題之後，則民生主義躍躍然動，二十世紀不得不為民生主義之擅場時代也。」(《民報》發刊詞)

㈡社會革命運動與社會主義——為了要解決社會問題，解決階級對立與貧富懸殊問題，乃有社會主義運動。論其派別，可分為：⑴烏托邦社會主義；⑵社會民主主義；⑶農業社會主義；⑷國家社會主義；⑸無政府社會主義；⑹共產社會主義；⑺基爾特社會主義；⑻基督教社會主義；⑼科學社會主義等。國父對於社會主義的派別，則有下列分法：⑴烏托邦派與科學派；⑵溫和派與激烈派；⑶共產社會主義與集產社會主義。

社會主義者在各國進行社會革命運動，如風起潮湧。至一九一七年俄國布爾什維克黨的列寧等人，奉馬克斯共產主義，發動十月革命，並於一九一八年成立第三國際，遂積極向各國推行共產社會主義。

國父鑑於歐美之社會問題，愈演愈烈；中國社會問題雖未發生，為思患預防，乃倡導民生主義，以代替社會主義，希望消除社會問題於無形。

從民族、民權、民生三大潮流在世界上演進的歷史來看，三民主義實合乎世界潮流的趨向。

二、合乎中國需要（三民主義在中國方面的時代背景）

三民主義既適應世界潮流，也合乎中國需要。三民主義是以中國環境為背景，針對中國問題而產生的。國父說：「以在此二十世紀的時代，世界文明進步的潮流，已達於民生主義也，而中國則尚在異族專制之下，則民族主義之革命，以驅逐異族，與民權主義之革命，以推翻專制，已為勢所不能免者也。然我民族、民權之革命時機，適逢此世界民生革命之潮流，此民生革命又所不能避也。以其既不能免，而又不能避之三大革命，已乘世界之進化潮流催迫而至，我不革命而甘於淪亡，為天然之淘汰則已；如其不然，則曷不為一勞永逸之舉，以一度之革命，而達此三進化之階級也。」（文言文《三民主義》）中國的環境正受異族壓迫，專制政府腐敗無能，社會雖無勞資問題，卻是極度貧困，故極需實行三民主義。茲將民族、民權、民生主義與中國需要分別說明如次：

（一）民族主義與中國需要

國父提倡民族主義，一為反對滿清壓迫，二為反抗外國侵略。

㈠反對滿清壓迫——滿清入主中原，統治二百餘年間，以高壓兼採懷柔政策，想消滅漢族之民族意識。國父曾說：「清廷常圖自保，以安反側，防民之法加密，漢滿之界尤嚴。其施政之策，務以絕滅漢種愛國之心，渙散漢種合群之志；以刀鋸繩忠義，以利祿誘奸邪。」（〈支那保全分割合論〉）

清廷採高壓政策之事實如「揚州十日，嘉定三屠」，殺人數以萬計；其大興文字獄，株連者甚廣。清廷採懷柔手段之事實，如開科取士、重用降臣等。國父說：「滿清專制，彼為主而我為奴，以他民族壓制我民族，不平孰甚？故種族革命因之而起。」（《軍人精神教育》）此種革命，洪秀全倡導於前，國父則繼起於後。

㈡反抗帝國主義侵略——滿清自一八四二年來，因鴉片戰爭失敗，訂立不平等之南京條約，各國之侵略接踵而來，充分暴露了政治腐敗；中法之戰訂天津條約（一八八五），中國並未戰敗，卻依然喪權辱國。到中日甲午戰爭訂馬關條約（一八九五），將臺灣、澎湖割給日本，激起全國人民憤怒，國父見滿清之懦弱無能，決心要加以推翻。

總之，中國當時的環境是內有滿清專制，外有帝國主義侵略。民族主義對內要推翻滿清專制，求各民族一律平等；對外要抵抗帝國主義侵略，以求中國民族地位在國際上的平等。

（二）民權主義與中國的需要

國父提倡民權主義，一為推翻專制政體，二為革除貪污政治。

㈠推翻專制政體——滿清政府為一專制政體，人民無參政之權，執政者即代表法律，任意欺壓百姓，官吏只求各飽私囊，沒有絲毫為民服務的觀念。國父對滿清政體的敗劣曾指出：「可以數語賅括之曰：無論為朝廷之事，為國民之事，甚至為地方之事，百姓均無發言或與聞之權。其身為官吏者，操有審判之全權，人民身受冤枉，無所籲訴，且官場一語，等於法律。上下相蒙相結，有利則各飽私囊，有害則各委其責任。」國父認為世界潮流已進至民權時代，此種專制政體，必須加以推翻。

㈡革除貪污政治——滿清當政時期，「貪婪勒索之風，已成習慣，賣官鬻爵，賄賂公行。」乾隆時期之和珅，他貪污而積累的私人家產竟達八萬萬兩，比當時全國二十年歲收的半額還多，其他貪污案件，更多不勝舉。國父為了要革除此種貪腐風氣，不得不從根著手，推翻滿清政府，實行民主共和。故在興中會誓詞中，即於「驅除韃虜，恢復中華」之後，主張「建立合眾政府。」

(三) 民生主義與中國的需要

國父提倡民生主義，一為解除民生困苦，二為抗拒經濟侵略，三為防患於未然。

㈠解除民生困苦——滿清政府貪污無能，天災人禍兼至，當時的中國經濟已面臨山窮水盡之境地，人民生活苦不堪言。國父在〈興中會宣言〉中說：「盜賊橫行，饑饉交集，哀鳴遍野，民不聊生。」在〈上李鴻章書〉中也曾說：「方今伏莽時聞，災荒頻現。完善之地，已形覓食之難，凶祲之區，難免流離之禍，是豐年不免於凍餒，而荒歲必至於死亡，由斯而往，其勢必至日甚一日，不急挽救，豈能無憂？」國父為了要解除民生困苦，乃提倡民生主義。

㈡抗拒經濟侵略——帝國主義者挾不平等條約，不斷地進行經濟侵略。先總統蔣公說：「我們中國經濟，受了不平等條約這種影響，所以造成了國不自保，而民不聊生的危機。」（《中國之命運》）國父為了抗拒帝國主義之經濟侵略，必須提倡民生主義。

㈢防患於未然——到了滿清末年，西方社會問題在中國已出現端倪，在通商口岸及大都市中，形成地價高漲不勞而獲的現象。國父說：「社會問題，在歐美是積重難返，在中國卻還在幼稚時代。但是將來總會發生的，到那個時候，收拾不來，又要弄成革命了。革命的事情，是萬不得已才用，不可頻頻用之，以傷國民元氣。我們實行民族革命、政治革命的時候，須同時想法子改良社會經濟組織，防止後來的社會革命，這真是最大的責任。」（〈三民主義與中國民族之前途〉）國父為了防資本主義之患於未然，乃提倡民生主義。

第三節　國父思想的淵源

國父說：「余之謀中國革命，其所持主義，有因襲吾國固有之思想者，有規撫歐美之學說事蹟者，有吾所獨見而創獲者。」（《中國革命史》）由此可知國父思想的淵源，可分三方面討論：⑴有關吾國固有之思想者；⑵有關歐美學說事蹟者；⑶有關國父的獨見而創獲者。

（一）因襲吾國固有之思想者

國父的民族思想、民權思想、民生思想及哲學思想，是以我國固有思想作為其思想淵源，以下分別論之。

㈠與國父民族思想有關者——

1. 攘夷思想：孔子著《春秋》，嚴夷夏之防，重視民族主義。管仲相桓公，尊王攘夷，其意義大致相同。
2. 大同主義：〈禮運篇〉講大同主義，稱天下為公、世界大同，這是國父民族主義的終極理想。
3. 濟弱扶傾思想：孔子著春秋反對強淩弱、眾暴寡。《中庸》講「懷諸侯」、「柔遠人」。「齊桓匡合，濟弱扶傾。」均為國父「濟弱扶傾」政策的思想淵源。

4.和平主義與王道主義：儒家提倡王道主義及「平天下」主張，賈捐之「棄珠崖議」的反侵略理論，墨子的「兼愛」與「非攻」，都與國父提倡王道與和平主義有關。

5.民族思想：文天祥、明太祖的反元思想，鄭成功、史可法、洪秀全、以及會黨的反清思想，對於國父提倡民族主義影響甚大。

由以上所述，可知國父的民族思想與我國固有思想有其密切關係。所以國父說：「余之民族主義，特就先民所遺留者，發揚而光大之，並改良其缺點。」（《中國革命史》）

㈡與國父民權思想有關者——

1.共和政體：〈禮運篇〉主張「天下為公，選賢與能」。堯舜禪讓，名為君主，實為民本，亦可稱共和政體。國父說：「蓋堯舜之世，亦為今日之共和政體。」（〈黨爭乃代流血之爭〉）又周代的「周召共和」，亦為中國共和政體之淵源。

2.湯武革命：湯伐桀，武王伐紂，孟子認為不是弒君，只是誅「一夫」，管子、荀子亦有相似的看法。這些都可看作國父提倡民主革命的思想基礎。

3.民本思想：《書經》云：「天視自我民視，天聽自我民聽。」「民為邦本，本固邦寧。」孟子主張：「民為貴，社稷次之，君為輕。」這些以民為本的思想，國父在民權主義中都曾稱述過。

4.自由平等：古代先民自由歌與五等爵位（公侯伯子男）的分類，都影響國父論自由平等。

5.考試和監察制度：國父根據我國固有之考試與監察制度，以創立五權憲法。

㈢與國父民生思想有關者——

1.養民思想：《書經》云：「政在養民……正德利用厚生」，孔子主張「先富後教」，管子主張「倉廩實而後知禮節」等，都是民生主義以養民為目的的思想淵源。

2.均產思想：孔子的「不患寡而患不均」，管子的「均地」主張，孟子倡「分田」主張，都為民生主義均產思想的淵源。

3.國營事業：管子倡「官山海」以興漁鹽之利，桑弘羊倡公賣制度，均與國父提倡國營事業的觀念一致。

4.井田制與王田制：國父的平均地權乃師井田制之遺意，又國父認為王莽的王田制，王安石的新法，都是民生主義的先例。

5.大同社會：〈禮運篇〉有關大同社會的描述，就是民生主義安和樂利的理想社會。

合起來看，三民主義的思想淵源與中國固有思想有關者包括：

1.堯、舜、禹、湯、文、武、周公、孔子之正統思想（道統），為國父思想的淵源。

2.〈禮運篇〉的大同主義。即民族主義以世界大同為目的，民權主義以天下為公為目的，民生主義以建立大同社會為目的。

㈣與國父哲學思想有關者——

1.倫理思想：孔孟倡「忠孝仁愛」，墨子倡「兼愛」、「非攻」，都可作為國父提倡八德的思想淵源。

2.互助思想：孟子說：「出入相友，守望相助」，墨子倡「兼相愛」、「交相利」，與國父的互助進化論有關。

3.心物合一：范縝講「神形合一」，王陽明倡「身心合一」，均可視為國父「心物合一」的思想淵源。

4.知難行易：孔子說：「民可使由之，不可使知之」，孟子的「終身由之而不知其道」，可視為國父知難行易說的思想淵源。

（二）規撫歐美學說事蹟者

茲分民族、民權、民生及哲學四方面說明如下：

㈠與國父民族思想有關者——

1.世界主義：希臘斯多噶派 (Stoicism) 倡世界主義 (Cosmopolitanism)，羅馬繼之，近人亦有倡世界主義者，國父在民族主義中曾提及世界主義。

2.民族主義：羅馬帝國亡，民族主義興，十九世紀民族主義又再度興起，這對於國父提倡民族主義有很大的啟示。

3.民族自決說：美總統威爾遜於第一次大戰時倡「民族自決」(National self-determination) 說，國父亦引用到民族主義中，認為民族自決說，就是國民黨的民族主義。

4.反帝思想：十九世紀民族解放運動興起，反帝國主義 (Anti-imperialism) 與反侵略運動隨之而來，國父在民族主義中主張扶弱抑強，與此種反帝思想有關。

㈡與國父民權思想有關者——

1.自由論：彌勒 (John Stuart Mill, 1806–1873) 所下的自由 (Liberty) 定義，為國父所引用。洛克 (John Locke, 1632–1704) 倡個人自由，重視人民權利，與國父倡民權主義也有關係。

2.三權分立說：孟德斯鳩 (C. S. Montesquieu, 1686–1755) 的《法意》(*The Spirit of Law*, 1748) 一書，確立了立法、行政、司法三權分立說，國父進一步創立五權分立說。

3.全民政治與直接民權：威爾確斯 (Delos F. Wilcox, 1873–1928) 著《全民政治》，提倡直接民權。瑞士行創制、複決權，美國西北數邦行罷免權，與國父的「全民政治」及直接民權有密切關係。

4.天賦人權說：盧梭 (Jean Jacques,1712–1778) 著《民約論》(*The Social Contract*, 1762)，倡天賦人權，國父雖不贊同此說，卻受其提倡民主思想的影響。

5.考試權與彈劾權之增設：這裡要講三位學者：

甲、美國巴直 (John W. Burgess) 著《自由與政府》(*The Reconcilliation of Government with Liberty*, 1915)，贊賞中國的彈劾權是自由與政府中間的一種最良善的調和方法。

乙、美國哥倫比亞大學教授喜斯羅 (Lord H. R. H. Cecil, 1869–1956) 著《自由》一書，主張在三權之外，加一彈劾權，成為四權並立。

丙、美國丁韙良 (William Alexandar Parsons Martin) 主張用考試方法，以防選舉的流弊。

以上三學者的主張，增強了國父提倡五權憲法的信心。

㈢與國父民生思想有關者——

1.實證科學：國父在〈上李鴻章書〉中稱：「文……嘗遊學外洋，於泰西之……格物化學之理，皆略有所窺。」又於赴檀香山時，見輪船之奇，即有窺探科學之想。又先總統蔣公說：「民生主義的本質為科學」，其所用方法皆科學方法。可見民生主義與實證科學之關係了。

2.國家社會主義：俾斯麥推行國家社會主義，一面實施大企業國營，一面注重勞工福利，以防止資本主義之弊害，一向為國父所推崇。例如他在「民生主義與國家社會主義」演講中便說：「德國俾斯麥反對社會主義，提倡國家社會主義，……此兄弟提倡國家社會主義之微意也。」由此可見國父提倡國營實業的主張，實與俾斯麥的國家社會主義有關。

3.土地單一稅：美國亨利佐治（Henry George,1839–1897 亦譯亨利喬治）著《進步與貧困》(*Progress and Poverty*, 1879)，主張土地公有與土地單一稅 (Single-tax on land)，國父吸取其精神而倡土地國有與平均地權。

4.費邊社會主義：英國韋伯夫婦 (Sidney James Webb, 1859–1947 及 Martha Beatrice Webb, 1958–1943) 等組費邊社，推行溫和社會主義，國父吸取了他們的見解，提倡民生主義。

5.土地增值稅：約翰彌勒 (John Stuart Mill, 1806–1873) 主張對全國土地一律加以估價，對其現值予以免稅，將來增值，則收增值稅，地主反對則照價收買，此與國父的「平均地權」辦法大致相同。

6.國營事業：經濟學家李士特 (Friedrich List, 1789–1846) 主張以國家為基礎，建設鐵路與運河。與國父著的《實業計畫》，主張用國家力量發展國營事業，主旨相同。

綜合而言，歐美學說思想與三民主義有關者計有：

1.林肯的民有、民治、民享說。

2.法國革命的自由、平等、博愛說。

㈣與國父哲學思想有關者——

1.進化論：達爾文之「生存競爭進化論」，克魯泡特金之「互助論」對國父的「人類互動論」，有正反兩面的影響。

2. 博愛主義：國父倡博愛，係受基督教義的影響。同時又稱其服務道德乃由西洋新道德思潮而來。

3. 生元有知說：《孫文學說》中講的生元論，以法國圭哇里 (Alexis Carrel, 1873–1944) 學說為依據。

4. 社會史觀：國父在民生主義中批評馬克斯主義的唯物史觀，採取了美國威廉著《社會史觀》中之重要理論。

(三) 國父所獨見而創獲者

所謂創見或獨見或創獲，乃含有對各種學說思想推陳出新之意，或融會貫通之後另有新見而言；而不是「無中生有」或「空穴來風」。謹就民族、民權、民生及哲學四部分說明如下：

(一) 有關民族思想者——

1. 濟弱扶傾說：此說雖早有淵源，但在各國狹隘的民族主義（或稱國族主義）變質為帝國主義時，國父發表此種主張，仍屬卓見。他認為被外國壓迫時應反抗侵略，打倒帝國主義；恢復民族地位之後，即應不侵略他人，重蹈帝國主義覆轍，反而要扶助弱小的國家與民族。這是西方的狹隘民族主義者所缺乏的體悟。

2. 以民族主義作為世界主義的基礎：世人多以為民族主義與世界主義根本矛盾，講民族主義即不能講世界主義；講世界主義即不能講民族主義。國父則主張以民族主義作為世界主義的基礎，以世界主義作為民族主義的目的，便可化解此一矛盾。

3. 人口壓迫說：國父告知劉成禺先生，謂政治壓迫與經濟壓迫，他人講過，惟人口壓迫說為我的創見。

4.次殖民地說：一般人只用「殖民地」這個名詞，而「次殖民地」說則為國父所獨創指比殖民地更次等的狀況。

（劉成禺著，《先總理舊德錄》）

㈡有關民權思想者——

1.革命民權說：盧梭倡天賦人權說，國父創「革命民權」說以批評之。

2.權能區分說：西方對政府與人民之間的衝突無法解決，國父創「權能區分」說以調和之。

3.五權憲法：國父將孟德斯鳩之三權分立，加入我國固有的監察、考試二權，創立五權憲法。

4.均權制：國父創「均權制」，以期解決中央集權和地方分權的弊害。

5.直接民權：西洋民主制度多行使間接民權，國父則提倡直接民權以為補充。

㈢有關民生思想者——

1.平均地權：國父採歐美土地學說，依中國實際情況，創平均地權。包括耕者有其田和土地國有，雖淵源有自，但仍屬創見。

2.節制資本：節制私人資本和發達國家資本為國父所創獲。

3.社會價值說：國父批評馬克斯的剩餘價值說，而主張社會價值說。

4.實業計畫：為國父有關開發中國實業的重要創著。

5.錢幣革命：為國父對金融改革的創著。

㈣有關哲學思想者——

1. 民生史觀：國父創民生史觀，以駁斥馬克斯的唯物史觀。

2. 心物合一論：國父認為精神與物質本合為一，乃體用的關係。後來先總統蔣公將其定為心物合一論。

3. 知難行易說：國父創知難行易說，以破傳說的「知之非艱，行之惟艱」說，以期鼓勵國人實踐篤行。

4. 革命人生觀與服務的人生觀：先總統蔣公把國父「以吾人數十年必死之生命，立國家億萬年不朽之根基」（《軍人精神教育》）這些話，名之為革命的人生觀。另外，國父在民權主義中亦提倡服務的人生觀。

5. 人類互助的進化論（或稱社會互助論）：國父說：「物種進化以競爭為原則，人類進化則以互助為原則。」可稱為人類進化的互助論或社會互助論，此有別於達爾文之生存競爭論，也不同於克魯泡特金之生存互助論。

第四節　三民主義思想的演進

本節包括：(1)民族思想的演進；(2)民權思想的演進；(3)民生思想的演進。

一、民族思想的演進

民族思想的演進，可分為三個時期：(1)第一時期——推翻滿清；(2)第二時期——種族同化；(3)第三時期——反帝廢約與促進世界大同。茲分別說明之：

（一）第一時期——推翻滿清

1.國父十一歲時愛聽洪楊（洪秀全、楊秀清）故事，以「洪秀全第二」自命，因而啟發了民族革命思想。

2.因中法戰敗之刺激，國父立下了顛覆清廷之志。

3.興中會以「驅除韃虜，恢復中華」為誓詞。同盟會之四大政綱，依然重申這種主張。

（二）第二時期——種族同化

1.國父於民國元年即宣布對滿清不以復仇為事，要結合漢、滿、蒙、回、藏等各族為一家。

2.民國元年大總統宣言對內的方針第一項即為「民族之統一」。

3.民國元年同盟會及民國元年國民黨政綱中都有「厲行種族同化」之主張。

（三）第三時期——反帝廢約與促進世界大同

1.民族主義本以打破種族上不平等為目的。民國以後，國父決心打倒帝國主義及依附其惡勢力的軍閥。

2.民國十二年〈中國國民黨宣言〉即主張「改正條約」，民國十三年〈中國國民黨第一次全國代表大會宣言〉更力主取消「一切不平等條約」。

3.《建國大綱》第四條規定對內扶植弱小民族，對外抵禦侵略強權，並修改條約，恢復國家的平等地位。

4.國父在講演民族主義時主張恢復民族地位以後，要扶弱抑強，「濟弱扶傾」，以固有的和平道德做基礎，完成大同之治。

5.國父在遺囑中，主張聯合世界上以平等待我之民族，共同奮鬥，並主張廢除不平等條約。第三時期的目的，消極方面為反對帝國主義，廢除不平等條約，積極方面為濟弱扶傾，促進世界大同。

二、民權思想的演進

民權思想的演進，分為四個時期：(1)第一時期——推翻專制，建立合眾（共和）政府；(2)第二時期——實施訓政，建立五權憲法政府；(3)第三時期——主張地方自治及打倒軍閥，建立完全之民國（即民主共和國體制）；(4)第四時期——提倡革命民權、權能區分、直接民權、全民政治。茲分別說明之：

（一）第一時期——推翻專制，建立合眾（共和）政府

1.國父幼時一再赴檀香山，對於美國式的民主政治，頗有良好印象。一八八五年立志傾覆清廷，同時要建立民國，民權主義思想由是而奠基。

2.興中會入會誓詞除「驅除韃虜，恢復中華」外，還要進一步「創立合眾政府」。

3.一九〇四年訂立的致公堂宗旨及一九〇五年同盟會所宣布的四大綱，都有「建立民國」一項。而《民報》所標明之六大主義，其第二項即為「建設共和政體」。

（二）第二時期——提倡訓政及五權憲法

1.同盟會曾規定建國程序的三個時期：第一期為軍政時期，第二期為訓政時期，第三期為憲政時期。民國八年手著文言文《三民主義》強調訓政之來源及其重要性。

2.國父在《民報》週年紀念日，講三民主義與中國民族之前途，既講到三民主義，亦講五權憲法，主

張應建立五權憲法政府。

(三)第三時期——主張地方自治及打倒軍閥，建立完全之民國（即民主共和體制）

1. 民國元年同盟會所宣布之九條政綱中，第一條為「完成行政統一，促進地方自治」。民國元年國民黨五條政綱中第二條為「發展地方自治」。可見國父對地方自治之提出，為時甚早。民國九年著《地方自治開始實行法》，則詳述各種應做的中心任務。

2. 民國三年中華革命黨四條政綱中，第一條為推翻專制政府，第二條為建設完全民國。

(四)第四時期——提倡革命民權、權能區分、直接民權、全民政治

1. 民國十三年〈中國國民黨第一次全國代表大會宣言〉，對於革命民權的意義，有詳細的說明。

2. 《建設》雜誌創刊後，曾論及全民政治，主張實行選舉、罷免、創制、複決四權。民國八年手著文言文《三民主義》又曾提到四種政權。民國十一年國父講中華民國建設之基礎，講到直接民權與間接民權、全民政治、五權分立等。民國十三年講三民主義，對於權能區分、全民政治，講述得更為詳細。

三、民生思想的演進

民生思想的演進，可分為三個時期：(1)第一時期——主張平均地權、土地國有、耕者有其田；(2)第二時期——提倡行社會政策、節制私人資本、發達國家資本；(3)第三時期——提出限田政策，並詳論平均地權、耕者有其田與節制私人資本之辦法，並批判馬克斯主義。茲分述如下：

（一）第一時期——主張平均地權、土地國有、耕者有其田

1.國父於倫敦蒙難後，完成了三民主義思想，也就是民生主義思想的創立（一八九七）。

2.一九〇四年及一九〇五年所提出的平均地權，即為民生主義的第一個方法。以後平均地權與土地國有兩名詞常混合運用，如《民報》六大主張第三項即係「土地國有」，主張平均地權。

3.一九〇七年國父曾說：「不耕者不得有尺寸土地」，又民國元年國父與袁世凱談話，曾主張耕者有其田。

（二）第二時期——提倡社會政策、節制私人資本、發達國家資本

1.就政綱言，民國元年同盟會僅列「採用國家社會政策」為政綱。又民國元年國民黨僅列「採用民生政策」為政綱。因為國人不知實行民生主義之意義。故國父此時到處宣傳民生主義，尤其是平均地權的方法。

2.民國元年國父講「民生主義有四大綱」時說：「國民須自謀生活，免受富豪者之挾制。」，此即含有節制資本之意。又講「提倡民生主義之真義」時，亦「反對少數人佔經濟勢力壟斷社會財富」。

3.民國八年國父手著文言文《三民主義》，討論平均地權之方法，資本主義之弊害。

4.民國元年至民國八年較重視發達國家資本，即重視國家社會主義之措施。第一次大戰結束，國父即發表《國際共同開發中國實業計畫書》（簡稱《實業計畫》），特別重視國營事業。

（三）第三時期——提出限田政策並詳論平均地權、耕者有其田與節制資本之辦法，並批判馬克斯主義

1.民國十二年中國國民黨政綱經濟項中，包括：(1)規定平均地權的辦法，並提到限田政策；(2)規定鐵

路、礦山、森林、水利及其他大規模之工商業國營。

2.民國十三年講演三民主義，除詳述平均地權之辦法外，對於節制私人資本，解決食、衣等問題，亦提出許多辦法，並批評馬克斯主義。

3.民國十三年八月國父在廣州農民運動講習所講「耕者有其田」。同年講演三民主義講食的問題時，也講到耕者有其田的辦法。

第五節　先總統蔣公對國父思想的闡揚

先總統蔣公對於國父思想的闡揚，範圍甚廣，茲就下列各項論之。

㈠〈三民主義的本質〉（民國四十一年七月七日在夏令講習會講）——本講詞就三民主義與中共共產主義之優劣加以比較，特別標出：

1.民族主義的本質為倫理。

2.民權主義的本質為民主。

3.民生主義的本質為科學。

以後〈中山樓文告〉（即〈中華文化復興運動宣言〉），指出中華文化的基礎亦為倫理、民主、科學，故闡揚三民主義實與復興中華文化密切相關。

㈡《總理遺教六講》《總理遺教概要》（民國二十四年九月十四日在峨嵋訓練團講）——從四大建設

以闡揚三民主義：

1. 從心理建設方面，闡揚「知難行易」、「軍人精神教育」的原理。

2. 從物質建設方面，闡揚「實業計畫」、「國民經濟建設運動」的意義。

3. 從社會建設方面，闡揚「民權初步」的目的。

4. 從狹義的政治建設方面，闡揚「建國大綱」，「地方自治開始實行法」及「五權憲法」之理想制度。

就思想淵源言，先總統蔣公指出，「總理的遺教，是淵源於中國固有的政治與倫理哲學之正統思想，而同時參酌中國的國情以擷取歐美社會科學和政治制度之精華，再加以自己所獨見創造的」。先總統蔣公認為總理遺教一方面是崇高博大的學問，一方面又是切實可行的方案。全部遺教所講的都是做人立業，治國平天下之要道。

就三民主義與四大建設關係言，《孫文學說》、《實業計畫》、《民權初步》、《建國大綱》等等可說都不過是實現三民主義之具體方略。再就三民主義的內容分析，我們可以歸結為：民族主義為心理與政治建設的原則；民權主義為政治與社會建設的原則；民生主義則為政治與物質建設的原則。綜而言之：三民主義統攝心理、物質、政治、社會四大建設，以完成國家建設，係整個國民革命之最高指導原則。

㈢《三民主義之體系及其實行程序》（民國二十八年五月七日講）——其內容為：

1. 三民主義的哲學基礎為民生哲學。

2. 國父繼承了中國的正統思想，並認為「利他是革命的本務，仁愛是救世的基本」。

3. 民族主義本乎情，民權主義本乎法，民生主義本乎理。

4. 革命的原動力，分開說是智、仁、勇三個字，合起來說就是一個「誠」字。

5. 闡述軍政、訓政、憲政三時期；在訓政時期中，講到五大建設：(1)心理建設；(2)倫理建設；(3)社會建設；(4)政治建設；(5)經濟建設。就是從四大建設的心理建設中，把倫理建設單獨列出來，改為五大建設。

6. 結論中談到「人」、「地」、「事」、「物」、「時」的重要，及「管」、「教」、「養」、「衛」應同時並重的原則。

《總理遺教六講》中對於四大建設講得最詳細；本講詞對於三民主義的體系，則講得最精確。

(四)《民生主義育樂兩篇補述》（民國四十一年十一月十二日發表）——對於下列多項敘述甚詳：

1. 補述育樂兩篇的目的，在於完成民生主義的內容和建立自由安全的社會。
2. 解決生育、養育、教育問題的具體方法。
3. 解決「樂」的問題的具體方法。
4. 建立大同社會的條件和目的。

第二章　民族思想

第一節　民族主義概述

一、民族與國家

（一）自王道霸道方面（造成的原因方面）來區分

國父說：「英文中民族的名詞是『哪遜』(Nation)。『哪遜』這個字有兩種解釋：一是民族，一是國家……本來民族與國家，相互關係很多，不容易分開；但是當中實有一定界限。我們必須分別，什麼是國家？什麼是民族？」用什麼方法來區分呢？國父接著說：「最適當的方法，是民族和國家根本上是什麼力造成的。簡單的分別民族是由於天然力造成的，國家是用武力造成的。用中國的政治歷史來證明，中國人說，王道是順乎自然，換句話說，自然力便是王道，用王道造成的團體，便是民族。武力就是霸道，用霸道造成的團體，便是國家。」（〈民族主義第一講〉）。

現在我們要追問的是：何謂王道主義？何謂霸道主義？

孟子說：「以力假仁者霸，霸必有大國。以德行仁者王，王不待大，湯以七十里，文王以百里。以力服人者，非心服也，力不贍也；以德服人者，中心悅而誠服也，如七十子之服孔子也。」照孟子的看法，王道尚德，霸道尚力；王道重仁義，霸道重功利；王道純乎自然，霸道則不免涉及「勉強」。

(二) 自要素方面來區分

一般研究三民主義者都說構成民族的要素有二：一為血統、生活、語言、宗教和風俗習慣，二為民族意識。至於構成國家的要素一般列為三項：一人民，二土地，三主權。國父亦有此見解。他說：「……國家以三種之要素而成立：第一為領土。國無論大小，必有一定之土地為根據，此土地即為領土。第二為人民。國家者，一最大之團體也；人民即為其團體員，無人民而僅有土地，則國家亦不能構成。第三為主權。有土地矣，有人民矣，無統治之權力，仍不能成國。此統治權力，在專制國則屬於君主一人；在共和國，則屬於國民全體也。」（《軍人精神教育》）

此外，亦有人說：「國家是有組織的，民族是無組織的；國家對人民有約束力，民族則無；國家有疆域，民族則無。」但此皆為研究者的主張，國父未曾明言。

二、民族構成的要素

普通研究三民主義把五大要素作為民族構成的客觀要素，民族意識作為民族構成的主觀要素，下面分別研述：

（一）五大要素——客觀要素

國父在講演本《三民主義》的〈民族主義第一講〉中，指出民族構成的要素有五：

㈠血統——世界各民族的主要區別由於血統。國父說：「中國人黃色的原因，是由於根源黃色血統而成。祖先是什麼血統，便永遠遺傳成一族的人民。所以血統的力量是很大的。」

㈡生活——相同的生活方法，可以形成相同的文化。國父說：「謀生的方法不同，所結成的民族也不同。像蒙古人逐水草而居，以游牧為生活，什麼地方有水草，便游牧到什麼地方，移居到什麼地方。由這種遷居的習慣也可結合成一個民族，蒙古之所以能夠忽然強盛，就本於此。……蒙古民族之所以能夠那樣強盛的原因，是由於他們人民的生活是游牧，平日的習慣便有行路不怕遠的長處。」

㈢語言——共同的語言，可以造成共同的文化。所以國父說：「如果外來民族得了我們的語言，便容易被我們同化，久而久之，遂同化成一個民族。再反過來，若是我們知道外國語言，也容易被外國人同化。如果人民的血統相同，語言也同，那麼同化的效力，便更容易。所以語言也是世界上造成民族很大的力量。」

㈣宗教——很多民族由於有共同的宗教而結合。國父說：「大凡人類奉拜相同的神，或信仰相同的祖宗，也可結成一個民族。宗教在造成民族的力量中也很強大。像阿剌伯和猶太兩國已經亡了許久（民國十三年語），但是阿剌伯和猶太人至今還是存在。他們國家雖亡，而民族之所以能夠存在的道理，就是因為各有各的宗教。大家都知道現在的猶太人，散在各國的極多，……猶太民族的天質是很聰明的，加以宗教之信仰，故雖流離遷徙於各國，猶能維持其民族於永久。阿剌伯人所以能夠存在的道理，也是因為他們有謨罕默德的宗教。」

㈤風俗習慣——風俗習慣對於民族的影響甚大。國父說：「如果人類中有一種特別相同的風俗習慣，久而久之，也可以自行結合成一個民族。」

(二) 民族意識

所謂民族構成的主觀要素，就是民族意識。何謂民族意識？就是民族中人人都知道自己是這個民族中的構成份子。所以民族意識亦即是民族自覺，或民族覺醒。就對內而言，大家應認識個人與民族的密切關係，和民族內分子與分子間的關係，也就是同民族的人有彼此一體、利害與共的感覺。就對外而言，即是要知道自己民族與其他民族的區別。有了民族意識，才會熱愛自己的民族，珍視自己民族的道德與文化，如果遭遇外來侵略，便會團結一致，為保衛民族的生存而奮鬥。

三、民族主義的意義和目的

分析了民族主義的時代使命之後，我們講到民族主義的意義和目的。

(一) 民族主義的意義

國父對於民族主義曾下過定義：⑴民族主義就是國族主義（這句話就中國說是適當的，就外國說是不適當的）；⑵民族主義是國家圖發達和種族圖生存的寶貝；⑶民族主義是人類求生存的工具（以上皆見〈民族主義〉講詞）；⑷民族主義就是要中國和外國平等的主義（要中國和英國、法國、美國那些強盛國家都是一律平等的主義）（〈女子要明白三民主義〉）。

我們亦可以進一步補充說：⑴民族主義是主張民族自覺與民族同化的主義；⑵民族主義是世界主義的

基礎（胡漢民先生曾說：民族主義是世界主義的實行，世界主義是民族主義的理想）；⑶民族主義是求中國自由平等的主義（林森先生著，《民族主義的真義》）。

（二）民族主義的目的

這裡可自三方面講民族主義的目的：

㈠消極的目的與積極的目的——什麼是消極目的和積極目的呢？消極目的在於推翻滿清；積極目的在於各族同化。國父在文言文《三民主義》中說：「夫漢族光復，滿清傾覆，不過只達到民族主義之一消極目的而已。從此當努力猛進，以達到民族主義之積極目的也。積極目的為何？即漢族當犧牲其血統、歷史與夫自尊自大之名稱，而與滿蒙回藏之人民，相見以誠，合為一爐而冶之。以成一中華民族之新主義。如美利堅之合黑白數十種之人民，而冶成一世界之冠之美利堅民族主義，斯為積極之目的也。」

㈡對內的目的與對外的目的——民族主義對內的目的，在求中國境內各民族一律平等，對外的目的，是中國民族自求解放，即求中國之自由平等。自對國內而言，中國境內各民族一律平等，即一民族不為他族所壓迫；自對外而言，所謂中國民族自求解放，即應打倒帝國主義，解除不平等條約的束縛。〈中國國民黨第一次全國代表大會宣言〉有云：「民族主義有兩方面之意義：一則中國民族自求解放，二則中國境內各民族一律平等。」這兩方面意義，可視之對內對外的兩個目的。

㈢對世界人類的目的——這裡可分消極與積極兩方面。消極方面求世界各被壓迫民族全體解放，積極方面求世界各民族一律平等，共進於世界大同。

國父認為民族主義不僅要救國，而且要救世。故說：「民族主義即是掃除種族的不平。」（民國十年十二月講〈知難行易〉）戴季陶先生認為國父所主張的被壓迫民族的聯合，在理論上，並不限於亞洲，是包括全世界的弱小民族而言。戴先生又在〈民生哲學系統表〉中之「民族主義」項下列了三條：除⑴中國民族自求解放；⑵中國境內各民族一律平等外，加上⑶世界被壓迫民族全體解放。

國父又認為民族主義是要用和平道德做基礎，去統一全世界以實行世界大同。（〈民族主義第四講〉）又在《中國革命史》中稱：「對於世界諸民族，務保持吾民族之獨立，發揚吾國固有之文化，……以期與諸民族並驅於世界，以馴致於大同。」所以世界大同是民族主義的終極目的。

回過頭來看，要達到世界各被壓迫民族全體解放，過去要打倒殖民帝國主義（Colonial Imperialism），後來要打倒共產帝國主義（Communist Imperialism），冷戰結束後則要追求各民族間的平等，這就是民族主義的時代使命。

第二節　恢復民族精神與民族地位

本節包括：⑴民族精神喪失的原因；⑵恢復民族精神的方法；⑶恢復民族地位的方法；⑷濟弱扶傾的民族政策；⑸質量並重的人口政策。

我們認為要講恢復民族精神與民族地位的方法，要先講民族主義喪失的原因。

一、民族精神喪失的原因

國父在〈民族主義第三講〉中指出中國民族精神（民族主義）喪失的原因有三：

㈠由於被異族所征服——國父認為民族主義滅亡的頭一個原因，就是被異族所征服。凡征服的民族，要把被征服民族的所有寶貝，都要完全消滅。「滿清人知道這個道理，從前用過了很好的手段。」哪些手段呢？約有下列四種：第一是鎮壓的手段——文字獄；第二是籠絡的手段——科舉和特科（博學鴻詞科）；第三是欺騙的手段——刪改和焚燬民族思想的書籍；第四是麻醉的手段——宣傳世界主義。利用這些手段使我們民族自信心喪失，這是民族主義喪失的原因之一。

㈡由於講世界主義太早——國父說：「中國在沒有亡國以前是很文明的民族，很強盛的國家，所以常自稱為堂堂大國，聲名文物之邦，其他國家都是蠻夷。以為中國居世界之中，所以叫自己的國家做中國，自稱大一統，所謂『天無二日，民無二主』，所謂『萬國衣冠拜冕旒』，這都是由於中國在沒有亡國以前，已漸由民族主義而進於世界主義。」「當滿清入關的時候，人數是很少的，總數不過是十萬人，拿十萬人怎麼能夠征服四萬萬人呢？因為那個時候，中國大多數人很提倡世界主義，不講民族主義，無論甚麼人來做中國皇帝，都是歡迎的。」因此我們講世界主義太早，也是民族精神（民族主義）喪失的原因之一。

㈢由於會黨的被人利用——明朝亡後，有志之士利用下層社會及江湖人士，組織會黨，保存民族主義，以「反清復明」為目標。其散布珠江流域的稱為三合會，散布長江流域的稱哥老會，流傳軍隊的為青幫、紅幫，散布海外稱為洪門會。但後來有不少竟為左宗棠等所利用❶，由「反清」演變為「擁清」。至義和團興起，更演變為「扶清滅洋」。康有為、梁啟超於「百日維新」失敗後，在日組織保皇黨，曾一度招收會黨成員加入，從事保護光緒皇帝的活動，這就是會黨被人利用。

❶ 這裡所謂會黨被人利用，是指左宗棠利用湘軍中的哥老會的力量，為滿清去打新疆，並自任大龍頭，破壞其碼頭，消滅其組織，因之會黨「反清復明」的民族主義思想亦喪失了。茲錄國父所述左氏利用會黨之經過如次：

國父說：「當時左宗棠帶兵去征新疆，由漢口起兵到西安，帶了許多湘軍、淮軍，經過長江，那時會黨散在珠江流域的，叫做三合會；散在長江的叫哥老會，哥老會的頭目叫做大龍頭。有一位大龍頭在長江下游犯了法，逃到漢口，那時清朝的驛站通消息固然很快，但是哥老會的碼頭通消息更快。左宗棠在途中有一天忽然看見他的軍隊自己移動集中起來，排起十幾里的長隊，便覺得非常詫異。不久接到一件兩江總督的文件，說有一個很著名的匪首，由漢口逃往西安，請他拿辦。左宗棠當時無從拿辦，只算是官樣文章，把這件事擱起來。後來看見他的軍隊移動得很厲害，排的隊更長，個個兵士都說去歡迎大龍頭，他還莫名其妙。後來知道了兵士要去歡迎大龍頭，就是兩江總督要拿辦的匪首，他便慌起來了。當時問他的幕客某人說：『什麼是哥老會呢？哥老會的大龍頭和這個匪首有什麼關係呢？』幕客便說：『我們軍中自士兵以至將官，都是哥老會，那位拿辦的大龍頭就是我們軍中哥老會的首領。』左宗棠說：『如果是這樣，我們的軍隊怎麼可以維持呢？』幕客說：『如果要維持這些軍隊，便要請大帥也去做大龍頭，大帥如果不肯做大龍頭，我們便不能去新疆。』左宗棠想不到別的方法，又要利用那些軍隊，所以便贊成幕客的主張，也去開山堂，做起大龍頭來，把那些會黨都收為部下。由此便可見左宗棠後來能夠平定新疆，並不是利用清朝的威風，還是利用明朝遺老的主張。中國的民族主義，自清初以來，保存很久。從左宗棠做了大龍頭之後，他知道其中的詳情，就把碼頭破壞了，會黨的各機關都消滅了。」

二、恢復民族精神的方法

民族精神與民族主義兩個名詞，有時可以分開談，有時不易釐清。國父在〈民族主義〉中有時講恢復民族主義，有時講恢復民族精神，這裡採用後者。國父認為我們要恢復民族的地位，「便先要恢復民族的精神」。「能知與合群，便是恢復民族主義的方法」。這裡民族主義與民族精神同義。

㈠能知——國父以為能知就是要知道民族所處的地位是在生死關頭，「要避死求生，……中國從前因為不知道要亡國，所以國家便亡，如果預先知道，或者不至於亡。古人說：『無敵國外患者國恆亡』，又說：『多難可以興邦』，……頭一句話，……是自己心理上覺得沒有外患，自以為很安全，是世界中最強大的國家，外人不敢來侵犯，可以不必講國防，所以一遇外患，便至亡國。至於多難可以興邦，也就是由於自己知道國家多難，故發憤為雄。」（〈民族主義第五講〉）這是說知道危險，便應有所警覺，以恢復民族精神。

㈡合群——國父說：「我們既然知道了處於很危險的地位，便要善用中國固有的團體，像家族團體和宗族團體，大家聯合起來，成一個大國族的團體；結成了國族的團體，有了四萬萬人的大力量，共同去奮鬥，無論我們民族是處於什麼地位，都可以恢復起來。」（〈民族主義第六講〉）除家族、宗族團體外，還有同鄉觀念亦很重要。「我們中國可以利用的小基礎，就是宗族團體，此外還有家鄉基礎。中國人的家鄉觀念，也是很深的，如果是同省同縣同鄉村的人，總是特別容易聯絡。依我看起來，若是拿這兩種好觀念做基礎，很可以把全國的人都聯絡起來。」以上兩段話，是主張擴充宗族主義為民族主義，擴充同鄉觀念為國家觀念。由合群團結，以救亡圖存。

三、恢復民族地位的方法

國父提示恢復民族地位的方法有四：即恢復固有道德、恢復固有智識、恢復固有能力與學習歐美長處。

㈠恢復固有道德——國父指出，講到中國固有的道德，中國人至今不能忘記的，首是忠孝，次是仁愛，其次是信義，再其次是和平。

為什麼要恢復固有道德呢？國父認為「有道德始有國家」。又說：「因為中國的道德高尚，故國家雖亡（指宋亡於元，明亡於清言），民族還能存在。不但自己的民族能夠存在，並且還有力量能夠同化外來的民族。所以窮本追源，我們現在要恢復民族地位，除了大家聯合起來，做成一個大團體以外，就要把固有的道德先恢復起來。」（〈民族主義第六講〉）

㈡恢復固有智識——國父說：「中國有什麼固有的智識呢？就是人生對於國家的觀念，中國古時有很好的政治哲學。」這政治哲學是什麼？就是指《大學》中所說的「格物、致知、誠意、正心、修身、齊家、治國、平天下」。「我們要能夠齊家治國，不受外國的壓迫，根本上便要從修身起，把中國固有智識一貫的道理先恢復起來，然後我們民族精神和民族地位，才都可以恢復。」這裡的固有智識（政治哲學）是指《大學》而言。

㈢恢復固有能力——國父說：「從前中國人的能力，還要比外國人大得多，外國現在最重要的東西，都是中國從前發明的。」如指南針、火藥、印刷術以及吊橋、拱門、磁器、養蠶繅絲、造紙術等。因為後來失去了那種科學創造能力，所以我們民族的地位，也逐漸退化。現在要恢復固有的地位，便先要把我們固有的能力一齊都恢復起來。

㈣學習歐美長處（迎頭趕上西洋科學）——國父說：「恢復了我們固有的道德智識和能力，在今日之世，仍未能進中國於世界一等的地位，如我們祖宗當時，為世界之獨強的。恢復我一切國粹之後，還要去學歐美之所長，然後才可以和歐美並駕齊驅。」歐美的長處就是科學，我們對於歐美科學，「要迎頭趕上去，不要向後跟著他。」

此外，國父指出，中國民族地位恢復之後，強盛起來，我們不要侵略人家，要對世界負一個大責任，就是要「濟弱扶傾」。

附錄：抵抗外國侵略的方法

合群的目的是什麼？在於禦侮，在於救亡圖存。國父認為抵抗外國的方法有兩種：

第一是積極的方法——要振奮民族精神，求民權民生之解決，以與外國奮鬥。這是說只要三民主義能實行於中國，便可以抵抗外國的侵略。

第二是消極的方法——就是不合作的消極抵制，使外國的帝國主義減少作用，以維持民族的地位，免致滅亡。

這裡要說明的是，講到「不合作」，便聯想到甘地。

印度被英國所統治後，對於政治壓迫，沒有辦法，對於經濟的壓迫，便有甘地主張的「不合作」運動，什麼是不合作呢？「就是英國人所需要的，印度人不供給；英國人所供給的，印度人不需要。好比英國人需要工人，印度人便不去和他們工作；英國人供給印度很多洋貨，印度人不用他們的洋貨，專用自製的土貨。甘地這種主張，初發表的時候，英國人以為不要緊，可以不去理他。但是久而久之，印度便有許多不合作的團體出現，英國經濟方面，便受極大的影響。」國父對甘地實行經濟絕交的不合作主張，備加贊揚，認為值得效法；「至於不做外國人的工，不去當洋奴，不用外來的洋貨，提倡國貨，不用外國銀行紙幣，專用中國政府的錢，實行經濟絕交，是很可做得到的。」（以上均見〈民族主義第五講〉）我國在對日抗戰前，曾多次發動抵制日貨運動，亦收到一種「不合作」的效果。

四、民族地位恢復之後——濟弱扶傾的民族政策

要講濟弱扶傾，先從它的反面侵略弱小講起。

（一）侵略弱小（狹隘的國家主義）

民族與國家有時不易分開，民族主義與國家主義有時亦被人混為一談。因為民族主義的目的是求中國之自由平等，要打倒帝國主義；國家主義的目的，在內求獨立（或說內除國賊），外抗強權。故在民族地位未恢復前，兩者的目的是相同的；但在民族地位恢復以後，一般的（狹隘的）國家主義便和國父所提倡的民族主義截然不同了。誠如林森先生所說：「我們要注意的就是總理所主張的民族主義與世界各強國的民族主義是不相同的。因為列強在民族主義完成以後，就要對弱小民族為各方面的侵略，而三民主義的民族主義，則為天下大同主義，而非狹隘的國家主義。」三民主義的民族主義的目的何在？林森先生指出是在「內求中國民族之自由平等，外求一切被壓迫民族的解放。」（《民族主義的精義》）這裡可以說國父的民族主義與狹隘的國家主義不同，亦與列強的民族主義不同。換言之，列強所主張的民族主義，就是狹隘的國

家主義。事實上，民族主義發展到德意志、義大利和日本那種極端的國家主義，就成了對外侵略的帝國主義。

（二）濟弱扶傾

國父在〈民族主義第六講〉特別強調，我們在民族地位恢復以後，要對世界負一個大責任。負什麼責任呢？他說：「我們要先決定一種政策，要『濟弱扶傾』才是盡我們民族的天職。我們對弱小民族要扶持他，對於世界的列強要抵抗他。如果全國人民都立定這個志願，中國民族才可以發達。」「我們民族主義的目的，在完成大同之治，我們要將來能夠治國平天下，便先要恢復民族主義和民族地位，用固有的道德和平做基礎，去統一世界，成一個大同之治，這便是我們四萬萬人的大責任。諸君都是四萬萬人的一份子，都應該擔負這個責任，便是我們民族的真精神！」（〈民族主義第六講〉）

對於「用固有的道德和平做基礎，去統一世界成一個大同之治」，林森先生解釋說：「所謂固有道德，就是忠孝仁愛信義和平，這固然是中華民族的好道德，而和平則更是中華民族特別愛好的道德，也就是民族主義的基本精神。總理平日常主張王道，他要我們將國家民族的一切行動，都要以王道為基礎，所以對內只以服務為目的，而不講奪取；對外講博愛和平，而不講報復。王道不尚武力，注意和平的，所以和平更是實行王道的方法。但是所謂和平，是具有兩方面的意義：一方面是不願意他人侵害我們，一方面是自己不肯侵害他人。」（《民族主義的精義》）由林森先生的詮釋，我們聯想到王道主義，與「濟弱扶傾」的關係，也可以說王道主義是「濟弱扶傾」的本質，世界大同是「濟弱扶傾」的目的。

五、質量並重的人口政策

這裡要討論的是：(1)馬爾薩斯的人口論；(2)國父對於人口的主張；(3)先總統蔣公的主張。一個民族，人口數量的多寡、品質的優劣、甚至於分布狀況等，無一不與民族之盛衰及存亡有關，因此要談民族主義，就必須討論人口問題。

(一) 馬爾薩斯的人口論

馬爾薩斯 (Thomas Robert Malthus, 1766–1834) 為英國著名經濟學家，於一七九八年發表《人口論》，其主要論點是：人口的增長率大於土地的生產力，人口如果未受到遏止，必將以幾何級數（一、二、四、八……）繼續增長，可是食物的增加卻是算術級數（一、二、三、四……），使人類終不能避免饑餓與疾病的衝擊。故馬氏亦認為，窮人是他們自己貧窮的製造者，因為他們生育太多，而且即使通過平均財富的法案，也只能在短期奏效，不久之後依然一貧如洗。因此他堅決主張減低生育，才是具體可行的辦法，否則人類的前途非常可憂。

(二) 國父對中國人口問題的看法

下面分兩項敘述：

㈠對馬爾薩斯人口論的批評——〈民族主義第一講〉稱：「百年前有一個英國的學者，叫做馬爾薩斯。他因為憂慮世界上的人口太多，供給的物產有限，主張減少人口，曾創立一種學說，謂：『人口增加是幾何級數（一、二、四、八、十六……），物產增加是算術級數（一、二、三、四、五……）。』法國人因為講究快樂，剛合他們的心理，便極歡迎馬氏的學說，主張男子不負家累，女子不要生育。……因為馬爾薩斯的學說宣傳到法國之後，很被人歡迎，人民都實行減少人口，所以弄到今日受人少的痛苦，都是因為中了馬爾薩斯學說的毒。」（民國十三年語）

㈡國父對中國人口問題的主張——國父於民國十三年講演三民主義時，指出了中華民族的危險，乃在於受到列強的三大壓迫，而人口（天然力）壓迫即為其中之一。國父曾對劉成禺先生說：「政治壓迫與經濟壓迫，他人或已談到，人口壓迫為我的特見。」（劉成禺撰《先總理舊德錄》）〈民族主義第一講〉稱：「我們現在把世界人口的增加率，拿來比較比較；近百年之內，在美國增加十倍，英國增加三倍，日本也是三倍，俄國是四倍，德國是兩倍半，法國是四分之一。」列強人口大量增加，中國近百年來的人口根據美人樂克里耳（W. W. Rocklill 1854–1914）的調查報告，卻沒有增加，故國父認為用各國人口的增加數，和中國的人口來比較，他有先人之憂。因為「自古以來，民族之所以興亡，由於人口增減的原因很多，此為天然淘汰。」而且「到百年之後，如果我們的人口不增加，他們的人口增加到很多，他們便用多數來征服少數，一定要併吞中國。」如此「少數民族」必亡於「多數民族」。

㈢ 先總統蔣公對中國人口問題的主張

先總統蔣公在《民生主義育樂兩篇補述》中，對我國的人口問題極為詳盡與剴切的指示，可分為左列二項來討論。

㈠馬爾薩斯人口論的評論——先總統蔣公說：「其實，馬爾薩斯的學說是與歷史的事實不符的。據人口問題專家的估計，三百年來全世界人口只增了四倍，可見人口的增加並不是幾何的比率。並且近代農業技術的進步，使糧食的產量能夠很快的增加，……糧食的增加也不是算術的比率。」同時馬爾薩斯把國民的生育問題當做純粹生物學的問題來看，又把人口問題當做簡單經濟的問題來看，故先總統蔣公說：「把人口問題當作純粹生物學的問題和簡單的經濟問題來研究，得不到正確的結論。」

㈡論中國人口問題——先總統蔣公說：「馬爾薩斯學說既被歷史事實所推翻，我們便不能根據他的人口原理，斷定中國人口是太多了。」基於此，他進一步指出：「重新建設中華民國為獨立自由的現代國家，人口的問題不但要量的增加，並且要質的提高。」提高人口品質的方法，首先要從營養、衛生和教育中進行。是以基於事實的需要，先總統蔣公提出「質」、「量」並重的「人口政策」。

四　我國現行人口政策

行政院於民國五十八年五月公布了「中華民國人口政策綱領」，目的在「求人口品質之提高，人口之合理成長，國民健康之增進，與國民家庭生活之和樂」。其中原則有二：一為人口品質之提高，二為人口數量之合理成長。

㈠在人口品質方面——綱領中除首先揭櫫「實施優生、保健，增進國民身心健康，並維護家庭制度」的原則外，更於第五款明定：「辦理婚前健康檢查，以防止患有惡性遺傳、傳染惡疾或遺傳性精神病者之傳播。」這項規定，即基於優生學的原理而來，歐美各國業已實施。

㈡在人口數量方面——綱領中首先規定：「國民得依其自由意願，實行家庭計畫。」實行家庭計畫的目的，消極方面固然是使健康不佳、家境貧困或子女過多者，自願得以節育，積極方面亦使無子女者獲得生育之機會，使全國人口數量，真正做到適當之增加。但此種主張（節育）是否與國父的人口政策相違？

答案是否定的，因為質量並重的人口政策乃是基於當前事實需要的政策，與國父站在民族的整體立場上的考慮不同。

第三節　解決民族問題的途徑

我們中華民族的危險，究竟在什麼地方呢？國父於民國十三年講演三民主義時，指出了下列三種壓迫：(1)人口（天然力）壓迫；(2)政治壓迫；(3)經濟壓迫。

國父警告我們說：「此後中國的民族，同時受天然力、政治力，和經濟力的三種壓迫，便覺得中國民族生存的地位非常危險。」

（一）人口壓迫

國父曾對劉成禺先生說：「政治壓迫與經濟壓迫，他人或已談到，人口壓迫為我的特見。」前面曾經提到，〈民族主義第一講〉中稱：「我們現在把世界人口的增加率，拿來比較比較；近百年之內，在美國增加十倍，英國增加三倍，日本也是三倍，俄國是四倍，德國是兩倍半，法國是四分之一。」

我們的人口到今日究竟有多少呢？「從前有一位美國公使，叫做『樂克里耳』（W. W. Rocklill, 1854–1914），到中國各處調查，說中國的人口最多不過三萬萬。我們的人口到底有多少呢？在乾隆的時候，已經有了四萬萬，若照美國公使調查則已減少四分之一，就說是現在還是四萬萬，以此類推，則百年之後中國的人口恐怕仍是四萬萬。」

人口不增加有什麼危機呢？國父說：「到一百年以後，如果我們的人口不增加，他們的人口增加到很多，他們使用多數來征服少數，一定要吞併中國。到了那個時候，中國不但是失去主權，要亡國，中國人並且要被他們民族所消化，還要滅種。」這是就民國十三年的眼光來看，中國有一種人口壓迫的危機。

（二）政治壓迫

㈠政治壓迫與失地概況——國父指出我國近百年來，受了列強的政治壓迫，以致失地甚多，舉其要者，計有：

1. 黑龍江、烏蘇里江。
2. 伊犁河流域、霍罕和黑龍江以北諸地。
3. 安南（越南）、緬甸。
4. 高麗、臺灣、澎湖列島。
5. 威海衛、旅順、大連、青島、九龍、廣州灣。

此外上海、天津、漢口、九江、廣州、鎮江、廈門、營口等處，還有租界。

至於其他影響主權的損失，尚有領事裁判權、關稅協定權、軍艦行駛停泊權、海關稅務管理權、內河航行權，沿海貿易權等。

㈡政治壓迫的手段——政治壓迫亦叫政治侵略，其侵略「有兩種手段：一是兵力，一是外交。」國父認為在民初國家分裂，國力困頓之際，列強用兵隨時可以亡中國，依他估計：日本在十天以內，便可以亡中國，美國在一個月之內，英國、法國在兩個月之內，都可以亡中國。如此說來，「世界上無論哪一個強國，都可以亡中國，中國到今還能夠存在的理由，不是中國自身有力可以抵抗，是由於列強都想亡中國，彼此都來窺伺，彼此不肯相讓，各國在中國的勢力，成了平衡狀態，所以中國還可以存在。」他們如用外交力量，「只要用一張紙和一枝筆，彼此妥協，便可以亡中國。至於用妥協的方法，只要各國外交官，坐在一處，各人簽個字，便可以亡中國。如果英、法、美、日幾個強國，一朝妥協之後，中國也要滅亡。」（〈民族主義第五講〉）所以中國此時是「國際中最低下的地位，人為刀俎，我為魚肉，我們的地位在此時最為危險。」（〈民族主義第一講〉）這是就民國十三年的情形而說的，亦是國父用心至苦的警惕語。以後中國人自知發憤圖強，整軍經武，與日本打了八年，不但沒有失敗，反之倒使日本無條件投降，這是國父警惕，亦是提倡民族主義，振起民族精神之效。

（二）經濟壓迫

㈠經濟壓迫的方法——經濟壓迫亦可叫經濟侵略。其侵略的方法，可分為多種，如以低價進口洋貨（列強訂定關稅協定，不容我國行關稅保護），吸收原料，在中國開設銀行，發行紙幣，吸取低利存款，轉手以高利貸放，辦理國際匯兌，利用航行權，取得出入口運費，在租界及割讓地收取各種賦稅、地租，操縱地價，利用權力作特種營業（如設南滿鐵路公司等），投資投機事業（如橡膠的投機、馬克的投機等）。此外，尚有戰敗賠款（如甲午賠款於日本者二萬萬五千萬兩、庚子賠款於各國者九萬萬兩），尚有藩屬利益之被剝削，僑民利益之被剝削，更是屈指難數。

㈡經濟損失的統計——國父在〈民族主義第二講〉中指出，我國近百年來受到列強的經濟壓迫，損失甚大，估計如下：

1. 海關損失……………………………………每年五萬萬元。
2. 由於外國銀行的損失…………………………每年一萬萬元。
3. 航權損失（中國負擔的運費）………………每年一萬萬元。
4. 租界割地的賦稅地租地價……………………每年四至五萬萬元。
5. 特權營業……………………………………每年一萬萬元。
6. 投機事業及其他……………………………每年幾千萬元。

合計每年損失在十二萬萬（十二億）元以上（當時的計價單位為「銀元」）。

國父當時（民國十三年）警告我們說：「此每年十二萬萬元之大損失，如果無法挽救，以後只有年年加多，斷沒有自然減少之理。所以今日中國已經到了民窮財盡之地位了，若不挽救，必至受經濟之壓迫，至於國亡種滅而後已。」（〈民族主義第二講〉）

以上當然是就民國十三年以前的情形說的，與今日國家之發展，已不可以道里計。

㈢經濟壓迫與政治壓迫之比較——經濟壓迫與政治壓迫哪樣厲害呢？國父認為「經濟較政治壓迫力厲害」。因為政治壓迫力是有形的，看得見的，容易見得痛癢而引起國人的反抗。經濟力的壓迫則是無形的，往往不覺痛癢。因之經濟力之壓迫，更甚於政治力之壓迫。

㈣次殖民地與三種壓迫——國父講經濟壓迫時，發明了一個新名詞，就是「次殖民地」。何謂「次殖民地」？照一般人的看法，以為我國自清末到民初，受到列強的壓迫，已經成了「半殖民地」。國父認為這個「半殖民地」的名詞，是自我安慰而已。其實中國所受到的列強經濟力的壓迫，不只是「半」殖民地，甚至比完全的殖民地還要厲害。比方說，高麗是當時日本的殖民地，安南則是法國的殖民地，高麗人做日本的奴隸，安南人做法國的奴隸。當時國人動輒以亡國奴三字譏諷高麗人、安南人，我們只知道他們的地位低，卻不知道我們自己所處的地位，實在比不上高麗人、安南人。因之，說我們自己的地位比殖民地還不如，哪能叫「半」殖民地呢？

國父接著說：「故叫中國做半殖民地是很不對的。依我定一個名詞應該叫做『次殖民地』。這個『次』字是由於化學名詞中得來的，如次亞燐是。藥品中有屬於燐質而低於一等者名為亞燐，更低於亞燐者為次亞燐。……中國人從前只知道是半殖民地，便以為恥辱，殊不知實在的地位，還要低過高麗、安南（民國十三年語），故我們不能說是半殖民地，應該說是次殖民地。」

國父講完了三種壓迫之後，警告國人說：「我們同時受這三種力的壓迫，如果再沒有辦法，無論中國領土是怎麼樣大，人口是怎麼樣多，百年之後，一定是要亡國滅種的……因為中國幾千年以來，從沒有受過這三個力量一齊來壓迫的。故為中國民族的前途著想，就應該設一個什麼方法，去打消這三個力量。」用什麼方法來打消呢？就是要振起民族精神，防止人口銳減，加強政治建設與經濟發展，以求自力更生，後來居上。換言之，也就是要求三民主義之實現。

第三章　民權思想

第一節　民權主義概述

一、民權的意義、作用及其來源

（一）民權的定義

何謂民權？這裡有三種定義：⑴民權是人民的政治力量；⑵民權是由人民管理政事；⑶民權者民眾之主權也。

㈠何謂民？何謂權？何謂民權——國父在〈民權主義第一講〉首稱：「現在要把民權主義來定一個解釋，便先要知道什麼是民？大凡有團體有組織的眾人就叫民。什麼是權呢？權就是力量，就是威勢，那些力量大到同國家一樣，就叫做權。」「有行使命令的力量，有制服群倫的力量，就叫做權。把民權合攏來說，民權就是人民的政治力量。」這是從「民」與「權」的解釋方面來下「民權」的定義。

㈡何謂政治？何謂民權——國父接著說：「什麼是政治力量呢？……先要明白什麼是政治？政治兩字，

淺而言之，政就是眾人的事，治就是管理，管理眾人的事，便是政治。有管理眾人之事的力量，便是政權。今以人民管理政事，便叫做民權。」這是從「政治」的解釋方面來下「民權」的定義。

㈢何謂民？何謂民權——國父說：「民者眾人也。」（文言文《三民主義》）「民權者民眾之主權也。」反過來說，主權在民叫「民權」，主權在君叫「君權」，故說：「君政時代則大權獨攬於一人，今則主權屬於國民之全體。」（《孫文學說》第六章）國父對於民國元年的約法，並非條條滿意，但對於第二條「中華民國之主權屬於國民之全體」，非常贊成，所以說：「我國約法規定統治權屬於全體，必如是而後可言主權在民也。」（〈地方自治為建設之基石〉）國父又說：「民國是人民大家作主的。」（〈三民主義為改造新世界的工具〉）所謂「民權者，民眾之主權也。」乃是從「主權在民」方面下民權的定義。

(二) 民權的作用與來源

㈠保和養及權的作用——國父認為「人類要能夠生存，就須有兩件最大的事；第一件是保，第二件是養。保和養兩件大事，是人類天天要做的。」「保就是自衛，無論是個人或團體或國家，要有自衛的能力才能夠生存，養就是覓食。這自衛和覓食，便是人類維持生存的兩件大事。」這兩件大事是不是能順利進行呢？國父認為「人類要維持生存，他項動物也要維持生存；人類要自衛，他項動物也要自衛；人類要覓食，他項動物也要覓食，所以人類的保和養和動物的保和養是衝突的，於是便發生競爭。人類要在競爭中求生存，便要奮鬥，所以奮鬥這一件事，是自有人類以來天天不息的。由此便知權是用來奮鬥的。」這是說權的作用是用來奮鬥以維持人類生存的。保和養是維持生存的兩個條件。所以先總統蔣公說：「保是政治，養是經濟，都是歷史的條件。」（《反共抗俄基本論》）

㈡人類奮鬥的分期及民權的來源——權的作用既是用來奮鬥的，由奮鬥的分期，便可找出民權的來源。人類奮鬥可分為哪幾個時期呢？

第一個時期，是人同獸爭，不是用權，是用氣力，叫洪荒時代。

第二個時期，是人同天爭，是用神權，叫神權時代。

第三個時期，是人同人爭，國同國爭，這個民族和那個民族爭，是用君權，叫君權時代。

第四個時期，是人民同君主爭，叫做民權時代。在這個時代，可說是善人同惡人爭，公理同強權爭。

（〈民權主義第一講〉）

由上列的分期，可知民權是由洪荒時代，神權時代，君權時代演變而來，也可說民權是今日的世界潮流。

國父在〈民權主義第一講〉對於四個時期演變敘述甚詳，這裡摘述大意如下。

國父說：「民權之萌芽，雖在二千年前之希臘羅馬時代，但是確立不搖，只有一百五十年，前此仍是君權時代，君權之前便是神權時代。而神權之前，便是洪荒時代，是人和獸相鬥的時代。在那個時候，人類要圖生存，獸類也要圖生存。人食獸，獸亦食人，彼此相競爭，遍地都是毒蛇猛獸。人類的四周都是禍害，所以人類要圖生存，便要去奮鬥。」

人同獸爭，首先是各自為戰，後來則同類相助，大家不約而同的去打毒蛇猛獸。《孟子》書中所謂「舜使益掌火，益烈山澤而焚之，禽獸逃匿。禹疏九河，然後中國可得而食也。」又說：「周公驅虎豹犀象而遠之。」成湯出獵，網開三面，乃有多驅少殺之意，可見人與獸爭，流傳至堯舜禹湯文武時期，尚有跡象可尋。

後來毒蛇猛獸被人打得差不多了，人類便把打獵得來的馴服的禽獸（如雞鴨牛羊犬馬等）養起來，或分期宰殺，或食其乳與蛋，社會便演進到畜牧時代，亦可叫太古時代。這個時代，人類一方面發明製衣造屋以禦風雨，一方面擁戴一個聰明人用祈禱方式求幸福，於是產生了神權時代。像羅馬奉教皇，蒙古奉活佛，就是以神為治。

「經過神權之後，便發生君權。」為什麼發生君權呢？因為有力量的武人或政治家把教皇的權力奪過來了，或自立為教主，或自立為皇帝，於是由人同天爭，變成人同人爭，便產生君權時代。君權到了法國路易十四，便為全盛時代，他說：「皇帝和國家沒有分別，我是皇帝，所以我是國家。」又如中國的秦始皇，統一六國之後，他就專橫起來了。

西洋君權極盛之後，引起人民反感，於是產生天賦人權說，自由主義，民主主義，人民奮袂而起，實行政治革命，社會便演進到民權時代。

二、革命民權與天賦人權

天賦人權為盧梭所創，革命民權為國父所創，現就兩種學說加以研究，計分：⑴天賦人權的涵義與目的；⑵天賦人權的流行及其功效；⑶國父對天賦人權的批評；⑷革命民權的涵義與目的；⑸革命民權與天賦人權之異同。

（一）天賦人權的涵義與目的

國父說：「盧梭一生民權思想最要緊的著作是《民約論》，《民約論》中立論的根據，就是說人民的權利是生而自由平等的。各人都有天賦的權利，不過人民後來把天賦的權利放棄罷了。所以這種言論，可以說民權是天生出來的。」（〈民權主義第一講〉）盧梭為什麼要提倡天賦人權說呢？其目的是要推翻君權，並推翻「君權神授說」。因為歐洲在盧梭的學說發表以前，盛行著一種「君權神授說」。「佔了帝王地位的人，每每假造天意，做他們的保障，說他們所處的特殊地位，是天所授予的，人民反對他們，便是逆天。無知識的民眾，不曉得研究這些話是不是合理，只是盲從附合，為君主爭權利，來反對有知識的人民去講平等自由。因此贊成革命的學者，便不得不創天賦人權的平等自由這一說，以打破君主專制。」（〈民權主義第二講〉）

（二）天賦人權的流行及其功效

歐洲人民因受了君主專制的痛苦，既不自由，亦不平等，所以人民熱望平等與自由，不惜付出任何代價和犧牲。盧梭確能把握這一情勢，創立天賦人權學說，登高一呼，山鳴谷應，滙成一股洪流，莫之能禦，其流傳之廣，影響之大，使歐美各國民主政治，從此建立了民主體制，如美國的獨立宣言，法國的人權宣言，都以天賦人權說為其理論依據。誠如國父所說：「講到民權歷史，大家都知道法國有位學者叫做盧梭，盧梭是歐洲主張極端民權的人，因有他的民權思想，便發生法國革命。」（〈民權主義第一講〉）「歐洲各國的帝王，便一個一個不推而自倒了。」國父雖批評天賦人權說，卻對盧氏鼓吹民權思想的功勞，非常推崇，如說：「至於講到盧梭民權的始意，更是政治上的大功勞。」

(三) 國父對天賦人權說的批評

盧梭的學說，固有其時代需要，亦獲得相當成功的效果，然而是不是有事實作根據？國父對此曾有所批評。〈民權主義第一講〉載：「《民約論》中立論的根據，是說人民的權利是生而自由平等的這種言論，可以說民權是天生出來的。但就歷史上進化的道理說，民權不是天生出來的，是時勢和潮流所造就出來的。故推到進化的歷史上，並沒有盧梭所說的那種民權事實，這就是盧梭的言論沒有根據。」這是說自由平等不是天生的，民權也不是天賦的。

(四) 革命民權的涵義與目的

民權主義中只批評天賦人權說，未詳言革命民權說的內容，有關革命民權的文字，見之於〈中國國民黨第一次全國代表大會宣言〉：「蓋民國之民權，唯民國之國民，乃能享之，必不輕授此權於反對民國之人，使得藉以破壞民國。詳言之，凡真正反對帝國主義之團體及個人，均得享有一切自由及權利，而凡賣國罔民以效忠於帝國主義及軍閥者，無論其為團體或個人，均不得享有此等自由及權利。」分析起來說，積極方面，必須忠於民國參加革命反對帝國主義者，方得享有民國之民權；消極方面，凡背叛民國，忠於帝國主義及軍閥者，均不得享有民國之民權。推而言之，賣國漢奸，顛覆民國之復辟運動者及叛國黨派，均不得享有民國之民權。美國公民必須宣誓服從合眾國及其憲法，亦有此意，很多國家禁止含有顛覆黨派之活動，亦含有此意。

(五) 革命民權與天賦人權之異同

普通只講兩者的區別，我們這裡還講兩者的相同點。

㈠關於相同者——兩種學說相同之處，計有下列二點：

1. 同是爭平等：革命民權為民權主義的特點之一，民權主義的目的在求國民的政治地位平等；天賦人權主張人生而自由平等，其目的也是為人民爭平等。

2. 同是反對君權：盧梭提倡天賦人權，志在打破君權神授說，以求實現民權；國父提倡民權主義，提倡革命民權，也是順應世界潮流，反對君主專制。

㈡關於相異者——兩種學說不同之處，計有下列三項：

1. 民權來源的看法不同：盧梭的天賦人權說，是認為人類生而自由平等，就是說民權是天生的。國父卻說：「民權不是天生出來的，是時勢和潮流所造就出來的。」而且自由不是天生，是由人民奮鬥而得來的，平等亦不是天生的，是人為的。

2. 民權享有的看法不同：盧梭認為民權是天賦的，故任何人，任何團體，或任何黨派，均得享有此項民權。國父的革命民權說，乃指出「唯民國之國民，乃能享之。」「唯誓行革命主義者，乃能享之。」反之，凡反對民國與顛覆民國之個人或團體黨派，均不得享受之。

3. 革命的對象不同：天賦人權說的革命對象，為歐洲的君主。革命民權的對象，在國父逝世前為軍閥及帝國主義者，國父逝世後為投靠日本軍閥之漢奸及共產黨。明乎此，就可以知道國父民權主義與歐美民主主義的區別。❶

---

❶ 這裡所稱的革命的對象不同，在涂子麟先生所著《三民主義》本中，叫做時代的任務不同。

三、採用民權制度的理由

國父為什麼要在中國提倡民權主義或民權制度呢？第一是為了要順應世界的潮流，第二是為了要縮短國內的戰爭，這個問題，在普通《三民主義》教科書中列為國父提倡民權主義或民權制度的原因，這原因與目的有時不易分開，也可以說這個原因，就中國講，也就是兩個目的。

（一）順應世界潮流

國父認為民權是由神權經君權而來的世界潮流，誰亦不能遏止。「我們知道現在已到了民權時代，將來無論是怎樣挫折，怎樣失敗，民權在世界上，總是可以維持長久的。所以在三十年前（這前字是指民國十三年以前言），我們革命同志便下了這個決心，主張要中國強盛，實行革命非提倡民權不可。」（〈民權主義第一講〉）所謂三十年前，是指興中會成立的時候，就是建立共和政體為宗旨而言，他又說：「十八世紀之末以至二十世紀之初，百餘年來皆民權君權競爭之時代。從此民權日益發達，君權日益削亡……此世界政治進化之潮流，而非人力所能抵抗者，此古人之所謂天意也。順天者存，逆天者亡，此之謂也。」（文言文《三民主義》）所謂「天」可釋為「時勢」或「潮流」；所謂「順天者存」，可釋為「順應潮流者存」；所謂「逆天者亡」，可釋為「違反潮流者亡」。袁世凱稱帝與張勳復辟之失敗，就是「逆天者亡」的明確事例。

（二）縮短國內戰爭

國父認為中國歷史上的改朝換姓難免引起戰爭，這戰爭原因是為了爭皇帝，像楚漢相爭，固然是劉邦與項羽爭皇帝；太平天國的內鬨，就是洪秀全與楊秀清爭皇帝。「漢唐以來，沒有一朝不是爭皇帝的。中國

歷史上常是一治一亂，當亂的時候，總是爭皇帝。」（〈民權主義第一講〉）

如果拿外國和中國比，外國有為宗教而戰，為自由而戰的，但中國幾千年來，所有的戰爭，都是為了爭皇帝。因此，國父倡導革命之初，為了避免將來的戰爭，便主張民主共和，不要皇帝。

四、民權主義的意義和目的

（一）民權主義的意義

何謂民權主義？計有五項答案。

1.民權主義就是人民管理政事的主義：因為國父說過：「今以人民管理政事便叫民權。」又說：「現在是民國，是以民為主的，國家的大事，人人都可以過問，……大家都有權去管理，這更是民權主義的精義。」（〈女子要明白三民主義〉）

2.民權主義是民治主義：國父曾將林肯的「民治」與民權主義相比。他說：「必須把政治上的主權，實在拿到人民的手裡，才可以治國，才叫做民治，這個達到民治的道理，就叫做民權主義。」（〈三民主義為造成新世界之工具〉）

3.民權主義是全民政治主義：全民政治是民權主義的目的之一。國父說：「我們提倡三民主義來改造中國，……是用我們的民權主義，把中國造成一個全民政治的民國。」（〈民權主義第四講〉）

4.民權主義是政治地位平等的主義：國父認為民權主義在求中國民主政治地位平等。

5.民權主義就是主權在民的主義：因為國父曾說：「民權者民眾之主權也。」（文言文《三民主義》）

即有重視「主權在民」之意。

(二) 民權主義的目的

民權主義的目的與民權主義的意義是不易分開的。本可說民權主義的目的在實現「以民為主」、「主權在民」與「全民政治」。這裡專論政治地位平等。

簡而言之，民權主義的目的：甲、積極方面：(1)求中國國民之政治地位平等；(2)求世界各國國民之政治地位平等，以實現「天下為公，選賢與能。」乙、消極方面：打破政治上的不平等。就今日來看，包含著：(1)君主專制的不平等；(2)民主政治的缺點；(3)共產極權政治的不平等。

第二節　自由與平等

「自由」與「平等」是民主政治的雙軌，自由以平等為基礎，平等以自由為前提，兩者關係非常密切。這裡研討下列問題：(1)自由的意義；(2)自由的流弊與限制；(3)中西人民對自由的看法有別；(4)爭取國家自由與犧牲個人自由；(5)平等的兩種意義；(6)中西人民對平等有不同看法；(7)不平等、假平等與真平等；(8)合理自由與平等的精義。

一、合理的自由

(一) 自由的意義

什麼是自由呢？國父加以說明：「自由的解釋簡單言之，『在一個團體中能夠活動，來往自如，便是自由。』因為中國沒有這個名詞，所以大家都莫名其妙。但是我們有一種固有名詞，是和自由相彷彿的，就是『放蕩不羈』一句話。既然是『放蕩不羈』，就是和散沙一樣，各個人有很大的自由。」這裡所講的「放蕩不羈」，國父以為與「自由」相彷彿，但並非說「放蕩不羈」即是「自由」的真義。

(二) 自由的流弊與限制

羅馬帝國崩潰後，歐洲各國紛紛獨立，實行君主政治，專制到了極端，人民受到不自由的各種痛苦。後來法國學者盧梭倡「天賦人權」說，強調人類是人生而自由平等，恰合當時人民的心理，且引發法國的民權革命。法國革命成功後，極力提倡自由，由於自由用到極點，又造成暴民政治。羅蘭夫人很沉痛的說：「自由！自由！天下許多罪惡，皆假汝之名以行。」因為自由濫用發生許多流弊，所以彌勒氏主張有限制的自由。他說：「一個人的自由，以不侵犯他人的自由為範圍，才是真自由。」國父在民權主義中，曾引彌勒氏這段話以說明自由應有範圍。

(三) 中西人民對自由的看法有別

講民權便不能不講自由，因為沒有民權，自由便無根據，沒有自由，民權亦無由發展。可是中西人民對自由的看法，卻有差別。

㈠歐洲人為什麼重視自由——國父認為外國人受君主的壓迫太厲害了，所以歡迎「自由」。〈民權主義第二講〉中說：「歐洲在一、二百年前為自由戰爭，當時人民聽自由，便像現在中國人聽發財一樣。他們為什麼要那樣歡迎自由呢？因為當時歐洲的君主專制發達到了極點。……羅馬變成列國，成了封建制度，那個時候，大者王，小者侯，最小者還有伯子男，都是很專制的。那種封建政體，比較中國周朝的列國封建制度，還要專制得多。歐洲人民在那種專制政體之下，所受的痛苦，我們今日還多想不到，比之中國列朝人民所受專制的痛苦還要更厲害。」

㈡中國人為什麼不重視自由——外國人常說中國人不懂得自由，其實中國人的個人自由太多，對自由的觀念淡薄，因為自古以來，人民生活便很自由，沒有受到任何政治壓力，如「自由之歌」所云：「日出而作，日入而息，鑿井而飲，耕田而食，帝力於我何有哉？」國父認為「由這個自由歌看起來，便知中國自古以來，雖無自由之名，而確有自由之實，且極其充分。」又說歐洲人從前要爭自由的時候，他們自由的觀念自然是很濃厚，得到了自由之後，目的已達，恐怕他們的自由觀念，也漸漸淡薄，「如果現在再去提倡自由，我想一定不像從前那樣的歡迎。」外國人常說中國人是一片散沙，這固然不好，但就自由而言，卻實實在在有充分的自由，「如果不自由，便不能夠成一片散沙。」（〈民權主義第一講〉）一片散沙，就是個人有充分的自由，因為已有充分的個人自由，所以對自由不表重視。

(四) 爭取國家自由與犧牲個人自由

國家自由與個人自由哪一種重要？就中國來說，國家自由重於個人自由，並主張爭取國家自由與犧牲個人自由。

㈠爭取國家自由——為什麼爭取國家自由呢？國父很明白的指出：「到底中國為什麼要革命呢？（指政治革命言）直截了當說，是和歐洲革命的目的相反。歐洲從前因為太沒有自由，所以革命要去爭自由。我們因為自由太多，沒有團體，沒有抵抗力，成一片散沙。因為是一片散沙，所以受外國帝國主義的侵略，受列強經濟商戰的壓迫，我們現在便不能抵抗。要將來能夠抵抗外國的壓迫，就是打破個人的自由結成很堅固的團體，像把士敏土（水泥）參加到散沙裡頭，結成一塊堅固石頭一樣。」（〈民權主義第二講〉）要凝合散沙為石頭，結成個人為團體，就是我們政治革命的目的。所以外國政治革命是爭取個人自由，中國政治革命是爭取國家自由。

㈡犧牲個人自由——國父認為黨員、官吏、軍人、學生應犧牲其個人自由，其所持理由是：

1. 黨員：黨是革命的先鋒，要黨有力量，必須黨員犧牲自由與貢獻力量。國父說：「政黨中最緊要的事，是各位黨員有一種精神結合，要各位黨員能夠精神結合：第一要犧牲自由，第二要貢獻力量，如果個人能貢獻力量，然後全黨才有能力，等到全黨有了自由，有了能力，然後才能擔負革命大業，才能改造國家。」（〈一全大會開會詞〉）這是說明黨員為什麼要犧牲自由的道理。

2. 官吏與軍人：官吏與軍人何以要犧牲自由？國父解釋說：「蓋共和與自由，專為人民說法，萬非為少數之軍人與官吏說法。倘軍人與官吏，借口於共和自由，破壞紀律，則國家機關萬不能統一，機關不能統一，則執事者無專責，勢如一盤散沙，又何能為國民辦事？」故說：「當未退為人民，而在職為軍人或官吏時，則非犧牲自由，絕對服從紀律不可。」（〈湖北軍政界代表歡迎會講詞〉）

3. 學生：學生是國家未來的主人翁，在求學時期，亦要犧牲個人自由。國父說：「到了國家能夠行動自由，中國便是個強盛的國家。要這樣做去，便要大家犧牲自由，當學生的能夠犧牲自由，就可以天天用功，在學問上做工夫。學問成了，智識發達，能力豐富，便可以替國家做事。學生與軍人一樣，要犧牲個人自由，努力求學，將來學問成功，才能擔當國家交付的任務。」（〈民權主義第二講〉）

二、真正的平等

（一）平等的兩種意義

先總統蔣公分平等為兩種：一為法律之前的形式平等，二為生活條件的實質平等。他說：「平等也有兩種意義，一種是法律之前的形式平等，一種是生活條件的實質平等。我對生活條件的平等，更須正確的解釋，生活條件的平等，並不是報酬的統一，而是大家都站在具有基本生活的經濟條件和基本知識的教育條件上，得到公道的機會平等。至於報酬的同一觀念，就是總理所說齊頭式的假平等。大家站在基本生活和知識水準上，得到機會均等的平等，就是　總理所說立腳點平等的真平等。」（《反共抗俄基本論》）

（二）中西人民對平等有不同看法

西洋人因為太不自由，所以不顧一切犧牲，去爭自由；中國人自由太多了，所以不知爭自由。同理，西洋人階級觀念太深了，受不平等的束縛太厲害，所以爭平等；中國人階級觀念淡薄，「朝為田舍郎，暮登天子堂」，平民可以為宰相，所以不爭平等。國父在〈民權主義第三講〉中說：「歐洲沒有革命以前的情形，和中國比較起來，歐洲的專制，要比中國厲害得多，原因是在什麼地方呢？就是世襲制度。當時歐洲的帝王公侯那些貴族，代代都是世襲貴族，不去做別種事業，人民也代代都是世襲一種事業，不能夠去做別種事業。」歐洲人因為受到階級制度的各種不平等待遇，所以重視平等，努力去爭平等。

中國的政制與歐洲不同，人民對平等的看法亦有別；因為「中國自古代封建制度破壞以後，這種限制，也完全打破。由此可見從前中國和外國，都是有階級制度，都是不平等。中國的好處，是只有皇帝是世襲，……至於皇帝以下的公侯伯子男，中國古時都是可以改換的，平民做宰相封王侯的極多，不是代代世襲一種事業的。」中國沒有如西洋一樣的世襲制度，人民職業和生活比較自由，所以並不重視平等。

(三) 不平等、假平等與真平等

第一圖　不平等

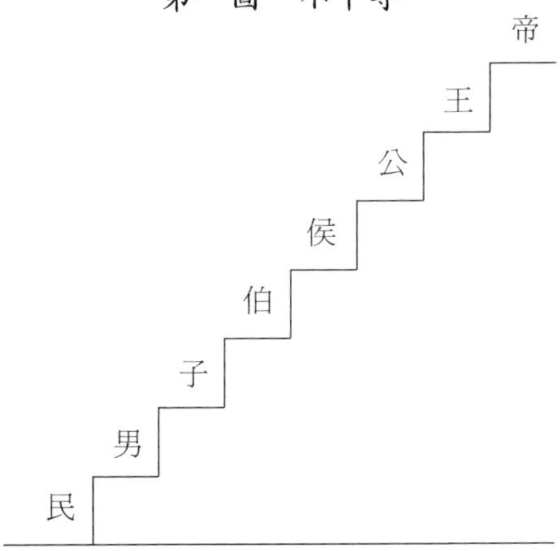

國父在〈民權主義第三講〉中，曾由人為的不平等，與要求聰明才力相等的假平等，講到政治上立足點的真平等。

(一)不平等——人類天生本是不平等，加上人為的力量，於是更趨於不平。國父說：「天地間所生的東西總沒有相同的，既然都是不相同，自然不能夠說是平等。自然界既沒有平等，人類又怎麼有平等呢？天生人類本來也是不平等的，到了人類專制發達以後，專制帝王尤其變本加厲，弄到結果比較天生的更是不平等。這種由帝王造成的不平等，究竟是怎麼情形？現在可就講壇的黑板上，繪一個圖表來表明，請諸君細看第一圖，便可明白。因為有這種人為的不平等，在特殊階級的人，過於暴虐無道；被壓迫的人民，無地自容，所以發生革命的風潮來打不平。」

(二)假平等——平等本不是天生的，有些學者為了要平等、為了要推翻君主專制，特創天賦平等說以為號召，由於深信這種學說，又產生了一種假平等。國父說：「專制帝王推倒以後，民眾又深信人人是天生平等的這一說。便日日去做工夫，想達到人人的平等。殊不知這種事是不可能的。到了近來，科學昌明，人類大覺悟了，才知道沒有天賦平等的道理。假如照民眾相信的那一說去做，縱使不顧真理，勉強做成功也是一種假平等，像第二圖一樣，必定要把高的壓下去，成了平頭的平等。至於立腳點還是彎曲線，還是不能平等。不是真平等，是假平等。」

㈢真平等——不平等有天生的，有人為的。真平等乃是人為的，不是天生的。國父所講的真平等，是要求立足點平等，不是齊頭平等，是政治地位平等，不是天賦才智的平等。〈民權主義第三講〉稱：「說到社會上的地位平等，是始初起點的地位平等。後來各人根據天賦的聰明才力，自己去造就，因為各人的聰明才力有天賦的不同，所以造就的結果，當然不同，自然不能有平等，像這樣講來，才是真正平等的道理。

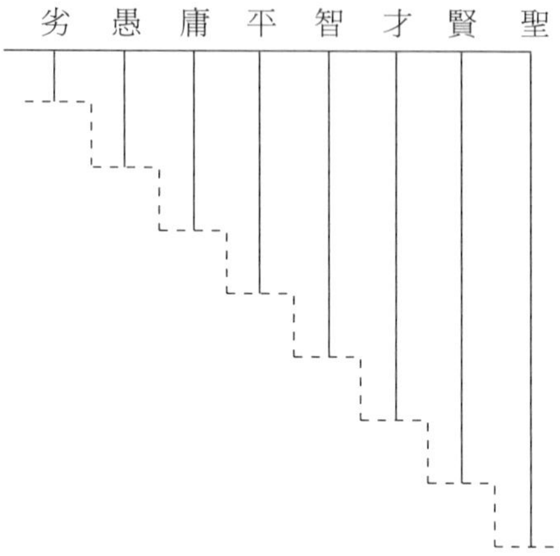

第二圖　假平等

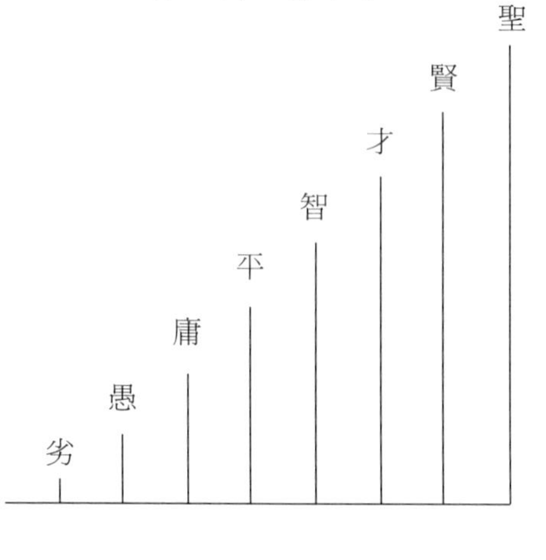

第三圖　真平等

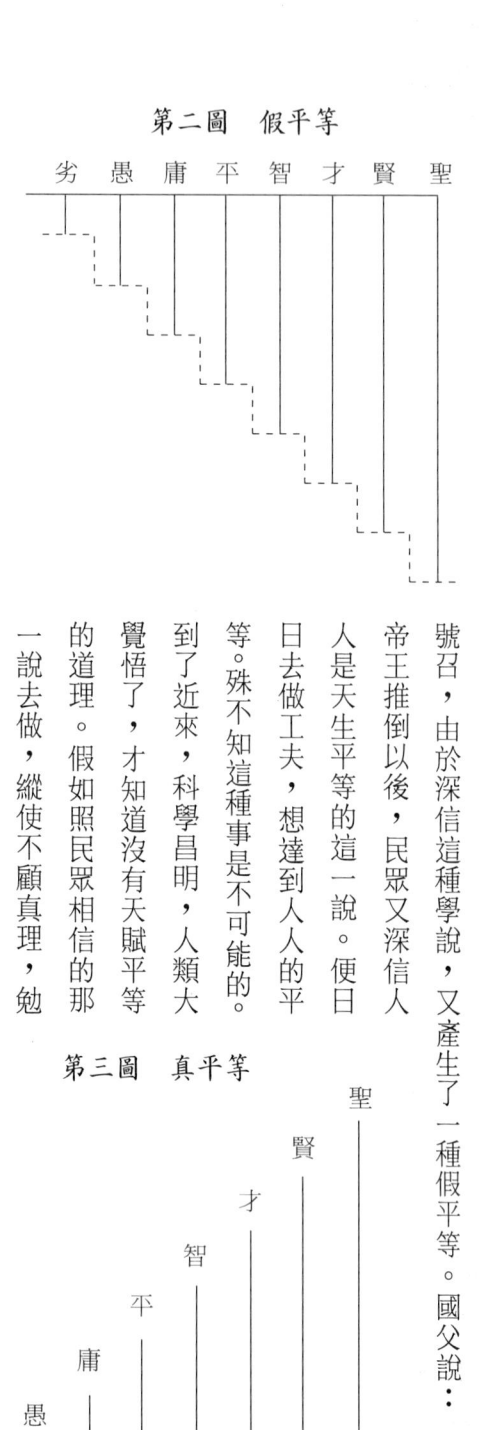

如果不管各人天賦的聰明才力，就是以後有造就高的地位，也要把他們壓下去，一律要平等，世界便沒有進步，人類便要退化，所以我們講民權平等，又要世界有進步，是要人民在政治上的地位平等。因為平等是人為的，不是天生的，人造的平等，只有做到政治上的地位平等。故革命以後，必要各人在政治上的立足點都是平等，好像第三圖的底線，一律是平的，那才是真平等，那才是自然之真理。」

(四) 合理自由與平等的精義

西洋鼓吹個人自由與天賦平等，都發生很多流弊，為挽救這些流弊與缺點，國父特講平等的精義，先總統蔣公特提倡合理的自由。

(一)提倡合理的自由——國父很重視國家的自由，但亦不忽視人民的自由權利，為防止自由發生種種流弊，主張自由不可放任，應有其範圍。先總統蔣公曾提出一個最恰當的名詞，叫做合理的個人自由。他說：「總理的〈民權主義第二講〉，就是說明民權與自由的真義，與兩者在事實上的關係，從而主張合理的自由，就是主張限制個人之自由，以保持人人之自由，犧牲個人之自由，以求得國家之自由。」又說：「總理所訂的五權憲法，當然是提倡自由。但是五權憲法所提倡的自由，不是個人的自由，而是整個國家的大自由，不是絕對無限制的自由，而是有限制的合理的自由。」(《總理遺教六講》〈第二講〉) 所謂「合理的自由」，就國家與個人講，國家自由重於個人自由，要犧牲個人自由，以求得國家之自由。就人人(民眾)與個人講，要犧牲個人自由，以保持人人之自由。就個人自由講，自由有其範圍，並非漫無限制，即法定界限之內的自由，不去侵犯別人的自由，才是個人所享受的合理自由。

(二)平等的精義——人類天賦不平等的鴻溝，如何彌補呢？國父提倡服務的人生觀和道德觀，以平人事之不平。他說：「從此以後，要調和這三種人（先知先覺、後知後覺與不知不覺）使之平等，則人人當以服務為目的，而不以奪取為目的，聰明才力愈大者，當盡其能力而服千萬人之務，造千萬人之福，聰明才力略小者，當盡其能力以服十百人之務，造十百人之福，所謂『巧者拙之奴』，就是這個道理。至於全無聰明才力者，亦當盡一己之能力，以服一人之務，造一人之福，照這樣做去，雖天生的聰明才力有三種不平等，而人類由於服務的道德心發達，必可使之成為平等了，這就是平等的精義。」（〈民權主義第三講〉）這裡要實現「平等的精義」，就是要提倡服務的人生觀和道德觀。而服務的人生觀和道德觀，亦就是利他主義的人生觀和道德觀。

第三節　民權主義的政治體制

一、權能區分與全民政治

權能區分是全民政治的基礎，全民政治是權能區分的結果，故將兩者合併討論，可研究下列有關問題：(1)權能區分學說的發明；(2)權能區分的意義；(3)權能區分的比喻；(4)全民政治的涵義；(5)全民政治與權能區分的關係。

（一）權能區分學說的發明

西方的民權學說，發生了很大的困擾，無法解決。國父發明權能區分辦法，即為解決此一難題。

㈠民權學說的困擾——西方民權學說發生何種困擾呢？即「所欲」與「所怕」的問題。國父引一位美國學者的話說：「現在講民權的國家，最怕的是得到了一個萬能政府，人民沒有方法去節制他；最好的是得到一個萬能政府，完全歸人民使用，為人民謀幸福。」（〈民權主義第五講〉）西洋人民既欲政府為人民做事，又怕不能管理政府，這是很難解決的難題。

他又引一位瑞士學者的話說：「各國自實行了民權以後，政府的能力便行退化。……所以實行民治的國家，對於這個問題，便應該想方法去解決。想解決這個問題，人民對於政府的態度，就應該要改變。」這位瑞士學者主張人民要改變對政府的態度，想挽救這個流弊，但沒有提出具體的解決辦法。

㈡權能區分學說的發明——西洋民權問題發生的困擾，是民主與制衡問題，瑞士學者未提出解決方法，國父便發明權能區分原理，來解決這個問題。他說：「歐美學者只想到人民對於政府的態度，應該要改變。至於如何改變，還沒有想出。我們革命，主張實行民權，對於這個問題我想到了一個解決的方法。」這是什麼辦法呢？就是權與能要分別的道理。

(二) 權能區分的意義

什麼是「權」與「能」呢？簡單的說：「權」便是管理政府的力量，「能」便是政府本身的力量，管理政府的力量，叫做「政權」。政府本身的力量，叫做「治權」。國父說：「現在要分開權與能，……根本上還是要從政治上的意義來研究：政是眾人之事，集合眾人之事的大力量，便叫做政權，政權可說是民權；治是管理眾人之事，集合管理眾人之事的大力量，便叫做治權，治權可說是政府權。」（〈民權主義第六講〉）政權分四種：一為選舉權，二為罷免權，三為創制權，四為複決權。治權分五種：一為行政權，二為立法權，三為司法權，四為監察權，五為考試權。

(三) 權能區分的比喻

國父恐怕大家不瞭解權能區分的意義，特別列舉五個比喻，加以說明。

1. 阿斗有權、諸葛亮有能：「阿斗與諸葛亮是權能區分的最好例證，阿斗是君主，無能而有權，諸葛亮是大臣，有能而無權。」

2. 富豪有權、印度巡捕有能：「現在的富豪家庭，也請幾位打師來保護，好像上海租界上的軍閥官僚，在各省剷了地皮，發了大財之後，搬到上海的租界內去住，因為怕人打他和他要錢，便請幾個印度巡捕（看門的警察），在他的門口保護。」這是說豪富是有權的，巡捕是有能的，有能的要聽有權的指揮。

3. 股東有權、經理有能：「現在有錢的那些人組織公司開辦工廠，一定要請一位有本領的人來做總辦（經理）去管理工廠，這種總辦是專門家，就是有能的人，股東就是有權的人。」

4. 車主有權、司機有能：「像最新發明在人生日用最便利的東西，是街上的汽車。……國家就是一輛大汽車，政府中的官吏就是一些大車夫。……就這個比喻，更可以分別駕駛汽車的車夫是有能而無權的，汽車主人是無能而有權的。」

5. 工程師有權、機器有能：「現在還是用機器來比喻，機器裡頭各部的權和能，是分得很清楚的。」「譬如就船上的機器說，現在最大的船，有五、六萬噸，運動這樣大船的機器，所發出的力量，有超過十萬匹馬力的機器，只用一個人，便可以完全管理。那一個管理的人，要全船怎麼樣開動，便立刻開動，要全船怎麼樣停止，便立刻停止。」這是說機器是有能的，其開動與停止，完全決定在有權管理機器的工程師手裡。

以上遺教，都是說明權能區分要畫分清楚，各有其界限和統屬，不容紊亂。國父逝世後，美國所推行的「市經理制」(city manager)，市經理由市議會就市政專家中選任，即經理有能，市參議會有權，只要市參議會對經理不滿意，隨時都可以更換，美國的這種制度，也可以說是「權能區分」的實踐。

(四) 全民政治的涵義

什麼是全民政治？計有下列答案：

第一、依據國父的看法，全民政治便是國民全體的政治，沒有種族、宗教、性別、職業、階級以及黨派的分別，只要是國民，都可享有同等的民權，都有資格來做國家的主人翁。他在〈民權主義第六講〉中說：「全民政治是什麼意思呢？就是用四萬萬人來做皇帝。」又在〈國民要以人格救國〉中說：「我們要想是真正以民為主，造成一個駕乎萬國之上的國家，必須國家的政治，做成一個全民政治。」

第二、全民政治是民有、民治、民享的政治。國父認為世界上把全民政治說得最完全最簡單的，莫過於林肯的民有 (of the people)、民治 (by the people)、民享 (for the people)。(〈五權憲法〉講詞)

第三、全民政治是實行直接民權的政治。國父說：「四萬萬人要怎樣才可以做皇帝呢？就是要有四個民權來管理國家大事。」(〈民權主義六講〉)

(五) 全民政治與權能區分的關係

全民政治與權能區分有何關係呢？如就「四個民權來管理國家大事」來講，全民政治的基礎在於權能區分。倘不能實行權能區分，使人民有選舉、罷免、創制、複決四個政權，便不能達到全民政治的目的，便不能讓人民做皇帝，便不能實行民有、民治、民享了。

二、五權憲法與萬能政府

五權憲法這個學說何由而來呢？與萬能政治有何關係呢？下面分別加以討論：

（一）三權憲法與三權獨立

這裡要講到：⑴西洋的三權憲法；⑵中國的三權獨立。

㈠西洋的三權憲法——西洋的三權憲法，乃以孟德斯鳩的政治學說為基礎。國父說：「憲法是從英國創始的，英國自經過了革命之後，把皇帝的權力，漸漸分開，成了一種政治的習慣，好像三權分立一樣。……後來有位法國學者孟德斯鳩著了一部書叫做《法意》，有人把它叫做萬法精義，這本書是根據英國政治的習慣，發明三權獨立的學說，主張把國家的政權分成立法、司法和行政三種，所以三權分立，是由孟德斯鳩所發明的。」（〈五權憲法〉講詞）美國獨立後首先依孟德斯鳩的政治學說，制訂三權分立的成文憲法。

㈡中國的三權獨立——國父認為拿英國的不成文憲法來比較，中國專制時代亦有不成文的三權憲法，像下面第一圖所列。

第一圖

比較憲法

中國憲法
　考試權
　君權—兼
　　立法權
　　行政權
　　司法權
　彈劾權

外國憲法
　立法權—兼—彈劾權
　行政權—兼—考試權
　司法權

他說：「照這樣看起來，可見中國也有憲法，一個是君權，一個是考試權，一個是彈劾權。不過中國的君權，兼有立法權、司法權和行政權。這三個權裡頭的考試權，原來是中國一個很好的制度。」其次，講到監察權。國父謂：「說到彈劾權，在中國君主時代，有專管彈劾的官，像唐朝諫議大夫和清朝御史之類，就是遇到了君主有過，也可冒死直諫。這種御史，是耿直得很，風骨凜然。」他強調「中國從前的考試和彈劾權，都是很好的制度，憲法裡頭是決不可少的。」

(二) 五權憲法的創立與組織

下面要講到：(1)五權憲法的創立；(2)五權憲法的政治組織。

(一)五權憲法的創立——國父在西方三權憲法之外，加入中國原有的考試權和監察權，創立了五權憲法，如第二圖所示：

第二圖　五權憲法

五權憲法
- 立法權
- 司法權
- 行政權
- 彈劾權
- 考試權

「這個五權憲法，把全國憲法，分作立法、司法、行政、彈劾、考試五個權，每個權都是獨立的。……這個五權憲法不過是上下反一反，去掉君權，把其中所包括的行政、立法、司法三權，提出做三個獨立的權，來施行政治。在行政權一方面，另行立一個執行政務的大總統。立法機關就是國會，司法人員就是裁判官，和彈劾與考試兩個機關，同是一樣獨立的。」❷

(二)五權憲法的政治組織——國父講過五權憲法之後，進一步設計中央政府組織與省縣行使政權系統圖。五權憲法就好像一部大機器，要想治一個新國家，就不能不用這個新機器的五權憲法。下面的第三圖，便

❷ 國父在民國十年講五權憲法時，認為立法機關就是國會。民國十三年講民權主義時，則視立法院為治權機關。

是五權憲法的政治構造制度。

第三圖

治國機關

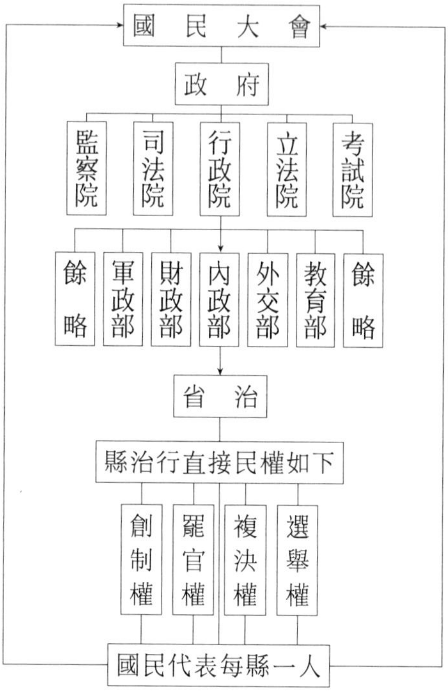

第三圖，就是治國的機關。除了憲法上規定五權分立外，最重要的就是縣自治，行使直接民權。直接民權就是四個政權：一、選舉權、二、罷官權、三、創制權、四、複決權。「五權憲法，好像是一架大機器，直接民權，便是這架大機器中的掣扣。」

(三) 三權憲法的缺點與五權憲法的優點

下面分論其優劣。

(一)西洋三權憲法的缺點——西洋三權憲法有什麼缺點呢?就是監察權與考試權不能獨立行使:

1. 監察權不能獨立的缺點:西洋三權憲法中的監察權(糾察權)是由立法機關兼有的，這樣容易造成議會專制，弄到行政機關動輒得咎。國父說:「現在立憲法各國，沒有不是立法機關兼有監察權限，那權限雖然有強有弱，總是不能獨立，因此生出無數弊病。比方美國糾舉權，歸議會掌握，往往擅用此權，挾制行政機構，使它不得不俯首聽命，因此常常成為議會專制。除非有雄才大略的大總統，如林肯、麥哲尼、羅斯福等，不能達到行政獨立之目的。」(〈三民主義與中國民族之前途〉)

2. 考試權不能獨立的缺點:在三權憲法的政府中，考試權與用人權，由行政機關兼有，這亦是有其流弊的。其流弊安在?一為選舉不能達到選賢與能的目的，二為造成政黨的分贓制度(Spoil System)。

國父說:「美國官吏，有由選舉得來，有由委任得來的。從前本無考試制度，所以無論是選舉、委任，皆有很大的流弊。就選舉上說，那些略有口才的人，便去巴結國民，運動選舉，那些學問思想高尚的人，反都因為訥於口才，無人去物色他，所以美國代議院中，往往有愚蠢無知的人，夾雜在內，那歷史實在可笑。就委任上說，凡是委任官，都是跟著大統領進退，美國共和黨、民主黨，向來是以選舉為興廢，遇著換了大統領，由內閣至郵政局長，不下六七萬人同時俱換。」(〈三民主義與中國民族之前途〉)以上是就選舉不當與分贓制度而言，故國父主張用考試以救選舉之窮。

(二)五權憲法的優點——五權憲法有何優點呢?計有下列兩項:

1. 考試權獨立的優點:考試權獨立有何優點呢?一是可以防止濫選議員與濫用私人，二是可以選出賢能與提拔真才。

甲、防止濫選議員與濫用私人——國父在〈五權憲法講詞〉中，曾引用美國博士與苦力車夫競選失敗的故事，說明美國沒有考試制度，不學無術的人亦可當選議員。他說：「所以將來中華民國憲法，必要設獨立機關，專掌考試權。大小官吏必須考試，定了他的資格，無論官吏是由選舉的，抑或由委任的，必須合格的人，方得有效，這便可以除卻盲從濫選及任用私人的流弊。」（〈三民主義與中國民族之前途〉、〈五權憲法〉講詞）

乙、可以選出賢能提拔真才——美國的憲法不完全，亦想辦法去補救，就是以財產來確定被選舉權的資格，這完全是資本主義的色彩。其後實行文官制度，用考試來決定資格，可惜範圍太小，亦是美中不足。國父說：「最好的補救方法，只有限制被選舉權。要人人都有選舉權，……依兄弟看來，當議員官吏的人，必定是要有才有德，或者有什麼能幹。……我們又是怎樣可以斷定他們是合格呢？……就是考試。」（〈五權憲法〉講詞）這是說無論任官或競選，都要經過考試，非經考試及格不得參加競選，這才可選到賢能，提拔真才。

2. 監察權獨立的優點：監察權獨立，可以防止國會專制，可以澄清吏治。

甲、可以防止議會專制——把監察權自國會分出來，國會便不能挾制政府。國父說：「照正理上說，裁判人民的機關，已經獨立（指司法權言），裁判官吏的機關，仍在別的機關之下，這也是論理上說不過去的，故此，這機關也要獨立。」（〈五權憲法〉講詞）

乙、可以澄清吏治——監察權獨立，可以發揮御史的精神。因為中國古代的御史，風骨凜然，不畏權勢。既能犯顏諫諍，亦能懲貪除暴。故監察權能獨立，對於澄清吏治，是大有裨益的。

（四）萬能政府的意義

何謂萬能政府呢？

所謂「萬能政府」，是指一種為人民辦好了政務，而又聽人民指揮為人民謀福利的政府。國父說：「有一位美國學者說，現在講民權的國家，最怕的是得到了一個『萬能政府』，……最好的是得到了一個『萬能政府』，完全歸人民使用，為人民謀幸福。」（〈民權主義第五講〉）這裡所說人民最怕「萬能政府」，是怕政府專制，不聽人民指揮，所謂最愛「萬能政府」，是政府能順從民意，多多為人民謀福利。

就事實說，什麼樣的政府，才是「萬能政府」呢？

國父又說：「近幾十年來（民國十三年後），歐洲最有能的政府，就是德國俾斯麥當權的政府，在那個時候的德國政府，的確是『萬能政府』。」

像俾斯麥這樣萬能政府，如果能為人民謀幸福，則大家擁護；如果專制起來，則大家害怕。

（五）如何造成萬能政府

如何造成使人民不害怕的萬能政府呢？國父認為應從「權能區分」著手，即應從五權憲法著手。他說：「政府替人民做事，要有五個權，就是要有五權工作，要分成五個門徑去做工。人民管理政府的動靜，要有四個節制，要分成四個方面來管理政府。政府有這樣的能力，有了這些做工的門徑，才可以發出無限的威力，才是『萬能政府』。人民有了這樣大的權力，有了這樣多的節制，便不怕政府到了萬能，沒有力量來管理。」講過上面這些話之後，國父又說：「有了這種政權和治權，才可以達到美國學者的目的，造成『萬能政府』，為人民謀幸福。」由此可知，權能區分與五權分立是造成「萬能政府」的前提。

附錄：專家政治

這裡要談到何謂專家政治及如何造成專家政治？

何謂「專家政治」？是要由學有專長，才德兼優的人辦理眾人之事，不可將眾人之事，交於德薄能鮮，不學無術之人。就事實講，現在美國有些市政府，實行市經理制，由議會通過，聘請專家來處理市政，來擔任市經理（市長），這就是「專家政治」的實踐。

如何造成「專家政治」呢？應從權能區分與考權獨立著手。國父說：「講到國家的政治，根本上要人民有權，至於管理政府的人，便要付之有能的專門家」。（〈民權主義第五講〉）這就是說要從權能區分著手，造成專家政治。國父說：「現在歐美人無論做甚麼事，都要用專門家。譬如練兵打仗，便要用軍事家。開辦工廠，便要用工程師。對於政治，也知道用專門家；至於現在之所以不能實行用政治專家的原因，就是由於人民的舊習慣還不能改變。但是到了現在的新時代……許多事情一定要靠專門家的。」（〈民權主義第五講〉）這是「專家政治」在今日的重要性，也是說，我們為什麼要實行「專家政治」？國父又說：「到了現在的新時代，權與能是不能不分開的。許多事業一定是要靠專門家的，是不能限制專門家的……民國的大事，也是一樣的道理。國民是主人；就是有權的人；政府是專門家，就是有能的人。由於這個理由，所以民國的政府官吏不管他們是大總統，是內閣總理，是部長……只要他們具有本領，忠心為國家做事，我們就應該把國家的大權付託於他們，不限制他們的行動，事事由他們自由去做，然後國家才可以進步，進步才是很快。」（〈民權主義第六講〉）這裡國父既講到「專家政治」與權能區分的關係，又講到「專家政治」的重要性。

先總統蔣公亦談到「專家政治」與權能區分的關係。他曾說過：「一方面人民要有充分的控制政府管理國家的『權』；一方面政府要有萬能的治理政事造福全民的『能』……然後可以推進政治，增進效能，而實現『專家政治』的理想。」（《國

父遺教概要》）

還有一點，就是實行考權獨立，亦是造成「專家政治」因素之一。國父在「五權憲法」中說：「當議員或官吏的人，必定要有才有德，或者有什麼能幹，才是勝任愉快的……我們又怎樣可以去斷定他們是合格呢？我們中國有個古法，那個古法就是考試。」《建國大綱》中亦規定：「凡候選及任命官員，無論中央與地方，皆須經中央考試銓定資格者乃可。」如此，可以使無才無能者，不至於濫竽充數，做長官的亦不能濫用私人，「專家政治」便容易形成。

三、均權制度與地方自治

何謂均權制度？何謂地方自治？兩者有何關係呢？

(一) 均權制度

均權制度又叫均權主義，是中央集權或地方分權制度的一種折衷主張，為國父所提倡。這裡要研究下列幾個問題：(1)中央集權與地方分權；(2)均權制度的涵義；(3)中央與地方政府職權劃分的標準。

㈠中央集權與地方分權——歐美國家通常實行兩種制度，一是中央集權，便是把國家權力完全集中於中央政府；二是地方分權，將地方政務歸之於地方政府，中央僅保留監察指揮之權。換言之，中央集權是中央之權多於地方，地方分權是地方之權多於中央。凡是單一國多採中央集權制，聯邦國多採地方分權制，各有利弊，均非完善制度，因此中央集權之法國，發生地方分權運動；地方分權之美國，又從事於立法統一運動。

㈡均權制度的涵義——中國政制宜採中庸主義，即不可實行中央集權制，亦不可採用地方分權制。國父為補偏救弊，調整中央與地方政府的權力關係，乃提出適合國情的均權制度。他說：「關於中央及地方之權限，採均權主義，凡事務有全國一致之性質者，劃歸中央，有因地制宜之性質者，劃歸地方，不偏於中央集權或地方分權制。」（〈中國國民黨第一次全國代表大會宣言〉）《建國大綱》第十七條也有如此規定，不過將「均權主義」易為「均權制度」而已。

㈢中央與地方職權劃分的標準——這裡分述國父的主張與現行憲法的規定。

1.國父的主張：中央與地方權力的劃分標準，非採概括主義，即採列舉主義，或概括與列舉同時採用。國父則以事務的性質為權力劃分的標準。他說：「權力之分配，不當挾一中央與地方之成見，而惟以其本身之性質為依歸，事之非舉國一致不可者，以其權屬於中央，事之應因地制宜者，以其權屬於地方，易地域之分類，而為科學之分類，斯為得之。」（〈中華民國之基礎〉）又說：「權之分配，不當以中央或地方為對象，而當以權之性質為對象，權之宜屬於中央者，屬之中央可也，權之宜屬於地方者，屬之地方可也，例如軍事外交，宜統一不宜分歧，此權宜屬於中央者也。教育衛生，隨地方情況而異，此權之宜屬於地方者也。更分析以言，同一軍事也，國防固宜屬中央，然警備隊之設，豈中央所能代勞，是又宜屬於地方矣。同一教育也，濱海之區，宜側重水產，山谷之地，宜側重礦業或林業，是固宜予地方以措置之自由。」

2.現行憲法的規定：中華民國憲法以均權制度為原則，採用列舉主義，對中央、省、縣三級政府權限之劃分，明白而具體，使此一制度更能發揮其高度效果。

甲、中央政府之權限　憲法第一〇七條規定計列有十三項：如外交、國防與軍事、國籍法及刑事、民事、商事之法律、司法制度、中央財政與國稅等等，均由中央立法並執行之。

乙、省市政府之權限　憲法第一〇九條規定計列有十二項，其重要者為省市教育、衛生、實業、交通、財政、租稅以及公營、合作事業等等，由省市立法並執行之，或交由縣市執行之。

丙、縣市政府之權限　憲法第一一〇條規定計列有十一項，計有縣市教育、衛生、實業、交通、財政、稅收、農林、漁牧等等，均由縣市立法並執行之。

(二) 地方自治

這裡研究：(1)地方自治的意義、範圍和目的；(2)地方自治的中心工作；(3)地方政府與地方自治。

(一)地方自治的意義、範圍與目的——講到地方自治，其涵義甚廣，下面分述其意義、範圍與目的：

1. 地方自治的意義：地方自治是什麼？國父下了一個定義：「將地方上的事情，讓本地方的人民自己去做，政府毫不干涉，便叫地方自治。」（〈辦理地方自治是人民之責任講詞〉）

2. 地方自治的範圍：範圍亦可叫做單位，以一縣為主，或數村聯合亦可。國父明白指出，應該「以一縣為自治單位，縣之下為鄉村區域，而統於縣」（《孫文學說》）。縣雖為自治單位，但並不限於縣。故又說：「地方自治之範圍，當以一縣為充分之區域，如不得一縣，則聯合數村，而附有縱橫三十里之田野者，亦可為一試辦區域。」（《地方自治開始實行法》）

3. 地方自治之目的：地方自治的目的何在？國父認為「其目的當以實行民權民生兩主義為目的。」民權主義注重政治建設，要訓練人民行使政權的智識與能力，培植民權的深厚基礎；民生主義注重經濟建設，是要在安定的民生基礎上，才能推展健全的民主憲政。「總而論之，此地方自治團體，不止為一政治組織，亦並為一經濟組織，近日文明各國政治之職務，已漸由政治兼及於經濟矣。」（《地方自治開始實行法》）這種政治與經濟建設的地方自治，正符合古代治理「教養兼施」的精神。

㈡地方自治的中心工作——地方自治開始實行法中規定有六項中心工作，其次序如下：⑴清戶口；⑵立機關；⑶定地價；⑷修道路；⑸墾荒地；⑹設學校。「以上自治開始之六事，如辦有成效，當逐步推廣，及於他事。此後之要務，為地方自治團體所應辦者，則『農業合作』，『工業合作』，『交通合作』，『銀行合作』，『保險合作』等事。此外更有對於自治區域以外之運輸交易，當由自治機關設專局以經營之。」

1.清戶口：國父主張每年清查戶口一次，將老年少年中年分類登記，並註明變更情形。「不論土著或寄居，悉以現居是地者為準，一律造冊，列入自治之團體。」凡自治人民要先盡義務，才能享受權利，即「悉盡義務同享權利」。

但有四種人得免盡義務而享權利。「地方之人，有能享權利而不必盡義務者：其一、則為未成年之人，……此等人悉有享受地方教育之權利；其二、為老年之人，……此等人悉有享受地方供養之權利；其三、為殘疾之人，有享受地方供養之權利；其四為孕婦。」其餘人人則必當盡義務，乃得享權利，不盡義務者，停止一切權利。

2.立機關：「戶口既清之後，便可從事於組織自治機關，凡成年之男女，悉有選舉權、創制權、複決權、罷免權。而地方自治創草之始，當先施行選舉權，由人民選舉職員，以組織立法機關，並執行機關。」

3.定地價：地價如何去定？「其法：以地價之百分抽一，為地方自治之經費；如每畝值十元者，抽其一角之稅，值百元者抽其一元之稅，值千元者抽十元之稅等是也。此為抽稅之一方面，隨地主報多報少，所報之價，則永以為定，此後凡公家收買土地，悉照此價，不得增減。而此後所有土地之買賣，亦由公家經手，不能私相授受。原主無論何時，只能收回此項所定之價；而將來所增之價，悉歸於地方團體之公有。」

4.修道路：自治區內，公家可以自由規劃其交通。人民的義務勞力，當首先用於築道路。「道路宜分幹路支路兩種，幹路以同時能往來通過四輛自動車為度，支路以同時能往來通過兩輛自動車為度，此等車路，宜縱橫遍佈於境內，並連接於鄰境。」

5.墾荒地：「荒地有兩種，其一、為無人納稅之地，此種荒地，當由公家收管開墾。其二、為有人納稅而不耕之地，此種荒地，當課以值百抽十之稅，至開墾完竣為止，如三年後仍不開墾，則當充公。」

6.設學校：「凡在自治區域之少年男女，皆有受教育之權利，學費、書籍、與夫學童之衣食，當由公家供給。學校之等級，由幼稚園、而小學、而中學，當陸續按級而登，以至大學而後已。教育少年之外，當設公共講堂、書庫、夜學，為年長者養育智識之所。」

㈢地方政府與地方自治——地方政府係指中央政府之對比而言，中央政府為國家行使統治權的最高機關，基於實際政治推行的需要，便將國內劃分為省（市）、縣（市）、鄉（鎮）等行政區域，分別建立機關，各自管理其區域內行政事務。以上省、縣、鄉各級機關，統稱地方政府。在抗戰前後，又在省與縣之間設專員公署（清代的府），縣與鄉之間設區公所，名稱甚多。為簡便計，僅講省、縣、鄉三級行政組織。

1.省政府：抗戰勝利後，中央將全國劃分為三十六行省，省設省政府，以省主席為行政長官，下設民政、財政、建設、教育四廳及其他局、處，分別辦理省政。省議會是民意最高機關，代表人民向省政府行使政權，省政府主席須向省議會提出施政報告，省議員對省政府有質詢、決議、審查等權。中央在省設高等法院，負責民刑案件覆判。審計部在省設審計處，負責省預算執行及決算審查。省是介於中央與縣之間，負責轉達政令並督導政令執行的中間機關。

2.縣政府：縣設縣政府，以縣長為行政首長，下設民政、財政、建設、教育四科（局）及其他處所，分別辦理各種縣政，以縣議會為最高民意機關，代表人民向縣政府行使政權，對縣政府握有質詢、決議、審查等權。中央與省在縣設有地方法院、審計、稅政、郵電、銀行等分支機關。縣政府是介於省與鄉之政令執行機關，又是地方自治單位，國家政治的基礎在縣，政治的推行亦在縣，是地方政府中的最主要一環。

3.鄉（區）公所：鄉設鄉公所，區設區公所，以鄉（區）長為行政首長，下設民政、財政、建設、戶籍、衛生、兵役等課所，分別辦理各種鄉（區）政。以鄉（區）民代表大會為民意機關，代表人民向鄉（區）公所行使政權。鄉（區）以下再分里鄰，是政令執行最基層單位。

附錄一：中央政府組織及主要職掌

依據中華民國憲法及六次增修條文之規定，中央政府之政權及治權機關有三：一是國民大會，二是總統，三是五院。茲分別析論如次：

㈠國民大會——中華民國憲法第二十五條規定：「國民大會依本憲法之規定，代表全國國民行使政權。」第二十七條規定：「國民大會之職權如左：一、選舉總統、副總統。二、罷免總統、副總統。三、修改憲法。四、複決立法院所提之憲法修正案。關於創制、複決兩權，除前項第三、第四兩款規定外，俟全國有半數之縣、市曾經行使創制、複決兩項政權時，由國民大會制定辦法並行使之。」除了上項之各種權利外，憲法第四條並規定：「中華民國領土依其固有之疆域，非經國民大會之決議，不得變更之。」

民國八十一年，第二屆國民大會臨時會通過憲法增修條文，其中第十一條規定：「國民大會之職權，除依憲法第二十七條之規定外，並依增修條文第十三條第一項，第十四條第二項及第十五條第二項之規定，對總統提名之人員行使同意權。」這些同意權行使之對象包括：司法院院長、副院長及大法官；考試院院長、副院長及考試委員；監察院院長、副院長及監察委員。

民國八十年年底，資深民代集體退職，隨即由第二屆國大代表繼任。自此以後，又經歷了多次修憲，國民大會之職權迭有擴張，但選舉總統、副總統之職權則於民國八十五年起，改由全體人民選舉之。民國八十八年九月，國民大會進行第五次修憲，不顧民意反對，主動將自身的任期延長兩年之久，引起國人高度不滿。大法官會議乃在民國八十九年三月二十二日公布之釋字三九九號解釋令中，認為第五次修憲，違背了「憲政民主」原則與「程序正當」原則，應屬無效。據此，中央選舉委員會認定第三屆國民大會自行延任兩年的修憲規定，已失其效力，並公布國民大會應於民國八十九年四月廿九日進行改選，產生第四屆國大代表。

在上述的處境下，為了避免第四屆國大代表改選所帶來的選民壓力，第三屆國大代表乃趕在任期結束之前，推動了第六次修憲。將國民大會改為「非常設機關」，只有當立法院提出憲法修正案、領土變更案，以及對總統、副總統彈劾案等三項提案後，才會擇期召開國民大會。國民大會的同意權均轉交由立法院行使。國民大會「代表全國國民行使政權」的功能，只是徒具形式。民國九十二年五月十九日，國民大會秘書處正式結束，象徵國民大會此一政權機關，只具其名而不符其實。從第五次修憲的國大代表「延任自肥」，到第六次修憲的「一切歸零」，說明了修憲過程的粗率與荒誕，而國民大會則成為其中最嚴重的犧牲品。（參見第六、七章「憲政改革與中華民國憲法」㈠、㈡）

㈡總統——憲法原條文規定總統由國民大會選舉之，罷免之，位居五院之上，對外代表國家，憲法增修條文第二條規定，自民國八十五年起，「總統、副總統由中華民國自由地區全體人民選舉之。」依據憲法及增修條文之規定，總統之重大職權，共有下列各項：

1. 對外代表國家，為國家元首。（根據憲法第三十五條）
2. 統率全國陸海空軍。（根據憲法第三十六條）
3. 公布法令權（需經行政院長或有關部會首長之副署）。（根據憲法第三十七條）
4. 締結條約及宣戰媾和之權。（根據憲法第三十八條）
5. 宣布戒嚴之權（需經立法院之通過或追認）。（根據憲法第三十八條）
6. 依法行使大赦、特赦、減刑及復權之權。（根據憲法第四十條）
7. 依法任免文武官員。（根據憲法第四十一條）
8. 緊急命令權（需經行政院會議之決議，並需經立法院追認）。（根據憲法第四十三條及增修條文第七條之規定）
9. 授與榮典之權。（根據憲法第四十二條）
10. 院際紛爭調和權。（根據憲法第四十四條）
11. 決定國家安全有關大政方針。（根據增修條文第二條）。

㈢行政院——行政院為國家最高行政機關，亦為五院之中心，最能表現政府之功能，凡國計民生之事，均與行政院有關。行政院有如議會內閣制之下內閣之角色，對立法院負責，總統之命令必須經行政院長或行政院長及有關部會首長之副署，方能生效。但是自民國八十六年第四次修憲後，立法院不再行使對行政院長的同意權，而由總統直接任行政院長。自此，行政院長乃轉變為總統之「行政幕僚長」，不再具備「責任內閣制」之精神。

㈣立法院——依據五權憲法之理念，立法院本屬治權機關，與西方民主國家之政權機關——國會，性質並不相同，而應係一種由專門之立法專家組成之專業立法機構。但是在制憲時卻將立法院定位為由人民選舉產生之國會，包括議決法律案、預算案、戒嚴案、大赦案、宣戰案、媾和案、條約案等重要權限，以及質詢、同意、修憲提案等項職權。行政院對立法院負責，也使得立法院兼具主要的國會功能。另外，憲法第七十三條亦規定，「立法委員在院內所為之言論及表決，對院外不負責任」，此一規定，實與西方民主國家對國會言論免責權的規定相同。不過，和許多議會內閣制國家不同的是，憲法第七十五條規定，「立法委員不得兼任官吏」，在西方議會內閣制國家中比較少見，唯荷蘭國會議員亦不得兼任閣員，與我國憲法之規定相似。另依據憲法第六十五條規定，立法委員任期為三年，連選得連任。第六十六條則規定，立法院院長、副院長各一人，由立法委員互選產生，因此立法院自應為「合議制」。

㈤司法院——司法院為國家最高司法機關，依照憲法增修條文第五條規定，司法院院長、副院長、大法官由總統提名，經立法院同意任命之。在職權方面，司法院掌理民事、刑事、行政訴訟之審判及公務員懲戒（據憲法第七十七條）。另外，司法院也有解釋憲法，並統一解釋法律、命令之權（據憲法第七十八條）。在憲法增修條文第五條中，並規定司法院大法官「組成憲法法庭審理政黨違憲之解散事項」。而政黨違憲之定義則係，「政黨之目的或其行為，危害中華民國之存在或自由民主之憲政秩序者為違憲」。

憲法第八十條、第八十一條規定，法官須超出黨派之外，依據法律獨立審判，不受任何干涉。法官係終身職，非依法律，不得停職、轉任或減俸。但司法院大法官則採任期制，其中一半（含院長、副院長）為四年，另一半則為八年。

㈥考試院——考試院為國家最高考試機關，國父說：「國民大會及五院職權，與夫全國大小官吏，其資格由考試院定之。」（《孫文學說》）。《建國大綱》第十五條規定：「凡候選及任命官員，無論中央與地方皆需經中央考試銓定資格者乃可。」

依據憲法第八十三條規定，考試院「掌理考試、任用、銓敘、考績、級俸、陞遷、保障、褒獎、撫卹、退休、養老等項。」但在憲法增修條文第九條中，明定「行政院設人事行政局」，考試院職權頗有減縮，因此在憲法增修條文第六條中，規定考試院職掌改為：「一、考試。二、公務人員之銓敘、保障、撫卹、退休。三、公務人員任免、考績、級俸、陞遷、褒獎之法制事項。」換言之，在上述之第三項職掌中，考試院只負責法制事項，而不再兼具實際執行之責。

此外，考試院院長、副院長、考試委員亦改由總統提名，經立法院同意任命之（原先憲法規定為經監察院同意任命之）。但其任期則維持為六年一任。考試院維持為「合議制」，與行政院之院長獨掌大權，情形頗有不同。至於原先憲法第八十五條規定，公務員之選拔，應實行公開競爭之考試制度，「並應按省區分別規定名額，分區舉行考試。」其中按省區規定名額及分區考試之規定，依據增修條文第六條，已停止適用。不過，考試委員須超出黨派以外，依據法律獨立行使職權之規定（憲法第八十八條），則維持不變。

㈦監察院——監察院在中華民國憲法中，原被定位為國會之一部分，而且性質較類似西方兩院制之下的參議院或上議院，係由各省、市議會間接選舉產生，與人民直選產生之立法院，有所區隔。但是由於監委選舉弊端叢生，並導致監察院清譽不張，在修憲時乃做了根本性的調整，將監察院自國會之一部分轉變為「準司法」機構。其中最重要的調整，是根據增修條文第七條，規定監察院「行使彈劾、糾舉及審計權」，而不再行使原先憲法所賦與之同意權（即對司法、考試兩院之同意權）。此外，則是取消了原先憲法規定之監委選舉產生方式，而改為「監察院設委員二十九人，並以其中一人為院長、一人為副院長，任期六年，由總統提名，經立法院同意任命之。」亦即監察委員不再由省、市議會間接選舉產生，而與司法院大法官考試委員產生方式相似，改由總統提名，藉以強化監察委員應有之專業職能及清廉風範。

監察院改制後，監委行使彈劾權的條件也趨於嚴格，因此增修條文第七條中乃進一步規定，監察院對於中央、地方公務人員及司法院、考試院人員之彈劾案，須經監察委員二人以上之提議（原憲法第九十八條係規定「一人以上之提議」），九人以上之審查及決定，始得提出。至於監察院對總統、副總統之彈劾，也自原先憲法第一百條規定之「全體監察委員四分之一以上之提議，全體監察委員過半數之審議及決議」，改為「須經全體監察委員過半數之提議，全體監察委員三分之二之決議，向國民大會提出。」換言之，彈劾權行使的條件均已轉趨嚴格。

此外，增修條文雖然仍規定「監察委員須超出黨派之外，依據法律獨立行使職權」，但卻取消了原先憲法第一百零一條的規定「監察委員於院內所為之言論及表決，對院外不負責任」；以及第一百零二條之規定「監察委員，除現行犯外，非經監察院許可，不得逮捕或拘禁。」換言之，監察委員的言論免責權及不受拘捕的國會議員權限，均已取消，轉而定位為與一般之公務人員相同。由於監察院職掌及權限的改變，已不再具備國會性質了。

附錄二：直接民權與間接民權

㈠直接民權的涵義——什麼是直接民權？前面曾經談到，直接民權有四。國父在〈五權憲法〉一文中說：「直接民權有四個：一個是選舉權，二個是罷免權，三個是創制權，四個是複決權。」又認為瑞士憲法是實行直接民權的：「瑞士之憲法，則直接以行民權，國民有選舉之權，有複決之權，有創制之權，有罷官之權，此所謂四大民權也。人民而有此四大權也，乃能任用官吏，役使官吏，駕馭官吏，防範官吏，然後始得稱為一國之主。」（文言文《三民主義》）人民能行使此四種政權，便是直接民權的民主政治。以上四個民權，選舉權與罷免權，是人民管理官吏的權，有了治人還要有治法，創制權與複決權，是人民管理法律的權。「人民有了這四權，才算是徹底的直接民權。」（〈民權主義第六講〉）

㈡間接民權與直接民權——間接民權就是由人民選舉的議員，組成議會，代表人民去議論國政，並選舉官吏負責處理國家事務。國父說：「間接民權，就是代議政治，用代議士去管理政府，人民不能直接去管理政府。」因為人民只有選舉權，不能直接過問國政，只能委託其所選出的議員，來間接去管理政府，所以「人民對於政府的權力，只能發出去，不能收回來。」（〈民權主義第六講〉）這種間接民權制度，使民主政治有名無實，議會流於專橫，而為資本家或野心家所操縱，以致政府懦弱無能，不能大有作為等流弊。我們要取法乎上，不可再步其後塵。

直接民權與間接民權的不同，簡而言之，代議政體所行的民權，人民只有選舉權，在選舉議員官吏之後，不再過問國事，叫間接民權。人民在選舉權外，還能夠實行罷免權、創制權與複決權，才是直接民權。國父對此有所提示，他說：「代議制度還不是真正民權，直接民權才是真正民權。美國、法國、英國雖然都是行民權主義，但是他們還不是直接民權，是間接民權的主義。……直接民權共有四個，即選舉權、罷免權、創制權和複決權，這四個權，便是具體的民權，像這樣具體的民權，才是真正的民權主義。」（〈三民主義之具體辦法〉）又說：「從前沒有充分民權的時候，人民選舉了官吏議員之後，便不能夠再問，這種民權，是間接民權，……要人民能夠直接管理政府，便要人民能夠實行這四個民權。」（〈民權主義第六講〉）由此可知間接民權是有限度的民權，直接民權才是充分的民權。

附錄二：四權怎樣行使？

關於四權的行使方法，可分別說明於後：

㈠選舉權的行使——關於選舉權之行使方法，依我國憲法第一百二十九條規定：採「普通、平等、直接，及無記名投票之方法行之」。凡具有中華民國國籍，年滿二十歲，在選舉區內居住六個月以上（此即公民的積極資格），且未曾褫奪公權或受禁治產之宣告者（此即公民的消極資格），皆有選舉權。

㈡罷免權的行使——罷免權就是對於所選舉的民意代表或官吏，發現其不能代表民意或不能稱職時，可經由公民總投票的方式，令其去職之權。此乃補救選舉欠妥的一種方法。人民有了選舉權，復有此罷免權，則「對於政府中的一切官吏，一面可以放出去，又一面可以調回來，來去都可以從人民的自由。」（〈中國國民黨第一次代表大會宣言〉）對於民意代表亦然。「如公司中之董事，由股東選任，亦可由股東廢除。」（《軍人精神教育》）

㈢創制權的行使——國父說：「人民訂定法律的權，叫做創制權。」（〈中華民國之意義〉）又說：「如果大家看到了一種法律，以為是很有利於人民的，便要有一種權，自己決定出來交政府去執行，關於這種權，叫做創制權。」（〈民權主義第六講〉）簡單說，創制權即人民直接立法之權。一般立法，係由議員在議會中行之；而創制權的行使，則是人民對議會未予制定的法律，基於公意，認為有制定的必要時，得經由一定程序，決定法案原則來制定法律。

㈣複決權的行使——國父說：「如果法律有不便的時候，也要自己可以修改廢止。這種修改廢止法律的權，叫做複決權。」（〈民權主義第六講〉）又說：「立法院若是立好法律，在立法院中的大多數議員通不過，人民可以用公意贊成來通過。這種通過權，……是叫做複決權。」（〈五權憲法〉）關於複決權的行使，在縣自治範圍內，一般只適用任意複決或強制複決。例如在自治縣中，凡增加人民負擔的法律案，如增加新稅、募集公債之類，均須經人民投票批准，未經批准前不發生法律效力，此即強制複決。至於其他法律案，經縣議會通過後，即可公布，在公布後一定之期間內，如無人提複決案，即可付之實施，此即任意複決。

第四章　民生思想

第一節　民生主義概述

本節包括：(1)民生的意義；(2)民生問題的發生；(3)以民生主義代替社會主義的理由；(4)民生主義的目的和意義。

要知道民生問題的發生，先要問何謂民生？民生問題與社會問題有何異同？民生問題怎樣發生？

（一）民生的意義

下面分釋民生的定義。

(一)古人的看法——《書經》云：「民生在勤，勤則不匱。」這是說人民的生活（或稱做活）要勤勞，能勤勞則不虞匱乏。

(二)國父的解釋——國父在〈民生主義第一講〉稱：「民生兩個字是中國向來慣用的一個名詞，我們常說什麼國計民生，不過我們所用這句話，恐怕多是信口而出，不求甚解，未見得含有幾多意義的；但是今日科學大明，在科學範圍之內，拿這個名詞來用於社會經濟上，就覺得意義無窮了。我今天就拿這個名詞

來下個定義，可說民生就是人民的生活、社會的生存、國民的生計、群眾的生命便是。」❶

㈢先總統蔣公的解釋——先總統蔣公於民國二十三年在南昌重訂新生活運動綱要，解釋〈何謂新生活〉一文中說：「孫總理曰：『民生就是人民的生活、社會的生存、國民的生計、群眾的生命。』民生雖分四個方面，而生活實為其他三者之總表現。蓋生存重保障，生計重發展，生命重繁衍，而凡為達成保障、發展與繁衍之種種行為，便是生活。換言之：生活即是人生一切活動之總稱。」先總統蔣公在他處雖曾將四句話並列（簡稱四句並列）來研究，但這裡是以第一句概括下三句（簡稱以一概三）。所以後來在《反共抗俄基本論》及《民生主義育樂兩篇補述》中，他對於民生的定義，作如下的斷句：「民生就是人民的生活——社會的生存、國民的生計、群眾的生命便是。」

(二) 民生問題的發生

這裡所謂民生問題是什麼呢？就是指社會問題而言，也就是近代的社會問題。國父說：「民生問題，今日成了世界各國的潮流，推到這個問題的來歷，發生不過一百幾十年（民國十三年語）。為甚麼近代發生這個問題呢？簡單言之，就是因為這幾十年來，各國的物質文明極進步，工業很發達，人類的生產力忽然增加。著實言之，就是由於發明了機器，世界文明先進的人類，便逐漸不用人力來做工，而用天然力來做工；就是用天然的汽力、火力、水力及電力來代替人的氣力，用金屬的銅鐵來代替人的筋骨。機器發明之後，用一個人管理一副機器，便可以做一百人或一千人的工夫，所以機器的生產力和人工的生產力，便有

❶ 如果說國計是就國家財經政策而言，民生是就人民生活或生計而言。國父認為今日講民生「覺得意義無窮」，就是說今日「民生」的範圍已經較古人的看法（即看作人民的生活）更擴大，擴大到社會的生存和群眾的生命了。

大大的分別。……這種大變動，外國叫做實業革命（工業革命）。因為有了這種實業革命，工人便受很大的痛苦。因為要解決這種痛苦，所以近幾十年來，便發生社會問題。」（〈民生主義第一講〉）這是說近代的社會問題，是由於實業革命（工業革命）而發生，由於勞工失業問題而發生的。

實業革命，產生了資本主義。這個民生問題（社會問題），因資本主義的流弊而加劇，故下面要講到資本主義的流弊。

(三) 以民生主義代替社會主義的理由

國父為什麼不直接提倡社會主義，而要用民生主義這個中國名詞來替代社會主義呢？其理由（或稱用意）有四：(1)因為要正本清源；(2)因為民生主義是社會主義的本題；(3)因為用民生主義可以超越社會黨內部的紛爭；(4)因為民生主義的範圍大於社會主義。

(一)因為要正本清源——社會主義是要研究並解決人民生計問題，採用民生主義這個名詞，可以正本清源，容易使人顧名思義，一目了然。國父對於這個問題，自己加以解釋說：「社會主義的範圍，是研究社會經濟和人類生活的問題，就是研究人民生計問題。所以我用民生主義來替代社會主義，始意就是在正本清源，要把這個問題的真性質表明清楚，要一般人一聽到這個名詞之後，便可以瞭解。」（〈民生主義第一講〉）

(二)因為民生主義是社會主義的本題——社會主義之產生，為了要解決社會問題。社會問題以人民生活問題為主，用民生主義去解決人民生活問題，最切題亦沒有了。所以國父說：「今天我所講的民生主義，究竟和社會主義有沒有分別呢？社會主義中的最大問題，就是社會經濟問題，這種問題，就是一般人的生活問題。因為機器發明以後，大部分人的工作，都是被機器奪去了，一般工人不能夠生存，便發生社會問題；所以社會問題之發生，原來是要解決人民的生活問題。故專就這一部分的道理講，社會問題便是民生問題，所以民生主義，便可說是社會主義的本題。」

㈢因為用民生主義可以超越社會黨內部的紛爭——歐戰以後，社會黨內部發生種種派別，致發生種種紛爭。國父指出歐戰之後，「社會黨的內部，便生出許多紛爭。在各國的社會黨，一時風起雲湧，發生種種派別，其中最著名的有所謂共產黨、國家社會黨，和社會民主黨，各黨派之複雜，幾乎不只五十七種。」這些派別，互相攻擊，「不但是德國的社會黨反對俄國的社會黨，或是俄國的社會黨，反對英國、美國的黨，有了國際的紛爭；就是一國的社會黨內部，也演出種種紛爭。所以社會問題愈演愈紛亂，到現在還找不出一個好方法來解決。」國父為要超越這些紛爭，以提出解決社會問題之妥善辦法，所以採用民生主義代替社會主義。

㈣因為民生主義的範圍大於社會主義——國父在〈關於民生主義之說明〉中指出，民生主義的範圍大於社會主義，（見圖）這也是國父以民生主義代替社會主義的理由。又《三民主義手改原稿》（一名國父手訂本《三民主義》）載：「民生主義就是用來替代社會主義，並包括社會主義外之附屬問題，這便是民生主義的定義。」也是說民生主義大於社會主義。

就範圍大小言，民生主義的範圍大於集產主義與共產主義，亦大於社會主義。國父在關於民生主義的說明中，繪圖如下。

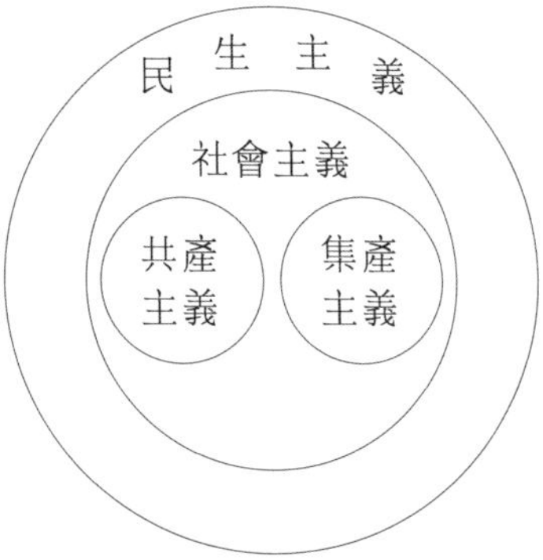

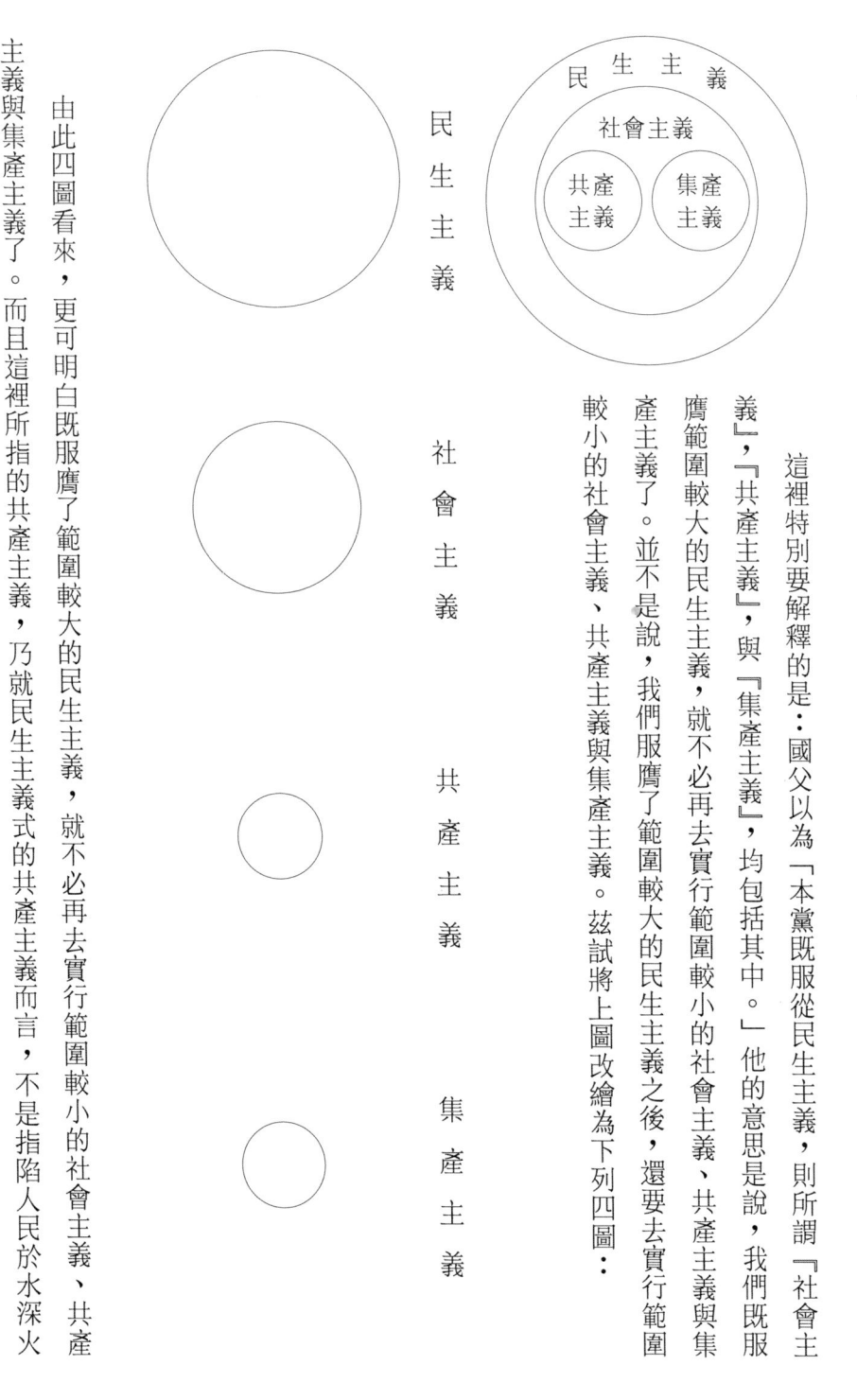

這裡特別要解釋的是：國父以為「本黨既服從民生主義，則所謂『社會主義』，『共產主義』，與『集產主義』，均包括其中。」他的意思是說，我們既服膺範圍較大的民生主義，就不必再去實行範圍較小的社會主義、共產主義與集產主義了。並不是說，我們服膺了範圍較大的民生主義之後，還要去實行範圍較小的社會主義、共產主義與集產主義。茲試將上圖改繪為下列四圖：

民生主義　　社會主義　　共產主義　　集產主義

由此四圖看來，更可明白既服膺了範圍較大的民生主義，就不必再去實行範圍較小的社會主義、共產主義與集產主義了。而且這裡所指的共產主義，乃就民生主義式的共產主義而言，不是指陷人民於水深火

熱之中的共產主義而言。（詳先總統蔣公著，《土地國有的要義》）

(四) 民生主義的目的與意義

瞭解了民生主義的時代使命之後，便可以研究其目的與意義了。

(一)民生主義的目的——計可分為下列四項：

1.以經濟地位平等為目的：民族主義的目的，在求國際地位平等；民權主義的目的，在求政治地位平等；民生主義的目的，在求經濟地位平等。國父說：「三民主義的精神，……不但在政治上要謀民權的平等，而且在社會上要謀經濟的平等。」（〈與戴季陶關於社會問題之談話〉）所謂經濟平等的反面，就是打破社會上或經濟上的不平等。「故民生主義，則為打破社會上不平之階級也。」（《軍人精神教育》）這是什麼階級？就是「貧富階級，如大富豪，大資本家，在社會上壟斷權利」。國父又說：「民族主義是對外打不平的，民權主義是對內打不平的，民生主義是對誰去打不平呢？是對資本家打不平的。」（〈革命軍應擔負救國救民之責任〉）

2.以養民為目的：《書經》云：「德惟善政，政在養民。」國父的民生主義的目的，也是養民。他自己說：「資本主義以賺錢為目的，民生主義以養民為目的。」故資本主義為賺錢而生產，民生主義為養民而生產。又民生主義的實施辦法為平均地權，節制資本，以及解決食衣住行育樂等問題，這些辦法的目的，都在「養民」❷。

---

❷ 民生主義以養民為目的，是對資本主義以賺錢為目的而言。在民生主義中本未講以教民為目的，不過在《地方自治開始實行法》中講到「教養兼施」，故有人主張以養民與教民為目的。

3.以造成大同社會為目的：國父所謂「民生主義，即是大同主義」，不僅應看作定義，而且應看作目的。《軍人精神教育》中稱：「我們三民主義的意思，就是民有、民治、民享。這個民有、民治、民享的意思，就是國家是人民所共有，政治是人民所共管，利益是人民所共享。照這樣的說法，人民對於國家，不只是共產，一切事權都是要共的，這才是真正的民生主義，就是孔子所希望之大同世界。」因此先總統蔣公《民生主義育樂兩篇補述》，乃以造成大同社會作結論。

4.以均富為目的：民生主義之求「均」，不是均無，乃是均有，不是均貧，乃是均富。其方法很多，如：平均地權、節制私人資本、發達國家資本、大企業國營等，都是求「均富」的方法。先總統蔣公也說：「我以為民生主義的『平均地權，節制資本』兩句口號，可以很簡單地說，就是『均富』兩個字。」（《土地國有的要義》）又說：「『均富』亦就是總理民生主義的真諦。」

(二)民生主義的意義——普通先講意義，後講目的，這裡情形特殊，故已先講目的，再講意義。

民生主義是什麼？國父講到民生主義就是發財主義，後來研究三民主義者亦下過各種定義❸，我們這

---

❸ 又有人主張以「為人類謀幸福」作為民生主義目的之一。因為國父說過：「至於民生主義，是由人類思想覺悟出來的。因為既有了土地和主權，自然要想一個完全方法來享受，才能夠達到生活上圓滿的幸福。怎樣享受生活上幸福的道理，便叫民生主義」（〈三民主義為造成新世界之工具〉）

國父在《三民主義》手改原稿中曾提到如果對百姓言，可說民生主義就是發財主義，這是較通俗的說法。又在〈民生主義第一講〉中說：「民生主義就是用國家大力量去開礦，好像南洋礦商，把各種礦產開出來之後，大家可以發財。」此外，亦有人說：(1)民生主義是為人民謀幸福的主義；(2)民生主義是求經濟平等的主義；(3)民生主義是謀「公益」的主義。

裡只述〈民生主義第一講〉所言：「我現在就是用『民生』二字來講外國近百十年來所發生的一個最大問題，這個問題就是社會問題；故民生主義就是社會主義，又名共產生義，即是大同主義。欲明白這主義，斷非幾句定義的話，可以講得清楚的，必須把民生主義的演講從頭聽到尾，才可以徹底明白瞭解的。」這裡特別要注意的是「欲明白這個民生主義，斷非幾句定義的話，可以講得清楚的。」是說要看全部的講演。前面講過了民生主義的範圍大於社會主義和共產主義，只要我們服膺範圍較大的民生主義足矣，不必再去實行範圍較小的社會主義與共產主義。這裡還要說明的是，國父當年（民國十三年）講民生主義就是共產主義，完全有別於後來俄共所行者。

共產主義本可分為：⑴原始共產社會式的共產主義；⑵大同主義式的共產主義；⑶洪秀全式的共產主義；⑷蒲魯東式的共產主義；⑸馬克斯式的共產主義。

所謂「民生主義就是社會主義，又名共產主義，即是大同主義」。吾人綜覽國父全部遺教和他的胸懷抱負，可知明明是指大同主義式的共產主義而言。所以國父說過民生主義就是共產主義（就理想言），共產主義就是民生主義的好友，民生主義是共產主義的實行。要明白這個道理，請看下面先總統蔣公的詮釋。

㈢先總統蔣公對於民生主義就是共產主義的詮釋——先總統蔣公在《土地國有的要義》中，對於國父所說「民生主義就是共產主義」曾詳加詮釋，其要點可歸納為下列數點：

1. 民生主義概括了共產主義，共產主義不能概括民生主義。也就是說民生主義的範圍大於共產主義。

2. 總理所指的共產主義是民生主義式的共產主義，而不是俄共後來所行的那種「同歸於盡」的共產主義。

3.總理當時所指的民生主義就是共產主義的意義，乃是只指其主義的原則，而不是指其主義的內容和方法，更非指民生主義的目的，就是後來俄共所行之共產主義的目的。（這裡的原則可釋為土地國有一類的原則）

4.所謂民生主義式的共產主義乃指一切事權都共的大同主義而言，換句話說，人民所共有、共管、共享的共產主義，就是民生主義式的共產主義（所謂民生主義式的就是大同主義式的）。

5.總理在世時，蘇俄試行共產不過六年，尤其是他們實行的新經濟政策的時侯，外人莫明真相。他們所提倡的所謂「扶助弱小民族，打倒帝國主義」等口號的假面具，亦沒有揭穿，想不到蘇俄當初所謂共產的意義和目的，其後果會有像今日那樣空前絕後的浩劫呢？

6.如果總理至今依然健在，看到俄共這樣侵略中國與征服世界、奴役人類、毀滅人性的共產主義，必重加說明我們的民生主義，決不是俄共式的共產主義。

第二節　平均地權與節制資本

本節包括：(1)平均地權與耕者有其田；(2)節制私人資本與發達國家資本。

一、平均地權與耕者有其田

平均地權與耕者有其田是國父對中國土地問題的兩項重要主張，前者是泛指所有的土地而言，後者是針對農民問題而言。

（二）平均地權

下述其理由與辦法。

㈠平均地權的理由——國父早在一九〇四年訂立美國致公堂章程時，便提出了平均地權，當時海內外同胞對於土地問題，多茫然無知。國父提倡平均地權的理由有四：第一是要取締不勞而獲，第二要平均社會財富，第三要誘導資本走向工商業，第四要防微杜漸。

1.取締不勞而獲：國父鑒於工業革命以後，各都市及新闢交通地區之地價日趨高漲，各地主不勞而獲，坐享其成，所以主張平均地權，把所漲價格歸公家所有。他在〈民生主義第二講〉中舉了個例子，說有位澳洲人在喝醉酒時，糊裡糊塗花三百元買了一塊地皮，後來地皮漲價，醉漢便變成了幾千萬元財產的大富翁。國父說：「由此可見土地價值之能夠增加的理由，是由於眾人的功勞，眾人的力量，地主對於地價漲跌的功勞，是沒有一點關係的。所以外國學者認為地主由地價增高所獲的利益，名之為『不勞而獲』的利益，比較工商業的製造家，要勞心勞力買賤賣貴，費許多打算、許多經營，才能夠得到的利益，便大不相同。工商業家壟斷貨物的價值來賺錢，我們已經覺得是不公平，但是工商業家還要勞心勞力，地主只要坐守其成，毫不用心力，便可得很大的利益。」（〈民生主義第二講〉）這更是不公平的事情，所以國父要提倡平均地權。

2.平均社會財富：現代社會有一個趨勢，就是土地不斷漲價，有地者容易發財，愈發財則愈能購買土地，故土地愈來愈集中，致使富者田連阡陌，貧者無立錐之地。國父為了要平均社會財富，故提倡平均地權，國父說：「我們國民黨的民生主義，目的就是要把社會上的財源弄到平均，……我們的頭一個辦法，是解決土地問題。……現在我們所用的辦法，是很簡單很容易的，這個辦法，就是平均地權。」（〈民生主義第二講〉）

3.誘導資本走向工商業：實施平均地權，在消極方面可以防止土地投機，在積極方面則能誘導資本轉向企業投資。國父說：「地權既均，資本家必捨土地投機事業，以從事工商，則社會前途，將有無窮之希望。蓋土地之面積有限，工商業之出息無限，由是而製造事業日繁。」（〈平均地權講詞〉）工商業發達，則對國家有利。

4.防微杜漸：平均地權與節制資本有一個相同的理由，即是思患預防，或叫做防微杜漸。當時中國雖沒有大地主，不過受到歐美的影響，土地一天天漲價，如不思患預防，將來必有大地主及大資本家出現，操縱土地並將操縱國計民生。國父在〈三民主義之具體辦法〉中說：「有土地的人，便一日變富一日，沒有土地的人，便一日變窮一日。所以土地問題實在是很大的，我們要預防這種由於土地的關係，有貧者愈貧富者愈富的惡例，便非講民生主義不可。要講民生主義，又非用從前同盟會所定平均地權的方法不可。」故又說：「兄弟民生主義的辦法，主張平均地權，在中國本是杜漸防微的意思。」

㈡平均地權的方法——民生主義中講平均地權的方法，只有四種：地主報價、照價收稅、照價收買、漲價歸公。

1.地主報價：平均地權第一步工作，就是要「定地價」。國父以為要由地主自行報價，如果地主以少報多，則「照價抽稅」，地主會吃重稅之虧；如果以多報少，政府則「照價收買」，地主也會吃虧。如此可使地主照實報價。國父說：「在利害兩方面互相比較，他（指地主）一定不情願多報，也不情願少報，要定一個折衷的價值，把實在的市價報告到政府。地主既是報折中的市價，那麼地主和政府，自然是兩不吃虧。」（〈民生主義第二講〉）

2.照價徵稅：國父主張：⑴土地等級要多，不以三等為限。「以南京土地較上海黃埔灘土地，其價相去不知幾何，但分三等，必不能得其平。不如照價徵稅，貴地收稅多，賤地收稅少。」（〈實行新社會革命〉）。⑵對地價稅，應值百抽一，即值一百元的抽稅一元，值十萬元的抽稅一千元。⑶照價抽稅應以素地為限，不包括改良物在內。如此一來，可以避免土地荒廢，又可獎勵人工之改良，更可避免資本家壟斷土地。

3.照價收買：所謂照價收買，是指在有必要時而言。所謂有必要時，第一是政府需要用土地時，如闢公園、開道路、建學校等；第二是地主報價以多報少時；第三是地主私有土地超過政府限額時。照價收買的地價也是以素地為限。國父在〈民生主義第二講〉說：「講到照價抽稅照價收買，就有一重要事件，要分別清楚，就是地價是單指素地來講，不算人工之改良及地面之建築，比方有一塊地，價值是一萬元，而地面的樓宇是一百萬元，那麼，照價抽稅，照值百抽一來算，只能抽一百元。如果照價收買，就要給一萬元地價之外，另要補回樓宇之價一百萬元了。其他之地，若有種樹、築堤、開渠各種人工之改良者，亦要照此類推。」

4.漲價歸公：所謂漲價歸公，就是從定地價那一年起，那塊土地漲價了，不論多少，一律歸公。「因為地價漲高，是由於社會改良和工商業進步。中國的工商業，幾千年都沒有大進步，所以土地價值常常經過許多年代，都沒有大改變。如果一有進步，一經改良，像現在的新都市一樣，日日有變動，那種地價便要增加幾千倍或者是幾萬倍了。推到這種進步和改良的功勞，還是由眾人的力量經營而來的。所以由這種改良和進步之後，所漲高的地價，應該歸之大眾，不應該歸之私人所有。」（〈民生主義第二講〉）

如何防止地主隱瞞高漲價格呢？國父主張土地買賣由公家經手，不得暗中私相授受。他在〈地方自治開始實行法〉定地價中規定：「所報之價，則永以為定。此後凡公家收買土地，悉照此價，不得增減。而此後所有（私人）土地之買賣，亦由公家經手，不能相私授受，原主無論何時，只能收回此項所定之價，而將來所增之價，悉歸於地方團體之公有。」目前在臺灣實施平均地權，尚未能有效「照價收買」，且未實行由公家經手買賣，所以有些地方未能盡如理想。

至於目前所行實施平均地權條例中，關於地主報價方面，先由政府規定地價，再由地主在百分之二十的範圍內自由申報，而到一定時期後，又重行申報地價。關於漲價歸公方面，現在是採用累進法徵收土地增值稅，而非全部歸公，這些都是適應事實之需要，不可看作違反遺教，只是「更正條理」（補充實施辦法）而已。

（二）耕者有其田

下述耕者有其田的理由、方法及實施經過。

㈠耕者有其田的理由——國父對於耕者有其田的主張，雖然早於一九〇七年即已提到（章太炎〈定版籍〉一文），但詳細論及卻在民國十三年，一見於〈耕者有其田〉講詞（對廣州農民訓練所講），二見於〈民生主義第三講〉。國父為什麼要提倡耕者有其田呢？第一是要解除農民痛苦，也就是要解決農民問題，第二是要增加糧食生產，亦就是增加耕地單位面積產量，或是說要地盡其利；第三是要鼓勵墾荒，增加耕地面積。

1.解決農民問題：國父認為「中國現在雖然是沒有大地主，但是一般農民有九成都是沒有田的，他們所耕的田，大多是屬於地主的，有田的人自己多不去耕。照道理來講，農民應該是為自己耕田，耕出來的農品，要歸自己所有。現在的農民，都不是耕自己的田，都是替地主來耕田，所生產的農品，大半是被地主奪去了，這是一個很重大的問題，我們應該馬上用政治和法律來解決，如果不能夠解決這個問題，民生問題便無從解決。農民耕田所得的糧食，據最近我們在鄉下的調查，十分之六是歸地主，農民自己所得到的不過十分之四，這是很不公平的。」(〈民生主義第三講〉)這樣下去，農民的生活是無法解決的，農民的痛苦是沒法解除的，如果實行耕者有其田，農民問題便可以解決。所以國父說：「我們要解除農民的痛苦，歸結是要耕者有其田」。(〈耕者有其田〉講詞)

2.增加糧食生產：土地屬於地主，地租很重，農民懶於耕作，或疏於施肥，以致產量減少。國父說：「假若耕田所得的糧食，完全歸到農民，農民一定更高興去耕田的，大家都高興去耕田，便可以多得生產。但是現在的多數生產都歸於地主，農民不過得回四成。農民在一年之中，辛辛苦苦所收穫的糧食，結果還是要多數歸到地主，所以許多農民便不高興去耕田，許多田地便漸漸成荒蕪不能生產了。」

3.增加耕地面積：如果實行耕者有其田，不僅現有田地不會荒蕪，而且可以新闢土地(墾荒)，增加耕地面積。國父在《實業計畫》中主張移民墾荒，在〈地方自治開始實行法〉中主張「墾荒地」，如果能和耕者有其田相配合，則其效果必定更佳。

㈡耕者有其田的辦法——國父在〈耕者有其田〉講詞中，只講到要用和平的方法，去實行耕者有其田，不主張採用暴力去沒收地主的土地。在原則上，要使「農民得到利益，地主不受損失」。至於這和平方法的內容是什麼？他未加說明。後來中國國民黨歷經研究，才決定用照價收買的原則，對地主加以補償，這才是和平方法的內容。

崔書琴先生在《三民主義新論》中，提出下列四種，作為實施耕者有其田的具體辦法：(1)授田；(2)租田；(3)保障農民權利；(4)限制兼併。後來編寫三民主義書籍者多加以採用，有的將限制兼併改為限田。嚴格的說，保障農民權利，屬於中國國民黨的農民政策，不能列於實行耕者有其田辦法之內。至於限田、租田亦不過是實行耕者有其田的前奏而已。茲姑以「吾從眾」的態度，把上列各種辦法分述如後：

1. 限田：限田是一種政策，見於〈中國國民黨民國十二年宣言〉中，其原文為：「由國家制定土地法，使用土地法，及地價稅法，在一定時期以後，私人土地所有權，不得超過法定限度。私人所有土地，由地主估報價值於國家，國家照價徵稅，並於必要時，得依價收買之。」

2. 租田：租田的辦法，見於《實業計畫》蒙古新疆之移民項內，其原文為：「土地應由國家收買，以防專佔投機之家，置土地於無用，而遺毒害於社會。國家所得土地，應均為農莊，長期貸諸於民。而經始之資本、種子、器具、屋宇，應由國家供給，以實在所費本錢，現款取償，或分期攤還。」如以公地放領來加以比較，所謂租田，可叫公地放租。著者以為公地放租應為公地放領之前奏。

3. 授田：授田確為實行耕者有其田的辦法。〈中國國民黨第一次全國代表大會宣言〉稱：「國民黨之主張，則以為農民之缺乏田地淪為佃戶者，國家當給以土地，資其耕作。」這就是授田。國家的土地何由而來呢？第一、因報價過低依照規定收買者，第二、不能如期開墾而沒收充公者，第三、超過限額由政府收買者。

4.保障農民權益：國父在〈民生主義第三講〉講耕者有其田時曾說：「我們要增加糧食生產，便要規定法律，對於農民的權利，有一種鼓勵，有一種保障，讓農民自己多得收成。」這裡講保障農民權益，倒與耕者有其田有些直接關係，至於歷屆中國國民黨代表大會所訂政綱中講到的保障農民權益，乃屬於農民政策，與耕者有其田沒有直接關係。

㈢臺灣實施耕者有其田的經過——臺灣在實施耕者有其田之前，曾進行「三七五減租」與「公地放領」，此二者實為實行耕者有其田之前奏。

1.三七五減租的辦法：民國十五年在廣州召集中央及各省區聯席會議，議決減少田租百分之二十五，簡稱「二五減租」。所謂「三七五減租」，是將二五減租的辦法加以改進，其計算方法，先由一年中的總收穫量減去千分之二百五十，所剩千分之七百五十，由地主與佃農平分，各得千分之三百七十五。三七五減租的辦法有幾個要點：

甲、減輕租額　耕地地租一律不得超過主要作物正產品全年總收穫量的千分之三百七十五，原地租不及千分之三百七十五者，不得增加。

乙、保障佃權　耕田租約一律以書面為之，租佃期間不得少於六年，在租佃期中或租期屆滿，非有法律因素，地主不得收回耕地。

丙、優先購買　承租人對於承租耕田，如未積欠地租，有優先購買之權。

2.公地放領：「臺灣省公地放領扶植自耕農實施辦法」公布後，於四十年、四十一年、四十二年、四十七年及五十年，分為五期辦理。其辦法要點如下：

甲、放領範圍　暫以國有省有之公有耕地，先行辦理放領，其與放領耕地在使用上有不可分離之田寮、水溝、池沼等，得合併辦理。至縣市鄉鎮之公有耕地，亦得比照辦理，惟須獲得地方民意機關之同意。

乙、放領對象　首先為承租公地之自耕農，其次為雇農及耕田不足之佃農，再其次為耕地不足之半自耕農及無土地耕作之原土地關係人。

丙、放領價款　係按各等則耕地，正產品全年收穫總產量二倍半，為地價計算標準，由承租耕田之農戶，分十年攤還，攤還後，其土地即歸農戶所有。

3.實施耕者有其田條例的要點：民國四十二年頒布實施「耕者有其田條例」，四十三年兩度修正，其要點如下：

甲、保留與徵收　地主對土地的所有權，除得保留七至十二則水田三甲外，其超過部分，概由政府徵收，轉放與現耕農承領。

乙、地價計算標準　徵收之土地，係按各等則耕地主要作物正產品全年收穫總量二倍半計算地價，償還地主內分土地債券七成，公營事業股票三成（並得發現金）。

丙、債券償還期限與年息　土地債券分十年償還，以實物為基礎，並給予地主百分之四的年息。

丁、地價償還規定　農民向政府承領土地，其地價亦以正產品全年收穫總量二倍半計算，分十年付清，地價付清後，承領農民即獲得土地所有權。

戊、保護與限制　政府為保護自耕農的權益，設置生產貸款，低利貸放農民，在經濟上予以扶助。

並規定在地價未付清前，不得轉移，至地價付清後，其轉移以自耕、建築、工業用三者為限。同時禁止耕地出租，以確保此項土地政策的成果。

二、節制私人資本與發達國家資本

節制私人資本與發達國家資本，是國父對中國資本問題的兩項重要主張。他為了防止私有財產妨害國計民生之均衡發展，所以在消極方面要節制私人資本，在積極方面便要發達國家資本。

（一）節制私人資本

下述節制私人資本的理由、意義及方法。

㈠節制私人資本的理由——國父提倡節制私人資本的理由在於反對少數人壟斷社會富源，預防將來貧富不均而引起階級鬥爭，並且還要預防資本主義之禍害。

1.反對少數人壟斷社會富源：自工業革命以來，各種機器不斷發明，資本家運用機器生產，財富愈聚愈多，造成托辣斯，壟斷社會富源，引起嚴重社會問題。國父說：「夫吾人所以持民生主義者，非反對資本，反對資本家耳。反對少數人佔經濟之勢力，壟斷社會之富源耳。」（〈民生主義之真義〉）所以，節制資本是為了反對少數人壟斷社會富源。

2.預防貧富不均：國父認為「我們主張解決民生問題的方法，不是先提出一種毫不合時用的劇烈辦法，再等到實業發達以求適用，是要用一種思患預防的辦法，來阻止私人的大資本，防備將來社會貧富不均的大毛病。」（〈民生主義第二講〉）故節制私人資本，在防社會貧富不均。

3. 預防資本主義之禍害：著者嘗謂對於資本問題，西洋的社會主義是要挽狂瀾於既倒，中國的民生主義是要扶大廈之將傾。前者是在救資本主義之禍於已然，後者是在防資本主義之禍於未然。倘不預為防之，國父認為「三十年後，產生多數資本家實殊非淺鮮。第就吾國現勢而論，此民生主義為預防政策，但須研究對於將來之資本家加以如何之限制，而不必隨各國將資本家悉數掃除。」（《軍人精神教育》第三課）所以，預防資本主義之禍害是 國父採取節制私人資本的理由之一。

㈡節制私人資本的意義（要旨）——節制私人資本的意義與其理由，本不易分開，惟坊間所印三民主義書籍，多予分開，茲以「吾從眾」之態度，亦加以劃分。

節制私人資本的意義，在於防止私人資本操縱國民之生計。國父在〈中國國民黨第一次全國代表大會宣言〉中稱：「凡本國人或外國人之企業，或有獨佔性質，或規模過大為私人之力所不能辦者，如銀行、鐵路、航路之屬，由國家經營管理之，使私有資本制度，不能操縱國民之生計，此則節制資本之要旨也。」這個節制資本的要旨，可視為節制資本之意義。

㈢節制私人資本的方法——國父對於節制私人資本，並未同時很具體的提出幾種辦法，在民生主義中，只指出「直接徵稅」為節制資本的具體方法，在「中國國民黨第一次全國代表大會宣言」中，只指出「大企業國營」為節制資本的要旨。惟國父講民生主義時，說明歐美社會進化（經濟進化）的事實有四：一為社會與工業之改良，二為運輸交通收歸公有，三為徵收直接稅，四為分配之社會化。以上四種是用改良方法進化出來的，有時國父亦指為溫和派社會主義解決社會問題的方法。並未明言這是他的節制資本的辦法。後來各三民主義研究者多以此四項，或選其中三項作為節制資本的辦法。著者亦採用此四項，並在運輸交通收歸國有一項之下，採三民主義學者的意見，加上大企業國營，與劃分公私營範圍及限制私人經營等詞句，以示通俗化或大眾化。

1.社會與工業之改良（實施社會安全制度）：用現在的術語來講，所謂社會與工業之改良，就是指「社會安全」而言，如實施勞工保險，提倡勞工教育，加強廠礦安全檢查，重視勞工衛生以及興辦失業救助等。誠如國父所說：「要用政府的力量改良工人的教育，保護工人的衛生，改良工廠和機器，以求極安全和舒服的工作。能夠這樣改良，工人便有做工的大能力，便極願意去做工，生產的效力便是很大。這種社會進化事業，在德國施行最早，並且最有成效。近來英國美國也是一樣的倣行，也是一樣的有成效」。（〈民生主義第一講〉）

2.大企業國營與運輸交通收歸公有（或稱劃分公私企業經營的範圍）：就大企業國營說：國父在〈中國國民黨第一次全國代表大會宣言〉中稱：「凡本國人及外國人之企業，或有獨佔的性質，或規模過大，為私人之力所不能辦者，如銀行、鐵道、航路之屬，由國家經營管理之，使私人資本制度，不能操縱國民之生計，此節制資本之要旨也。」這種要旨，就是節制私人資本的具體辦法。

就運輸交通收歸公有說：國父指出第一次世界大戰時，各國多將運輸交通收歸公有：「就是把電車、火車、輪船，以及一切郵政電訊交通的大事業，都由政府辦理，用政府的大力量去辦那些大事業，然後運輸才是很迅速，交通才是很靈便」。

就劃分公私企業經營的範圍說，國父在《實業計畫》中指明：「中國實業之發展，應分兩路進行：㈠個人企業，㈡國家經營是也。凡事物之可以委諸個人，或較國家經營為適宜者，應任個人為之，由國家獎勵，而以法律保護之。……至其不能委諸個人及有獨佔性質者，應由國家經營之。」

3.徵收直接稅：用累進稅率徵收資本家的所得稅，在英美早已實行，國父認為這是節制私人資本的有效方法，應特別加以提倡。〈民生主義第一講〉：「行這種方法，就是用累進稅率，多徵資本家的所得稅和遺產稅。行這種稅法，就可以令國家的財源，多是直接由資本家而來，資本家入息極多，國家直接徵稅，所謂多取之而不為虐。……歐美各國近來實行直接徵稅，增加了大財源，所以更有財力來改良種種社會事業。」又在〈民生主義第二講〉中說：「現在外國所行的所得稅，就是節制資本之一法。」

4.分配之社會化：這就是指設立「合作社」與實施「配給制度」而言。國父認為由商人以極低價向出產者將物品買來，再以高價售給消費者，從中賺了許多佣金。「這種貨物分配制度，可以說是買賣制度，也可以說是商人分配制度。消費者在這種商人分配制度之下，無形之中，受很大的損失，近來研究這種制度，可以改良，可以不必由商人分配，可以由社會團體來分配，或者由政府來分配，……像用這種分配的新方法，便可以省去商人所賺的佣錢，免去消費者所受的損失，就這種新分配方法的原理講，就可以說是分配之社會化」（〈民生主義第一講〉）國父所稱的社會組織團體和政府來分配，便是指消費合作社和政府配給制，如能好好去做，免除商人中間剝削，一則可使消費者多得利益，二則可以減少資本家之榨取，三則可以穩定物價。

（二）發達國家資本

發達國家資本有下述的理由、意義及方法。

㈠發達國家資本的理由——國父認為要解決中國社會問題，單靠節制私人資本是不夠的，還要實行發達國家資本。《民生主義第二講》稱：「我們在中國要解決民生問題，想一勞永逸，單靠節制資本的辦法，是不足的。現在外國所行的所得稅，就是節制資本之一法。但是他們的民生問題，究竟解決了沒有呢？中國不能和外國比，單行節制資本是不足的。因為外國富，中國貧，外國生產過剩，中國生產不足，所以中國不單是節制私人資本，還是要發達國家資本。」

㈡發達國家資本的意義——國家社會主義者主張國家的實業由國家來管理與控制，使社會財富達到平均分配的目的。國父在民國初年演講，常說民生主義就是國家社會主義（此係指俾斯麥所行之主義，與後來希特勒之國家社會黨無關。）所以國父提倡國營事業，亦有實行國家社會主義政策之意。他說：「現今德國，即用此等政策，國家一切大實業，如鐵路、電器、水道等事務，皆歸國有，不使一人獨享其利。」（〈實行社會革命〉）故發達國家資本之另一面，就是節制私人資本，防止私人資本壟斷社會富源，操縱國民生計。這是發達國家資本的第一個意義。

國父提倡發達國家資本，還有一個重要意義，那就是要同時進行工業革命與社會革命，使兩者畢其功於一役。《實業計畫》緒言中稱：「中國今尚用手工為生產，未入工業革命之第一步，比之歐美，已臨其第二革命者有殊。故於中國兩種革命，必須同時並舉，既廢手工採機器，又統一而國有之。」所謂兩種革命，乃指工業革命與社會革命，廢手工用機器，就是工業革命，又「統一而國有」乃為社會革命。故使兩種革命畢其功於一役，是發達國家資本的第二個意義。

㈢發達國家資本的方法——發達國家資本和振興實業是不可分的。國父在〈民生主義第二講〉中說：「要解決民生問題，一定要發達國家資本，振興實業。振興實業方法很多，第一是交通事業，像鐵路、運河，都要興大規模的建築。第二是礦產，中國礦產極其豐富，貨藏於地，實在可惜，一定是要開闢的。第三是工業，中國的工業非要趕快振興不可，中國工人雖多，但是沒有機器，不能和外國競爭。」又說：「如果交通、礦產和工業的三種大實業，都是很發達，這三種收入，每年都是很大的。假若是國家經營，所得的利益歸大家共享，那麼全國人民便得享資本的利，不致受資本的害。」在他處國父講發展礦業時，亦講到農業，故有人將發展礦業擴充為發展農礦業，而將發展交通、發展農礦業、發展工業三者並列為發達國家資本的方法。其詳細內容可參閱《實業計畫》。

附錄　先總統蔣公之解釋

先總統蔣公對發達國家資本和節制私人資本有所解釋：「總理所說的節制資本，其目的乃在發達國家資本，並非限制私人資本，而不許人民參加國家經營之企業。我以為總理之意，不但是獎勵人民私人資本投資於國家企業，而且要獎勵外國資本來投資於我們國家的企業，以發達國家資本。不過私人資本應由政府負責調節與管制，而防止其過分的畸形的發展，以免產生大富階級的不平均而已。……總理的節制私人資本之本意，不僅是加以調節管制，而且寓有保障之意。此實為節制資本之真諦，而於今日我國經濟之發展更為重要。因為國家所經營的大企業，除了極少數有國家需要，特別性質，必須完全由政府單純出資經營以外，其他大多數企業，皆可組織股份公司，讓民股參加，而由國家經營。」〈中國國民黨第十二次黨務工作會議開幕典禮訓詞〉

第三節　民生六大需要問題

國父於民國十三年一月廿七日起，開始講三民主義，共講了十六講，民生主義尚未講完，便因赴韶關督師北伐而停講，不料於十四年三月十二日即在北平與世長辭。戴季陶先生以為民生主義未講完部分，「還有育、樂」兩問題（戴季陶著，《孫文主義之哲學的基礎》）。先總統蔣公於民國二十四年九月講《國父遺教概要》（又名《總理遺教六講》），其第一講論物質建設說：「《實業計畫》實現之時，即經濟發達物質建設成功之日。國民的食、衣、住、行、育、樂等一切民生問題就可解決。」先總統蔣公無疑是贊成戴季陶先生的看法。

「民生主義是以養民為目的」（〈民生主義第三講〉），要達到養民的目的，其具體方法就是滿足人民生活需要。民生需要不只限於物質生活，還有精神生活。民生的物質需要為食衣住行，而精神需要則是育樂，所以食衣住行育樂六項，即為民生需要之範圍。先總統蔣公經過長期的考慮，乃於民國四十一年十一月十二日發表《民生主義育樂兩篇補述》，以完成國父未講畢之民生主義內容。今將此六大需要分述於後。

（一）食的問題

㈠吃飯問題的重要——國父在〈民生主義第三講〉中說：「殊不知道吃飯問題就是頂重要的民生問題，如果吃飯問題不能夠解決，民生主義便沒有方法解決，所以民生主義的第一個問題，便是吃飯問題。古人說：『國以民為本，民以食為天。』可見吃飯問題是很重要的。」另指出第一次大戰德國打敗仗是因為糧食不足。又說中國常常鬧饑荒，吃飯問題亦感嚴重。而中國人吃飯問題嚴重的原因，「就是農業不進步，其次就是由於受外國經濟壓迫」。還說：「我們現在講民生主義，就是要四萬萬人都有飯吃，並且要有很便宜的飯吃，要全國的各個人都有便宜飯吃，那才算是解決了民生問題。」（〈民生主義第三講〉）

㈡解決吃飯問題的方法——

1. 糧食生產問題：國父認為要增加糧食生產，改進農業，於是提出了下列七個方法：

甲、機器問題　要用機器代手工，生產可增加一倍，費用更可減輕，荒地可開墾耕作；用機器抽水，不怕旱災，生產自然增加。

乙、肥料問題　用化學肥料，生產的速度，可加快一倍，生產力大為增加，應從化學方面研究肥料。

丙、換種問題　輪流耕植各種植物，或經常交換種子，可使土地交替休息，增加生產。

丁、除害問題　要有科學方法，消除動植物的害蟲。植物方面為野草和秕子，動物方面如蝗螟等蟲，除害工作做好，才可減少損害，增加生產。

戊、製造問題　用新式製造罐頭的方法，可以保存甚久，又可供應遠方。

己、運送問題　糧食需要彼此調劑，調劑依賴運輸。我國過去依賴挑夫，運輸不便，費用又高，所以有的地方生產過剩。由於運輸不便，將糧食毀棄了。今後應先從運河、海道入手，其次為鐵路，再次為車路。窮鄉僻壤才用挑夫。運送方便，糧價才會便宜。

庚、防災問題　水災損失甚重，要防止水災，治標的辦法是築堤與疏通河道。防止旱災，治標的方法，是用機器抽水。治本的辦法同是造林。全國應普遍造林，並由國家經營。治標與治本的方法同時並用，水旱災即可避免，糧食的生產，不會受到損失。

2. 糧食分配問題：生產增加以後，要解決吃飯問題，還要注意到分配問題。美國在私人資本制度之下，生產發達，分配不管，民生問題便不能解決。國父講糧食分配問題時，提到資本主義以賺錢為目的，民生主義以養民為目的。意思是說資本主義者不問人民糧食夠不夠用，都是把糧食運到外國去圖利。民生主義者是要先供給人民使用，必等有餘糧才運到外國出售。（〈民生主義第三講〉）

（二）衣的問題

㈠穿衣問題的重要——國父說：「吃飯問題，不但是在動物方面是很重要，就是在植物那方面也是一樣的重要。至於穿衣問題，宇宙萬物之中，只是人類才有衣穿，而且是文明的人類才是有衣穿，他種動物植物都沒有衣穿，就是野蠻人類也是沒有衣穿，所以吃飯是民生第一個重要問題，穿衣就是民生的第二個重要問題。」（〈民生主義第四講〉）

㈡解決穿衣問題的方法——國父的見解如下：

1. 改良衣服原料的生產：

甲、絲　絲是中國發明的，用來做衣的原料，已有數千年；但中國絲業的失敗，由於方法不求改進，蠶種有病，有的半途死去，有的因病害使絲的品質不好。外人則致力病蟲害的研究，絲業進步，今後我國也應仿效外國，改良蠶種、桑葉，用機器繅絲、織造。

乙、麻　麻也是中國首先發明的，唯因麻製布仍沿用舊法，以致被外國用機器製麻所奪去了。今後應從農業方面改良種植入手。再用機器製造，研究改進，製造好的麻布。

丙、棉　中國是第三個產棉國，由於工業不進步，將棉花運售外國，經過加工後，又運來中國出售，從中賺錢。所以解決穿衣問題，應從農業與工業兩方面入手，才有便宜的布。

丁、毛　我國毛工業不發達，原料賣給外人，加工後運銷我國賺錢，應恢復主權由國家經營，供應需要，有餘始運銷外國。

2. 打破外來的經濟壓迫，實行保護本國的工業政策。

3. 取消不平等條約，實行關稅自主，保護本國工業。

4. 由國家設置大規模的縫紉廠，大量製造衣服，以供人民穿用。

㈢穿衣的程度——國父認為「人類生活的程度，在文明進化之中，可分作三級：第一級是需要，……是人類的生活不可少的。……更進一步便是第二級，……這一級叫做安適。……再更進一步，便想奢侈。」（《民生主義第四講》）又指出穿衣是人類的一種生活需要，其程度也是分為需要、安適、奢侈（雅觀）三級。而民生主義所要解決的是需要，而非安適和奢侈，也就是要全國人民都有衣服可穿。

(三) 住的問題

國父在《實業計畫》第五計畫之「居室工業」中，對解決住的問題提出了具體的方法。

㈠建築材料之生產及運輸——就是要生產磚、瓦、木材、石灰、水泥、鋼筋、鋼架等建築材料，「如製造磚瓦則須建窰，木材須建鋸木工場，鐵架須建製鐵工場，此外須設石工場，士敏土工場，三合土工場等，須擇適宜之地，材料與市場相近者為之，且一切須在中央機關監督之下，使材料之製出與需要成比例。」並須有便利的運輸，以減輕運費。

㈡居室之建築——就是要改用新式的房屋設計，有計畫的大規模營造。國父說：「此類居室之建築，須依一定模範。在城中所建屋分為二類：一為一家之居室，一為多家同居室。……村鄉中之居室，依人民之營業而異，為農民所居者，當附屬穀倉……之類。一切居室設計，皆務使居人得其安適。故須設特別建築部，以考察人民習慣，營業需要，隨處加以改良。」

㈢家具之製造——就是要製造各種新式家具，以供應民用的需要。國父說：「中國所有居室，既須改造，則一切家具，亦須改用新式者，以圖國人之安適，而應其需要。食堂、書室、客廳、臥室、廚房、浴室、便所，所用家具，皆須製造。」

㈣家用物之供給——就是供給水、光、燃料、電話等。於一切大城市中設自來水廠、電力廠、煤氣工廠，以供給自來水、電燈、煤氣燃料等。在鄉村應以煤炭代替薪柴，並須有電燈。「無論城鄉各家，皆宜有電話，故當於中國設立製造電話器具工廠，使其價甚廉。」

(四) 行的問題

如何去解決行的問題，國父在《實業計畫》第五計畫之「行動工業」中，提出了三個方法。

㈠要造一百萬英哩之大路——「吾儕欲行動敏捷，作工較多，必須以自動車為行具。但欲用自動車，必先建造大路。吾於國際發展計畫，……已提議造大路一百萬英哩。是須按每縣人口之比率，以定造路之哩數。」

㈡要製造自動車——「中國人民既決定建造大路，國際發展機關，即可設立製造自動車之工場，最初用小規模，後乃逐漸擴張，以供給四萬萬人之需要。所造之車，當合於各種用途，為農用車、工用車、商用車、旅行用車、運輸用車等，此一切車以大規模製造，實可較今更廉，欲用者皆可得之。」

㈢要供給燃料——「除供給廉價車之外，尚須供給廉價燃料，否則人民不能用之。故於發展自動車工業之後，即須開發中國所有之煤油礦。」

㈤ 育的問題

所謂「育」，包括生育、養育和教育，這三大項目都包括著很多問題，分別敘述如下：

㈠生育問題——

1.馬爾薩斯的人口論：馬爾薩斯把國民的生育問題，當作純粹的生物學和簡單的經濟問題來看待，他認為「人口的增加是幾何比率的，糧食的增加是算術比率的。糧食不能供給人口的需要，便發生貧困，饑荒和戰爭，要把人口減少，使其與糧食保持平衡」。其實，他的理論不盡與事實相符。「據人口問題專家的估計，三百年全世界人口只增了四倍，可見人口的增加並不是幾何的比率。並且近代農業技術的進步，使糧食的產量能夠很快的增加，……可見糧食的增加也不是算術的比率。所以把人口問題當作純生物學的問題和簡單的經濟問題來研究，得不到正確的結論。」（《民生主義育樂兩篇補述》）

2.農業社會進入工業社會：在農業社會進入工業社會的時期，人口集中於城市，有關各種生育的問題，亦發生重大變化。我們試就現代工業國家的人口統計來研究，在人口城市化的趨勢裏，顯明的趨勢是大家族分化為小家庭，早婚改變為晚婚，離婚率增高，而生育率減低。再詳細一點說，在工業國家裏，鄉村人口的生育率高，城市人口的生育率低，並且教育程度愈高的人，其生育率便愈低，由此可見國民生育率並不隨工業化的進步來增加，反而有減低的趨勢。

3. 怎樣解決人口問題：是要鄉村與城市人口均衡發展，使青年男女瞭解養育子女應負的責任，並保障家庭生活安全，實行結婚貸款，女工生育期間給假，子女較多的多給工資，輔導就業與救濟失業以期求人口數量方面的增加，及品質方面的提高。同時將來的人口分配，應與都市建設計畫相配合，採取下列的人口政策：(1)依據《實業計畫》之精神，使全國經濟平均發展，全國人口均衡分配。(2)工業礦業及漁牧事業，依各地資源分布的實況，使其發展，各地人口之分布，應使其適於資源的開發與利用。(3)城市與鄉村均衡發展，要做到城市鄉村化，鄉村城市化。每一家庭都得到充分的空間和健康的環境。

㈡養育問題——

1. 兒童問題：怎樣解決社會轉變中的兒童問題呢？要從下列四方面著手：(1)設立公共婦產醫院。(2)設立兒童教養院。(3)設立托兒所。(4)設立兒童保健院，以協助人民解決兒童問題。並廣徵義父母，以收養孤苦無靠的兒童。

2. 疾病殘廢問題：疾病和殘廢各可分為生理的與心理的兩方面：(1)要從提高國民生活水準，普及國民衛生教育，普設防治醫院，實行疾病保險，以解決生理的疾病問題。(2)要減少疾病的發生和傳染，防止車禍工業傷害，訓練殘廢使之能就業，以解決生理的殘廢問題。(3)要從改良監獄，創設精神病院，心理衛生所等事項著手，以解決心理上的疾病問題。(4)要從建設精神病院管制麻醉品各方面著手，以解決心理上的殘廢問題。

3. 鰥寡孤獨：由農業社會轉變到工業社會，由大家庭制轉變為小家庭制，這問題更加嚴重。我們要保障婚姻安全，減低離婚率，輔導就業，取締遊民，設置遊民習藝所、乞丐妓女收容所，加以訓練，使能就業，以解決鰥寡孤獨問題。

4.老年問題：社會轉變中老年人更失掉倚靠，我們要：(1)建立老年退休制度；(2)建立養老制度；(3)設立養老院，使老年人能獲得安靜的生活，以頤養天年。

5.喪葬問題：農業社會這問題比較簡單，工業社會則較為嚴重。應多設殯殮場所、公墓，戒除一切浪費，使喪葬問題能得到合理的解決。

㈢教育問題——

1.過去教育的缺點：從建設民生主義社會的革命事業，來檢討過去的學校教育，計有下列三大缺點：

甲、升學主義　「這是小學和中學教育的根本缺點，小學課程是為了升入中學作準備，中學課程是為了升入大學作準備。」這種升學主義的學校教育，只重視應考的幾樣課目，反而對「變化氣質、陶冶品德」的教育主旨，不予注意。

乙、形式主義　由於印刷工業發達，書價低廉，讀書求學問，不一定要進大學。「所以今日的大學，不應該只是講讀一些圖書，賦予畢業生一種資格、具備一種形式、作為一種裝飾就算了事。」大學教育的任務，不僅要賦予學生有適應這變動社會的求生能力，作建設新社會的骨幹，同時要培育學生有專長，負起建設國家的重責大任。

丙、孤立主義　就是「大學教室裏的科學課本和講述，是脫離實際社會生活而孤立的。大學的科學教育既與社會生活沒有什麼密切關係，中小學的科學教育又不過是準備升入大學，那就更與社會生活沒有什麼密切關係了。」科學教育與實際工作脫節，且與社會生活孤立，是今日學校教育的一大缺點。

2.如何解決教育問題：為了糾正過去的缺憾，先總統蔣公認為應注意的是：(1)要以四育六藝為教育的內容；(2)要以促進社會進步與民族復興為教育的使命；(3)要充實學生生活內容以完成教育的任務；(4)要陶冶學生性行以達到教育的目的；(5)要使社會教育設施以配合學校教育的發展；(6)要使各種文化宣傳事業與學校教育配合。又民生主義教育是多方面的：(1)要完成強迫教育，掃除文盲；(2)要健全家庭教育；(3)要重視公民教育；(4)要注重職業生活教育；(5)要確立大學教育的目標；(6)要使成人有升學的機會；(7)要加強國民軍訓；(8)要普及童子軍訓練；(9)要實施勞動服務。如上列九項能妥為實施，則民生主義的教育方針便能實現。

(六) 樂的問題

這裡包括了康樂的意義，康樂的環境和怎樣解決康樂問題。

(一)康樂的意義——正當而健全的康樂，應注意下列四點：一為身心的平衡，二為情感與理智的和諧，三為城市的健康，四為閒暇與娛樂。分別簡述其意義如左：

1.身心的平衡：康樂的目的在求國民身心能夠保持平衡。「一定要一般國民的體力健康，德性善良，兩方面保持平衡，這個國家才能富強，立足於現代國際社會之林。」(《民生主義育樂兩篇補述》)

2.情感與理智的和諧：中國是禮樂之邦，禮的作用是「節」，樂的作用是「和」，在這「節」與「和」雙重作用之下，達到情感與理智和諧的境界，才是正當的康樂。

3.城市的健康：城市生活的人民，其特點有三：一是擁擠，二是緊張，三是流動。由於這三種關係，城市人口的健康，除病菌之外，還有「疲勞」這個敵人，許多流行的疾病，都是因為「疲勞」而發生，成為民族健康的一個大問題。

4. 閒暇與娛樂：一個國民一天工作之餘，有了閒暇。如何利用閒暇，去作娛樂活動，便成為嚴重的問題。在農業社會中，一個人去工作，享受田園之樂，回家休息，享受天倫之樂。而城市人的閒暇，大部分用到商業化的娛樂上，於身心反而有害。所以國家對國民的閒暇與娛樂的問題，應有計畫加以解決。

㈡康樂的環境——要增進國民康樂，先要為康樂的環境而設計，並特別注意下列事項：⑴城市鄉村的建設，要注意城市有田園風味，鄉村也有公共交通和電燈等設備。要做到「鄉村城市化，城市鄉村化」的理想。⑵在國家建設計畫中，對山林川原的整理與設計，要特別重視。⑶要有計畫的保林和造林，從國家資源、國民健康與遊行娛樂三方面著眼，擬成完美的計畫。⑷河川的整理，既要注意灌溉、交通、動力、漁撈等功能，又要顧及飲水、水力、風景三大問題。⑸在城市中，對公園的開闢、樹木的培植，要有計畫。

㈢解決康樂問題——康樂問題，分為心理與身體兩方面，要解決康樂問題，亦要從這兩方面著手。

1. 怎樣解決心理的康樂問題：我們要從改進音樂歌曲、書畫、彫刻或戲劇、電影、廣播，以增進國民的精神娛樂，並防止娛樂商業化、市儈化，以免妨害國民心理健康，更要從信教自由著手，以安定國民的精神生活。

2. 怎樣解決身體的康樂問題：我們要從清潔、秩序、節制各方面以養成國民的健康習慣，要從射擊、駕駛、操舟、游泳、滑冰、滑雪、國術、舞蹈各方面，以培養國民的康樂技能。

第五章　哲學思想

本章研究的主題本為：(1)國父哲學思想概述；(2)宇宙論；(3)人生論；(4)知行論（知難行易學說）。

第一節　國父哲學思想概述

本節包括：(1)哲學的意義和分類；(2)國父哲學思想述要。

一、哲學的意義和分類

（一）哲學的意義

中國自古以來，雖有「天理人道」的思想，卻沒有「哲學」這個名詞，它是「日本人從歐文翻譯出來的名詞，我國人沿用之沒有更改」（梁啟超著，《儒家哲學》）。因此在研究「哲學」的意義上，可分原義和定義來討論。

㈠哲學的原義——「哲學」原文為“Philosophy”源由希臘文 Philein 及 Sophia 兩字所合併，直譯之是「愛智」之意。「因為語原為愛智，所以西方人解釋哲學為求知識的學問，求的是最高的知識，統一的知識，西方哲學之出發點，完全由於愛智，所以西方學者，主張哲學的來歷（起源），起於人類的好奇心，古代人類看見自然界形形色色，有種種不同的狀態，遂生驚訝的感想，始而懷疑，既而研究，於是成為哲學」（梁啟超著，《儒家哲學》）。這裡附帶談到了哲學的起源。

㈡哲學的定義——哲學從語源上講，就是愛智學，但什麼又是「愛智」之「學」呢？許許多多的專家學者都曾企圖為它找尋到一個肯定的「定義」(Definition)。

1. 范錡說：「哲學者研究宇宙人生認識等根本原理之學也。」這個定義是自哲學三分法與「根本原理」著眼的。

2. 先總統蔣公認為：「哲學就是窮理明德的學問，其效則見於誠意正心修齊治平之中，而研究哲學亦就是為著要做誠正修齊治平之事。」又說：「窮理的目的在於致知，明德的工夫在於修身，修身的效驗在於知與行之中，方可驗得的。所以研究哲學，亦就是要解決人生與革命一切知與行的疑難問題。」（〈革命教育的基礎〉）

（二）哲學的分類

一般哲學研究的範圍相當廣闊，尤其是科學未發達以前。到了各種科學相繼出現以後，哲學才在人們嚴謹的態度下縮小了研究的範圍，現在且就各家對哲學的分類（二分法、三分法、多分法）以明其研究的範圍：

㈠吳爾夫 (Christian Wolff, 1679–1754) 分哲學為兩大類——

1. 理論哲學 (Theoretical Philosophy)：包括神學、心理學及宇宙論（物理學），而以本體論 (Ontology) 為基礎。

2.實踐哲學(Practical Philosophy)：包括倫理學、經濟學及政治學等，並以邏輯為哲學入門之學。

(二)梁兆康著《哲學概論》採用三分法——(1)智識哲學（認識論）；(2)宇宙哲學；(3)人生哲學。

(三)胡適著《中國古代哲學史》，分哲學為六類——(1)宇宙論；(2)名學及智識論；(3)人生哲學；(4)教育哲學；(5)政治論；(6)宗教哲學，這可說是一種多分法。

(四)著者本人在《中國哲學史》中（三民書局出版），除列舉二分法、三分法、四分法之外，並提出了一種多分法，即可將哲學所探討的問題分為——(1)本體論；(2)宇宙論；(3)人生觀；(4)倫理觀；(5)宗教哲學；(6)藝術哲學；(7)歷史哲學；(8)政治哲學；(9)教育哲學；(10)經濟思想；(11)文化哲學；(12)法律哲學；(13)人性論；(14)知行論；(15)認識論等。

(五)本書論國父哲學思想時，採用三分法——(1)宇宙論，包含心物合一論與宇宙進化論；(2)人生論，包含人生觀與歷史觀（民生史觀）；(3)認識論（可稱知識論，或知行學說），包含知難行易學說與力行哲學等。故自表面上看為三分法，自內涵看，亦可稱為多分法。

二、國父哲學思想概述

(一)進化哲學——進化論可列於科學，究其來源亦可列於哲學，國父自己則常稱為進化哲學。現在要講兩點：(1)宇宙進化三時期（國父的創見），(2)反對競爭論與提倡互助論。據羅香林先生研究，國父在香港讀書時即重視進化論。故民前十六年（一八九六）十月，國父應英國劍橋大學教授翟爾斯氏之請，撰文言文自傳，內中有云：「文早歲志窺遠大，性慕新奇，故所學多博雜不純，於中學則獨好三代兩漢之文，於西學則雅癖達爾文之道。」至於閱讀克魯泡特金的《互助論》，當為第一次世界大戰發生以後之事。民國九年《大光報年刊》題詞，談及互助問題，謂「人之力不如獅虎牛馬，走不如犬兔，而猶得以自保者，有賴於互助」。可見他以互助論及競爭論，或如克氏同時，或早於克氏。

㈡人生觀——國父於民國二年五月二十日撰《國民月刊》出刊詞，講到悲觀主義與樂觀主義的人生觀，如說：「樂觀者成功之源，悲觀者失敗之因。」著者著《三民主義哲學》時，首先錄此段文字，以證國父是樂觀主義者。民國十年十二月國父講《軍人精神教育》，講到成仁取義的人生觀（亦可稱革命的人生觀），要「以吾人數十年必死之生命，立國家億萬年不死之根基」。民國十二年十月二十日講〈國民要以人格救國〉中，談到「天人一體」，可視為與天人合一的人生觀有關。同年十二月二十一日講〈學生要做大事不要做大官〉，次年三月十日講〈革命軍不可想升官發財〉，都可看作反對升官發財的人生觀。民國十三年三月廿三日（以黃昌穀著，《三民主義與五權憲法》為依據）講〈民權主義第三講〉，講到了服務的人生觀，亦可稱利他主義的人生觀。

㈢道德觀——道德觀與人生觀有時不易劃分，這裡暫分開來敘述。國父於民國元年八月對北京學界講〈學生應主張社會道德〉，內中反對提倡達爾文的生存競爭與優勝劣敗說，主張提倡社會道德，以有餘補不足。這種社會道德就是服務道德，與上面所說的服務人生觀同其意義。於此可見國父反對生存競爭論用之於人類，不是看了克魯泡特金的《互助論》之後才產生的。民國十三年五月二日在嶺南大學講〈世界道德之新潮〉，亦強調服務道德。又民國十年講《軍人精神教育》，提出智仁勇三達德，而加以新的解釋。民國十三年三月二日講〈民族主義第六講〉，強調道德的重要性，並主張恢復固有道德——忠孝仁愛信義和平。以上兩者，都屬於道德哲學。

㈣知難行易學說——國父於民國八年發表《孫文學說》，以駁傳說的知易行難說，內分以十事為證，能知必能行，不知亦能行及有志竟成等章，這是國父特意撰述的哲學著作。早在民國六年七月二十一日他即對廣東全省學界講〈知之非艱行之惟艱〉，又在民國十年十二月九日對桂林學界亦講過〈知難行易〉。

㈤心物合一論——國父在《軍人精神教育》中，論精神與物質關係時，講到心物二者本合為一。「自體用方面言，何謂體？即物質；何為用？即精神。自人的方面言，五官百骸皆為體，屬於物質，其能言語動作者皆為用，由人之精神為之。」這一段話，就是心物合一論定名的依據。

㈥民生史觀——國父講〈民生主義第一講〉（民國十三年八月三日），由消極方面的批評唯物史觀而產生了積極方面的民生史觀。即說明社會進化的原動力是民生問題，不是物質問題，社會的中心是民生不是物質。

此外，國父亦講到人性論、知識論，又對宇宙論中的機械論與目的論等問題，都有若干主張，詳見拙著《三民主義的哲學體系》及與吳康先生合著的《哲學概論》。

第二節　宇宙論

本節分三部分來討論：除引言（宇宙論概說）外，一為心物合一論，二為宇宙進化論。

引　言（宇宙論概說）

（一）何謂宇宙

中國人對宇宙一詞的解釋，含有「時間」(Time) 及「空間」(Space) 的意義。如莊子曰：「有實而無處者宇也，有長而無本剽（標）者宙也。」❶淮南子曰：「往古來今謂之宙，四方上下謂之宇。」因此可知，「宇」是「空間」，「宙」是「時間」，合而言之即是「時空」。

另外，宇宙和「世界」有相同的意義，「世」是指過去現在未來的「時間」，而「界」是指東南西北上下的「空間」，故世界亦含有時空的意義，與「宇宙」可更迭使用。

（二）何謂宇宙論

宇宙論也稱「宇宙觀」，有廣狹二義，廣義的宇宙論，即指實在論或形上學 (Metaphysics) 而言，包括本體論 (Ontology) 和狹義的宇宙論 (Cosmology) 兩部分；狹義的宇宙論則與本體論相對，以研究宇宙萬物的生成演化之規律或法則為對象。內分機械論與目的論、必然論與自由論、主動論與主靜論、有神論與無神論（進化論）諸問題。而本體論則以研究宇宙的「本質」或「實體」(Reality) 的「存在」(Being) 為主旨，內分：一元問題及心物問題二者。本節依「國父思想講授大綱」為範圍，只討論(1)本體論中的心物問題（心物合一論）和(2)宇宙論中的進化問題（宇宙進化論）。

❶ 所謂「有實而處者宇也」，是說空間不能指著那一處。所謂「有長而無本剽者」，是說時間沒有終始。

一、心物合一論

在研究國父的心物合一論之前，先講中西哲學中的相似見解。

（一）中西哲學與心物合一論相似的見解

西洋哲學家在本體論方面，對於心物問題的研究，計有唯心論、唯物論、心物二元論、中立一元論、心物一元論、心物同一論等。中國哲學雖不多談心物問題，但亦有相似的主張，如陰陽合一論、神形合一論、身心合一論及心物同一論等。國父在《軍人精神教育》中所講到的心物問題的見解，已經先總統蔣公核定為心物合一論❷，與西方的心物一元論和心物同一論很接近。

㈠西洋方面——

1. 荷蘭哲學家斯賓挪莎 (Baruch Spinoza, 1632–1677) 的心物一元論：他倡泛神說 (Pantheism)，以神（實體）為宇宙的本質，神有精神與物質兩種屬性，宇宙萬象之千變萬化，皆為神的屬性之變化。其以「神」統心物兩屬性看，故可稱為心物一元論 (Monism)。❸

---

❷ 關於國父哲學思想中的本體論如何定名問題，經過三民主義學人多次討論，經投票表決為心物合一論，於四十年一月間，由三民主義學術研究會呈請先總統蔣公鑒核，經於同年八月間核閱後批「可」。同時，先總統蔣公在〈總理知難行易與陽明知行合一哲學之綜合研究〉等文中，亦講心物合一論或心物一體論。

❸ 斯賓挪莎以神為宇宙萬物的根源，提倡泛神論。所謂「泛神」，不以宗教之神為限，即泛指宇宙的實體，如中國人所指的「天」。

2.德國哲學家謝林（Friedrich Scheling, 1775–1854）的心物同一論：他認為事實之世界（自然）與思維之世界（精神），同出於共同的根源——絕對（Absolute），自然（物質）為可見的精神，精神為不可見的自然（物質）。故說心物是同一的。

㈡中國方面——

1.王充的陰陽合一論：王充認為人是陰陽合一的。他說：「夫人之所以生者，陰陽氣也。陰氣生為骨肉，陽氣生為精神。」這裡的陰陽合一論，以陰代表骨肉（物質），以陽代表精神（心靈），便含有心物合一論的意義在內。

2.范縝的神形合一論：齊梁之際，佛學盛行，世人多持靈魂不滅說，范縝著「神滅論」以駁佛學。他說：「形者神之質，神者形之用，……神之於質，猶利之於刀，形之於用，猶刀之於利，利之名非刀也，刀之名非利也。然而舍利無刀，舍刀無利，未聞刀沒有利存，豈容形亡而神在也？」這段話是就人而言的，人的形神不可分，即身心不可分，身心不可分，即身心合一，身心合一即含有心物合一之意，故范氏之神形合一論可稱心物合一論。

3.王陽明的身心合一論：王陽明說：「耳目口鼻四肢，身也；非心，安能視聽言動。心欲視聽言動，無耳目口鼻四肢亦不能。故無心則無身，無身則無心。」這種身心合一論，亦含有心物合一論的見解。

4.王船山的心物同一論：王船山說：「心無非物也，物無非心也。」，這種心物同一論，倒有些和德哲謝林的主張相似。

(二) 心物合一論的要點

前面講到心物一元論、心物同一論、陰陽合一論、神形合一論、身心合一論，雖然都含有心物合一論的見解，但真正講到心物本合為一的，要推國父孫中山先生，其次，則為先總統蔣公。

㈠國父的心物合一論——國父在《軍人精神教育》中說：「總括宇宙現象，要不外精神物質二者，精神雖為物質之對，然實相輔為用也。考從前科學未發達時代，往往以精神物質為絕對分離，而不知二者本合為一，在中國學者亦恆言有體有用。何謂體？即物質，何謂用？即精神。譬如人之一身，五官百骸皆為體，屬於物質，其能言語動作者即為用，由人之精神為之，二者相輔不可分離。」由這一段遺教，很清楚的知道，他是反對心物絕對分離，不贊成心物二元，而主張心物本合為一的。

如果有人要懷疑心物合一論為心物二元論，那就錯了。為什麼呢？因為這裡所講的心物合一是就「本合為一」言，非就「分而合一」而言，而且這裡根本反對心物分離說，當不可以「心物二元論」釋之。

㈡先總統蔣公對於心物合一論的意見——《反共抗俄基本論》中先總統蔣公說：「民生哲學承認精神與物質均為本體中之一部分，既不是對立的，也不是分離的，物質不能離精神而存在，精神亦不能離物質而存在，宇宙的本體應是心物合一的。宇宙與人生都必須從心物合一論上，才能得到正確的理解。」這是說宇宙論（本體論）方面應講心物合一論，人生論方面亦應講心物合一論。

先總統蔣公又說：「古今中外講哲學的書籍，不是偏於唯心，便是偏於唯物。其實精神與物質原屬一體之二面，同物之異象，相因而生，相需而成。在本質上既不可分離，在學理上亦不容偏重。」（〈青年為學與立業之道〉）這裡的一體兩面說，可稱為心物一體論，亦是心物合一的註解。

先總統蔣公在上文中又說：「我們三民主義的哲學精義，是心物一體，知行一致，我們既不偏於唯物，也不偏於唯心；對於事物的觀察，是物質與精神並重，對於人生的理解，是思維與存在合一。」所謂「思維與存在合一」是就人生觀講的，「物質與精神並重」，乃是就智識論講的，所謂「心物一體」乃是就本體論講的，故可說無論宇宙問題、人生問題、知識問題，都要從心物合一論上去理解。

總之，國父的心物合一論，既不偏於唯心，亦不偏於唯物，在中國有其思想淵源，在西洋亦有其相似的學說。

二、宇宙進化論

這裡先研究進化論的意義和派別，後研究國父的宇宙進化論。

（一）進化論的意義和派別

㈠進化論的意義——進化 (Evolution) 一詞，嚴復譯為「天演」，蓋指宇宙萬物的演進而言。這裡可從廣義與狹義兩方面研究其範圍。狹義的進化，僅指有機物進化而言，廣義的進化，除可談及無機物的進化外，亦可涉及人類、社會方面的進化。

至於「進化」與「革命」有何區別呢？簡單而言，進化是自然的，而革命 (Revolution) 則是加了「人為」的力量，是一種「非常的破壞和非常的建設」之事業。革命雖加了人力，但不是違反自然進化的。《易經》云：「湯武革命，順乎天而應乎人。」可見革命是順乎自然，或稱順乎天道的。

何謂進化論 (Evolutionism)？狹義的進化論以研究有機物的生成演變及其所遵循的法則為範圍，廣義的進化論則以研究宇宙萬物甚至人類社會的政治、經濟、道德等演進為範圍。分別而言，計有宇宙的進化、生物的進化及人類的進化等。

㈡進化論的派別——西洋談進化論的派別甚多，現在可舉：⑴達爾文的生存競爭論；⑵克魯泡特金 (P. Kropotkin) 的互助論。

1. 達爾文的生存競爭論：達爾文的進化論，有兩個要點：⑴他認為人由動物（猿猴）演化而來；⑵他發明一個進化原則，為「物競天擇，優勝劣敗，適者生存，不適者滅亡。」他舉蔓草、尾部有刺蜂等例子，證明「弱肉強食，乃天演公例」。自此以後，各種學術根據這個原則，遂重視強權，鄙視正義人道與世界公理。（詳見周世輔著，《三民主義的哲學體系》第三章）。

2. 克魯泡特金的生存互助論：克氏寫了一部與達爾文主張相反的著作——《互助論》。根據親身觀察，他在積極方面，舉出蜂、蟻、麻雀、鴿子、鸚鵡、獮猴、河馬等動物合群、友愛及聯防的事例，以證明動物之間之進化原則是互助而不是競爭。故曰：「競爭既不是動物間之規則，也不是人們間之規則。只有在非常的時候，動物間乃有競爭，此際自然淘汰（即天擇）乃乘機活動，惟較善之境況，總在藉互助以剷除競爭而得。」就物種而言：「物種所以總是很繁榮，很興盛，而能向前進步的，就因其個體的競爭可減少至最低限度，而彼此實行互助，以達到極大的發展所致。」就人類而言：「互助原則之推廣，由氏族乃推及族派，由族派乃推及聯盟，由聯盟乃推及民族，由民族乃推及人類。」又說「人們倫理進步，其主要因子，乃為互助而非互鬨。」因此，他竭力反對達爾文的「弱肉強食」說。

3. 中國固有的互助論：中國不是沒有「競爭論」，如《中庸》云：「故天之生物也，必因其材而篤焉，故栽者培之，傾者覆之。」只是沒有人鼓吹和強調；這裡我們更要說不僅沒有人鼓吹和強調，而且有人大張旗鼓予以反對。

孔子作《春秋》，反對強凌弱，眾暴寡。又〈禮運篇〉大同段，主張「講信修睦，矜寡孤獨廢疾者皆有所養」。《大學》講「平天下」，《中庸》講「懷諸侯，柔遠人」。孟子講：「出入相友，守望相助，疾病相扶持。」正是儒家重視互助反對弱肉強食的明證。

管子主張存亡繼絕，濟弱扶傾，「伍之人，居同樂，行同和，死同哀」。墨子提倡兼相愛交相利，非攻，反侵略，反對楚國以雲梯攻宋，都是重視互助反對弱肉強食的主張。

荀子說得更好，他認為人類「力不若牛，走不若馬，而牛馬為用，何也？曰：人能群，彼不能群也。」荀子拿人與動物比較說明人之所以異於禽獸者，在於能群，能互助，能團結。故人能「序四時，裁成萬物，兼利天下」，這可說是一種人類互助論。

（二）宇宙進化論

這裡所講的宇宙進化論，以國父及先總統蔣公對於進化論的見解為討論範圍。

㈠國父對於進化論的見解——國父分宇宙進化為三時期，他在《孫文學說》第四章稱：「作者則以為進化之時期有三：其一為物質進化之時期，其二為物種進化之時期，其三則為人類進化之時期。元始之時，太極（此用以譯西名伊太也）動而生電子，電子凝而成元素，元素合而成物質，物質聚而成地球，此世界進化之第一時期也。今太空諸天體多尚在此期進化之中。而物質之進化，以成地球為目的。吾人之地球，其進化幾何年代而始成，不可得而知也。地球成後以至於今，按科學家據地層之變動而推算，已有二千萬年矣。由生元（細胞）之始生而至於成人，則為第二期之進化。物種由微而顯，由簡而繁，本物競天擇之原則，經幾許優勝劣敗，生存淘汰，新陳代謝，千百萬年，而人類乃成。」

以上是講三時期進化的經過，以下要講人類進化與動植物及禽獸進化之不同。國父說：「人類初出之時，亦與禽獸無異，再經幾許萬年之進化，而始長成人性，而人類之進化，於是乎起源。此期之進化原則，則與物種之進化原則不同，物種以競爭為原則，人類則以互助為原則。社會國家者，互助之體也，道德仁義者，互助之用也。人類順此原則則昌，不順此原則則亡，此原則行之於人類當已數十萬年矣。然而人類今日猶未能盡守此原則者，則以人類本從物種而來，其入於第三期之進化，為時尚淺，而一切物種遺傳之性尚未能悉行化除也。」由此可以得到下列幾個結論：

1. 就進化原則講，國父認為物種（動植物）進化以「競爭」為原則，人類進化則以「互助」為原則。

2. 就進化目的講，國父認為物質進化以成地球為目的，物種進化以成人類為目的，至於人類進化則以至於物質言進化以什麼為原則呢？有人加了一句，即以運動或運行為原則（指動凝合聚言）。

世界大同為目的。他說：「人類進化之目的為何？即孔子所謂『大道之行也，天下為公』。」即指世界大同而言。

3. 達爾文主張生存競爭論，克魯泡特金主張生存互助論，國父將競爭論應用於動植物（物種），互助論應用於人類，正合乎儒家之「別人禽」。

4. 中國學者一向反對強凌弱眾暴寡的競爭論或侵略主義，而提倡互助與仁義道德，國父的人類互助論，發揚了中國固有的道德思想。

㈡先總統蔣公對於國父進化論之闡釋——先總統蔣公的見解可分為：⑴論宇宙進化與「行」的關係；⑵論人類進化與「互助」等的關係。

1.宇宙進化與「行」的關係：先總統蔣公在《反共抗俄基本論》第五章中說：「宇宙根本是由它自身的行而創造出來的，如果沒有天體的運行，就根本不會有宇宙。科學告訴我們，地球之由氣體而液體，而固體，亦是由於它不斷的運行而起的變化。地球成了固體後，還是在不斷的運行之中，於是由物質而物種而人類，再由於人類的行，於是創造了一個新的宇宙——社會。」這可叫行的宇宙論。按行與進化是相通的，也可說行就是進化，進化就是行。故可說行的宇宙論，闡揚了國父的進化的宇宙論。

2.人類進化與互助的關係：先總統蔣公在同書同章中闡明國父重視人性與互助時說：「我們今日還是要把人看做物？還是要把人看做人呢？要叫人類回到禽獸的境域？還是要發揚人性，促成文化的進化呢？這是我們三民主義者人生觀的根本論點。總理的指示是很明白：『乃至達爾文氏發明物種進化之物競天擇原則後，而學者多以仁義道德皆屬虛無，而競爭生存乃為實際，幾欲以物種之原則，而施之於人類之進化。而不知此為人類已過之階段，而人類今日之進化，已超出物種原則之上矣。』馬克斯主義所鼓吹的階級鬥爭，就是『以物種原則施之於人類進化』的謬論，馬克斯以為人生而有意或無意的編入社會階級關係，因而決定人類的思想與行為，是階級性而不是人性，他們否認人類理性，肯定自然狀態為人與人之競爭。只有暴力與專制，才能控制人類保持秩序，亦只有階級的暴力與專制，才能爭取階級的生存。」由此可知達爾文從「生物進化論」強調「獸性」，國父不贊成；而馬克斯從「社會進化」強調獸性，更是國父所反對的。

第三節　人生論

人生論可分廣狹二義：廣義的人生論，可包括人生觀、道德觀、政治觀、法律觀、教育觀及歷史觀等。狹義的則以人生觀為限。本節所談則以人生觀與歷史觀（民生史觀）為範圍。

一、人生觀（服務的人生觀）

這裡研究人生觀，分為：(1)人生觀的意義和派別；(2)國父的人生觀。

（一）人生觀的意義和派別

人生觀的意義及其重要性、人生觀的派別，茲分別加以研究。

(一)人生觀的意義及其重要性——

1. 人生觀的意義：何謂人生？簡而言之就是一種「生命」的「過程」(Process)，而此過程是人與社會宇宙關係的綜合，舉凡探討這方面的學問，便名之為「人生觀」。

梁任公說：「人類以心界物界兩方面調和結合而成的生活，叫做人生，我們懸一種理想來完成這種生活，就叫做人生觀。」梁任公在政治方面的主張，固多與國父不同，但在哲學方面，國父主張心物本合為一，他亦講過心物合一（〈王陽明知行合一教〉）；國父主張心物並存，如說：「人者有精神之用，非專持物質之體也。」（《軍人精神教育》）而梁氏這裡說「心界與物界兩方面調和結合而成的生活，叫做人生」亦是主張心物並存的。

上面所說的理想，亦可視為目的，推而論之，凡研討人生的意義、目的（理想）、價值、歸宿等，都屬於人生觀的範圍。

2. 人生觀的重要：胡適先生說：「每個人都有每個人的人生觀。」無論智識程度高低，無論家庭環境好壞，具有堅定而有高尚理想的人生觀的人，才有好結果。先總統蔣公在〈革命哲學的重要〉中說：「一個人沒有確定的人生觀，臨到危險的時候，就難免於變節，臨到富貴貧賤轉變的時候，也難免於變節。這樣的人，是一定不能革命的。」洪承疇、汪精衛等為什麼變節呢？就是因為沒有確定的人生觀；文天祥、史可法、鄭成功為什麼臨難不苟呢？就是因為有他確定的人生觀。

㈡人生觀的派別——每個人有每個人的人生觀，每位學者（或學派）有每位學者（或學派）的人生觀，因此，人生觀形成了很多派別。

1. 悲觀主義與樂觀主義的人生觀：悲觀主義者認為人類所處的世界是可悲的，人生在這世界充滿了痛苦與憂患。叔本華 (Schopenhauer) 認為「所有人生盡是痛苦」，故說：「倘使去敲墳墓大門，請死人再生；他們一定要搖頭表示拒絕。」

樂觀主義者的看法，往往與悲觀主義者恰恰相反。他們認為人類所處的世界完全是美好的，雖有少數罪惡存在，不但無礙於整體，亦且為事實所必需。故柏拉圖說：「造物主是最好的，僅能創造最美的東西。」這樣看來，世界必然充滿著一片「歡笑」。

就中國論，孔子、顏子之安貧樂道，代表樂觀主義；屈原、宋玉之憂國傷時，代表悲觀主義。

2.利己主義與利他主義的人生觀：國父在〈民權主義第三講〉稱：「重於利己的人，每每出於害人，也有所不惜；……重於利他的人，只是要大家有益事項，每每出於犧牲自己，亦樂為之。」普通以楊子為我代表利己主義，墨子兼愛代表利他主義。與利己主義相似的是個人主義的人生觀，與利他主義相似的是社會主義或社會服務的人生觀。

3.天命主義與力行主義的人生觀：子曰：「死生有命，富貴在天。」（《論語》）這可代表中國一般人的天命主義。墨子曰：「昔桀之所亂，湯治之；紂之所亂，武王治之。……天下之治也，湯武之『力』也，則夫豈可謂『命』哉？」墨子非命，可以代表力行主義。

與天命主義相接近的有一種保守的人生觀；與力行主義相接近的有一種創造的人生觀。

此外，尚有禁慾主義與縱慾主義，唯心主義（重靈主義）與唯物主義（重肉主義），出世主義與入世主義等人生觀。

(二) 國父的人生觀

這裡講國父的人生觀，要涉及先總統蔣公的闡揚與創獲。

革命的人生觀雖為先總統蔣公的創獲，但含有國父的見解在內。簡言之，國父的人生觀亦可簡稱革命的人生觀；詳言之，可分為：(1)服務；(2)勞動（力行）；(3)創造；(4)互助；(5)樂觀；(6)革命的人生觀。

(一)服務的人生觀——國父在民權主義中把人分為兩種：一為利己的，一為利他的。並反對利己主義，贊成利他主義，故提倡服務的人生觀，反對奪取的人生觀。他說：「人人當以服務為目的，而不以奪取為目的。聰明才力愈大者，當盡其能力而服千萬人之務，造千萬人之福。聰明才力略小者，當盡其能力以服十百人之務，造十百人之福。所謂巧者拙之奴，就是這個道理。」此種服務的人生觀，就是一種利他主義的人生觀。

㈡力行的人生觀——所謂力行的人生觀，就是一種求實求行，苦幹實幹的人生觀，與天命主義的人生觀極端相反。故國父說：「當科學未發達之前，固屬不知而行，及行之而猶有不知者。故凡事無不委之天數氣運，而不敢以人為之轉移也。……至今科學昌明，始知人事可以勝天，凡所謂天數氣運者，皆心理之作用也。」國父這種人定勝天的力行主義，事實上就是其革命成功的主要因素。國父著《孫文學說》，以有志竟成作結論。先總統蔣公著《行的道理》，最後講事在人為。都是重視力行主義的明徵。

㈢創造的人生觀——所謂創造的人生觀亦與天命主義的人生觀相對立，含有力行的意義。國父一生從事革命的言論及事蹟，諸多是本此而行，如創造三民主義、五權憲法、孫文學說，創造興中會及中華民國，都是創造人生觀的表現。

先總統蔣公在闡述這種人生觀時，曾強調：「宇宙間一切新的生命，皆由人來創造，亦要由人來決定。而國家的命運，更要由我們全國國民之本身來創造，來決定。」（《中國之命運》第七章）。可見創造的人生觀與天命主義或宿命主義是對立的。

㈣互助的人生觀——與服務人生觀相近的尚有一種互助人生觀。國父在《孫文學說》中指出，人類之進化當以「互助」為原則，反對達爾文「物競天擇」論，因人有合群的天性，也就是互助的人性。故在《大光報年刊》題詞中國父曾說：「人類由動物之有知識能互助者進化而成；當其蒙昧，力不如獅虎牛馬，走不如犬兔，潛不如魚介，飛不如諸禽，而猶能自保者，能互助故能合弱以禦強。」先總統蔣公亦說：「人之所以為人，主要就由於人由合群互助，擴大自己的生活。」（《反共抗俄基本論》）。從這裡可以知道，國父和先總統蔣公都在提倡互助的人生觀。

㈤樂觀的人生觀——國父反對悲觀主義提倡樂觀主義的人生觀。他說：「樂觀者成功之源，悲觀者失敗之因。吾人對於國民所負之責任，非圖民生幸福乎？民生幸福者吾國民前途第一快樂也；既然矣，則吾人應以樂觀之精神，積極進行之，夫然後民生幸福之目的可達，而吾人之希望可成也。」（《國民月刊》出刊辭），先總統蔣公亦說：「哲學是求得安樂的學問。」「我們為學治事，或革命作戰，總要找到其樂趣所在，而後對一切工作，乃能自然，亦不覺其為苦為難了。」（〈革命教育的基礎〉）這是要我們憑良心所知去做事，則自可養成一種樂觀的人生觀。

㈥革命的人生觀——簡單點說，革命的人生觀，只有一個答案，是指創造、服務、勞動（力行）的人生觀而言。詳細點說，則有三個答案。

1. 先總統蔣公說：「我自立志革命以來，就認創造、服務、勞動為革命的人生觀。並認為革命就是力行；因為革命是效法天行健君子以自強不息。革命就是服務；因為革命是為大多數人群謀利益，和為被壓迫民眾打不平的。革命就是創造，就是建設，而不是以動亂和破壞為目的的。我們知道動亂與破壞，乃是革命一時的現象和手段，而其目的，乃在於永恆的建設和不斷的創造與進步。這乃是國父的人生觀，亦正是我們革命的人生觀。」（《反共抗俄基本論》）這是革命人生觀的第一個答案。

2. 國父在《軍人精神教育》中主張要「為革命而生我，為革命而死我」及「以吾人數十年必死之生命，立國家億萬年不死之根基」。先總統蔣公指出，這些話顯然是革命人生觀的典型（《反共抗俄基本論》）。這是革命人生觀的第二個答案。

3.所謂革命人生觀，是指下面這副對聯而言：

生活的目的，在增進人類全體之生活；
生命的意義，在創造宇宙繼起之生命。

先總統蔣公自稱，上面這副對子，就是他的革命的人生觀。

二、歷史觀（民生史觀）

在研究民生史觀的內涵之前，我們先要研究歷史觀的意義範圍和派別。

（一）歷史觀的意義和派別

在講派別之先，要講到何謂歷史觀，其研究範圍如何？

㈠歷史觀的意義和範圍——何謂歷史觀？簡言之，就是吾人對於歷史演變與社會進化的原理原則的解釋或見解。進一步說，自哲學的見地或用哲學的手段去研究歷史，可叫歷史觀。

羅光先生說：「歷史哲學是從歷史史事研究人類生活變遷的原則之哲學。」又說：「歷史史事供給研究的材料，研究的目的在於人類生活變遷的原則。」（羅光著《歷史哲學》）這些原則，既包括過去，亦包括未來；既涉及縱的時間，亦涉及橫的空間。

歷史觀以什麼做研究範圍？著者以為大致可分：

1. 歷史動力論與社會基礎說（社會中心說）。

2. 歷史目的論。

3. 歷史階段論（歷史的分期）。

4. 社會進化的原因說。

5. 歷史定義論等。

㈡歷史觀的派別——歷史觀的派別可分為：⑴政治史觀；⑵英雄史觀；⑶地理史觀；⑷唯心史觀；⑸唯物史觀；⑹社會史觀，國父與先總統蔣公則講民生史觀。現在先述⑸、⑹兩種史觀的要點。

1. 唯物史觀要點：馬克斯和恩格斯一面剽竊黑格爾的辯證法與唯心史觀，一面襲取費爾巴赫的唯物論，湊成了他們自己的辯證唯物論、唯物辯證法及唯物史觀——歷史唯物論。

唯物史觀者的重要主張，約可分為下列各項：

甲、就歷史的動力講　他們認定物質的生產力和生產方法（簡稱物質問題）為社會變革的主因（或稱原動力）。

乙、就政治、文化與物質的關係講　他們把經濟（物質）列為下層基礎，而政治、法制（上層建築）及宗教、藝術、哲學、科學、道德、風俗習慣等（意識形態），都跟著下層基礎的變革而變革。這就是把經濟看作政治和文化的基礎，也就是把物質看作社會的重心。

丙、就歷史的階段講　他們拘執經濟上的階級鬥爭，把世界歷史劃分為下列幾個階段：

⑴原始共產社會：財產共有，無階級鬥爭。

(2)奴隸社會：有奴隸和主人（奴隸主）的鬥爭——指希臘時代。

(3)封建社會：有平民和貴族的階級鬥爭，有農奴和封建領主的鬥爭——指羅馬及中古時代。

(4)資本主義社會：有無產階級與資產階級的鬥爭——指工業革命後的歐美各國。

(5)新共產社會：階級消滅，沒有鬥爭——指社會革命後的未來社會。

丁、就歷史的目的講　他們不顧全人類歷史的事實，卻盲目的認為奴隸與主人鬥爭的結果，奴隸社會垮了；平民與貴族及農奴與封建領主鬥爭的結果，封建社會垮了；而無產階級與資產階級鬥爭下去，資本主義社會必垮無疑，繼之而起的未來社會，必然是沒有階級的新共產社會。

戊、就歷史的定義講　他們一方面視「一部人類社會史就是階級鬥爭史」；另一方面視「一部人類文明史就是隨物質境遇的變遷史」。

己、就社會進化的原因講　他們認定階級鬥爭為社會進化的原因。如說奴隸社會因階級鬥爭而走入封建社會，封建社會因階級鬥爭而走入資本主義社會。

2.社會史觀要點：威廉博士(Dr. Maurice William)生於俄國，九歲隨父赴美，初習法律，後改讀牙醫。他曾參加社會黨，於草擬競選政綱時，發現必須重視「消費」，而馬克斯的唯物史觀卻僅重視「生產」，因此對唯物史觀發生了懷疑，開始作徹底的研究，結果認為：

甲、社會問題才是社會進化的原動力，物質問題不是社會進化的原動力。

乙、經濟利益相調和才是社會進化的原因，階級鬥爭不是社會進化的原因，並且列舉四種社會進化的事實為例，如社會工業之改良，運輸交通收歸國有，直接徵稅，分配之社會化等。

丙、一部人類歷史乃是人類生存的實驗和失敗的記載。

丁、馬克斯所謂資本家先消滅，商人才能消滅等判斷，是與事實不相符的。

威廉把這些道理寫出來，定名為《社會史觀》(*The Social Interpretation of History: A Refutation of the Marxian Economic Interpretation of History*)。這可說是較早的一本「馬克斯唯物史觀批判」，於一九二一年出版。當時注意者不多，國父讀此書後，頗為贊賞，於一九二四年講民生主義時，曾加引用。

(二) 民生史觀的內涵

民國十三年國父講民生主義時就以「民生史觀」見解來批駁共產主義的「唯物史觀」，後經先總統蔣公一再的闡揚，其要點共分為左列五項：

㈠社會進化的原動力是民生問題，不是物質問題——社會進化的原動力是什麼？國父說：「近來美國有一位馬克斯的信徒威廉氏深究馬克斯主義，……馬克斯以物質為歷史的重心，是不對的，社會的問題，才是歷史的重心。而社會問題中，又以生存問題為重心，那才是合理。民生問題，就是生存問題。這位美國學者最近發明，適與吾黨主義若合符節。這種發明，就是民生為社會進化的重心，社會進化又為歷史的重心，歸納到歷史的重心是民生，不是物質。」(〈民生主義第一講〉)，又說：「這位美國學者所發明的人類求生存，才是社會進化的定律，才是歷史的重心。人類求生存是什麼問題呢？就是民生問題，所以民生問題，才可以說是社會進化的原動力。」

這裡所說的物質問題是社會進化的重心，是指物質的生產力與生產方法為社會變革的主因（原動力）而言。我們要問：物質的生產力與生產方法為什麼要改變呢？就是要解決民生問題，如紡紗機的發明（生產方法改變）是為了要解決衣的民生問題。由此證明，民生問題為社會進化的原動力，物質問題不是社會進化的原動力。

㈡社會的中心是民生，不是物質——馬克斯以經濟（物質）為社會下層基礎，國父則不談基礎，只談中心。他說：「民生就是政治的中心，就是經濟的重心，和種種歷史活動的中心，好像天空以內的重心一樣。從前的社會主義（指馬克斯主義）錯認物質是歷史的中心，所以有了種種紛亂……。我們現在要解除社會問題中的紛亂，便要改正這種錯誤，再不可說物質問題是歷史的中心，要把歷史上的政治和社會經濟種種中心，都歸之於民生問題。以民生為社會歷史的重心。」又說：「社會的文明發展，經濟組織改良，和道德進步，都是以什麼為中心呢？就是以民生為重心。民生就是社會一切活動的原動力，因為民生不遂，所以社會的文明不能發達，經濟組織不能改良，和道德退步，以及發生種種不平的事情。」前面第㈠項的重心，我們把它解釋為原動力，這裡的重心我們便把它解釋為中心，以資劃一。

馬克斯以經濟（物質）為社會的基礎（下層基礎），故說政治、法制（上層建築）與意識形態（宗教、藝術、道德、風俗習慣等）跟著社會基礎的變革而變革。國父以民生為社會中心，不以經濟（物質）為社會的中心或基礎。故說經濟組織的改良和道德進步，都是以民生為中心，推而言之，政治和種種歷史活動（著者按：可包括法制、宗教、藝術、文教、學說等活動）亦是以民生為中心。舉例來說：經濟組織的改良，如實行王田制、均田制、商鞅變法、王安石變法以及國父的平均地權與節制資本，都是以解決民生問題，增進民生幸福為中心。他如政治改革、宗教改革、法律改革亦然（吳康、周世輔合著，《哲學概論》）。

㈢歷史（社會進化）的目的是世界大同，不是馬克斯的新共產社會——馬克斯認為無產階級與資產階級鬥爭的結果，一定是資本主義社會被鬥垮，新共產社會一定會出現；而且夢想新共產社會是無階級無鬥爭的理想的幸福社會。其實，馬克斯死了近百年，英美資本主義社會並未鬥垮，而且自動改良產生了新資本主義，或稱人民資本主義。至於那些實行共產主義的國家，人民生活不僅不理想，無幸福，相反的造成了三種矛盾。一為侵略民族與被侵略民族的矛盾，如蘇俄之侵略捷克、波蘭等民族；二為壓迫階級與被壓迫階級的矛盾；三為剝削階級與被剝削階級的矛盾。這三種矛盾發展的結果，是被侵略民族要求國際地位平等，被壓迫民眾要求政治地位平等，被剝削民眾要求經濟地位平等，即要求走向民有民治民享的三民主義及共有共治共享的大同社會。

另外在非共的世界方面，各被侵略民族於第一次世界大戰，尤其是第二次大戰之後，紛紛獨立自主，求國際地位平等；各國以前被統治階級壓迫的民眾，都在政治地位平等的大道前進；以前被資本家剝削的民眾，都在經濟地位平等的大道上前進。現民族主義已抬頭，民主主義更求自由平等，資本主義已在轉向於民生主義。故自由民主國家亦在向大同主義邁步。

國父在《孫文學說》第四章中說：「人類自入文明之後，則天性所趨，已莫之為而為，莫之至而至，向於互助之原則，以求達人類進化之目的矣。人類進化之目的為何？即孔子所謂『大道之行也，天下為公』。」所以，無論從人類的天性，或從歷史的事實講，歷史（社會進化）之目的為世界大同，不是馬克斯所夢想的天堂——而事實上已形成地獄邊緣的新共產社會。

(四)社會進化的原因是經濟利益相調和，不是階級鬥爭——國父在民生主義中說：「馬克斯定要有階級戰爭❹，社會才有進化，階級戰爭是社會進化的原動力，這是以階級戰爭為因，社會進化為果。我們要知道這種因果的道理，是不是社會進化的定律？便要考察近來社會進化的事實。」

國父列舉歐美社會近來進化的事實，如社會與工業之改良、運輸交通收歸國有、直接徵稅、分配之社會化，這四種都不是階級鬥爭的結果，而是經濟利益相調和的結果。因此說：「社會之所以有進化，是由於社會上大多數經濟利益相調和，不是由於社會上大多數的經濟利益的相衝突。社會上大多數經濟利益的調和，就是為大多數謀利益，大多數有利益，社會才有進步。」如果時時作階級鬥爭，天天從事經濟衝突，那還有進步可言嗎？

另外國父亦批評馬克斯的理論說：「人類求生存才是社會進化的原因，階級戰爭不是社會進化的原因，階級戰爭，是社會進化的時候所發生的一種病症，這種病症的原因，是人類不能生存，因為人類不能生存，所以這種病症的結果便起戰爭。」接著國父說：「馬克斯研究社會問題所有的心得，只見到社會進化的毛病，沒有見到社會進化的原因，所以馬克斯只可說是一個社會病理家，不能說是一個社會生理家。」

與經濟利益相調和這個名詞有密切關係的，就是國父的人類互助論，或稱社會互助論。

《孫文學說》第四章指出：「人類之進化，則與物種之進化不同，物種以競爭為原則，人類則以互助為原則。社會國家者，互助之體也，道德仁義者，互助之用也。人類順此原則則昌，不順此原則則亡。」由此可知，人類進化之原則為互助，可稱人類互助論，由人類進化引申到社會的進化，可稱社會互助論。

(五)人類歷史是人類為生存而活動的記載，不可叫作階級鬥爭史——唯物史觀者對於歷史有兩種看法：第一認為人類歷史是隨物質境遇的變遷史，第二認為人類歷史是階級鬥爭史。前面已經談到，物質的生產

❹ Class Struggle 普通譯為階級鬥爭，國父譯為階級戰爭。

力和生產方法的改變是為了要解決民生問題，是「物役於人」，不是「人役於物」。單就鬥爭而言，歷史的政治鬥爭、宗教鬥爭，尤其是民族鬥爭，皆多於階級鬥爭，怎能說一部人類社會史就是階級鬥爭史呢？

先總統蔣公在〈三民主義之體系及其實行程序〉中說：「持唯心史觀的以為歷史為人類有意識的一種精神創造，一部歷史就是精神活動史。持唯物史觀的意見恰好相反，以為一部歷史的變遷演進，依經濟的生產方式而轉移，某一時代的經濟制度變更，或生產方式變更，歷史亦隨之而變，人類的活動，完全受經濟的支配。兩種學說，都可以說是一偏之見，不能夠概括人類全部歷史的真實意義。因此人類全部歷史即是人類為生存而活動的記載，不僅僅是物質，也不僅僅是精神，所以唯有以民生哲學為基礎的民生史觀，或以民生史觀為出發點的民生哲學，不偏於精神，也不偏於物質，唯有精神與物質並存，才能說明人生的全部與歷史的真實意義。」

由上面這些話可以明白，一部人類歷史既不便照唯心史觀者的看法，稱為「精神活動史」，亦不便照唯物史觀者的看法，稱為「隨物質境遇的變遷史」或階級鬥爭史，只可稱為「人類為生存而活動的記載」。

綜合起來，民生史觀的要點，可簡述如下：

㈠就歷史動力講——民生問題是社會進化的原動力，物質問題不是社會進化的原動力。

㈡就政治、經濟、文化與民生的關係講——民生就是政治的中心，就是經濟的中心，以及種種歷史活動的中心，這種種歷史活動可包括宗教、藝術、科學、道德等。而物質（經濟）不是政治與文化的下層基礎或中心。

㈢就歷史目的講——歷史（社會進化）的目的是世界大同（大同社會），不是馬克斯的新共產社會。

㈣就社會進化的原因講——經濟利益相調和（社會互助）為社會進化的原因，階級鬥爭（經濟利益相衝突）不是社會進化的原因。

㈤就歷史定義講——一部人類史是人類為求生存而活動的記載，既不是階級鬥爭史，亦不是隨經濟（物質）境遇的變遷史。

第四節　知行論（知難行易學說）

本節要研究的是：⑴知行論概說；⑵國父的知難行易學說；⑶力行哲學的要點學說等。

一、知行論概說

（一）知行論的意義

知行論與人性論，為中國哲學的特色。人性論是討論人性善惡問題的學問，知行論則是討論知與行的相互關係的學問。

西洋哲學家的出發點為「愛智」，因為「愛智」，故其研究偏於「知」；中國哲學家的出發點為「樂道」，因為要「樂道」，不僅要知道，而且要行道，故其研究應知行並顧，尤其要重行。

（二）知行論的範圍

知行論研究些什麼？大致說起來，不外：⑴知行難易問題；⑵知行先後問題；⑶知行輕重問題；⑷能知是否能行問題；(5)不知是否能行問題等。

究竟是知易行難呢？還是知難行易？究竟知在行先呢？還是行在知先？究竟知重於行呢？還是行重於知？又能知必能行呢？還是能知未必能行？不知亦能行呢？還是不知不能行？以上這些問題，都是知行論所涉及的問題。

知道了知行論所涉及的問題，便可以研究國父的知難行易學說了。

二、知難行易學說

（一）提倡「知難行易」的動機

國父為什麼提倡「知難行易」呢？按《孫文學說》起稿於民國七年，出版於民國八年。當時國父奔走革命已達三十餘載，而三民主義與五權憲法與夫革命方略所規定之種種建設宏模，猶未能完全實現者，蓋因各同志以為知之非艱，行之惟艱，不敢努力奉行而已。《孫文學說》自序云：「吾黨之士，於革命宗旨、革命方略，亦難免有信仰不篤，奉行不力之咎也。而其所以然者，非盡關乎功成利達而移心，實多以思想錯誤而懈志也。此思想之錯誤為何？即『知之非艱，行之惟艱』之說也。此說始傳於傳說對武丁（高宗）之言，由是數千年來，深中於中國之人心，已成牢不可破矣。故予之建設計畫，一一皆為此說所打消也。」

國父見「知易行難」之說，迷惑人心，首先想用「知行合一」說以打破之，又見此說亦不能挽救，乃研究「知難行易」一問題。始知「古人之所傳今人之所信者，實似是而非也。乃為之豁然有得，欣然而喜，知中國事向來之不振者，非坐於不能行也，實坐於不能知也；及其既知之而又不行者，則誤於以知為易，以行為難也。倘能證明知非易而行非難也！使中國人無所畏而樂於行，則中國之事大有可為矣。」可知國父之所以提倡知難行易學說，旨在破傳說的知易行難說，鼓勵黨同志及國人實踐力行，以期革命主義與革命方略之能付諸實現。

（二）以十事為證

國父以為「知易行難」之說，傳之數千年，習之遍全國，四萬萬人心理，已認為天經地義而不可移易者。他為了要破其謬見，而證明「知難行易」之合理。特舉十證如下：

1. 以飲食為證：身內飲食之事，人人行之，終身不知其道；身外食貨問題，人人習之，全國不明其理。
2. 以用錢為證：錢幣為百貨之中準，交易之中介，價格之標準，人人用之，而能知此理者甚鮮。
3. 以作文為證：中國文人，能作極妙之文章，知其當然，不知其所以然，因為不知文法學與論理學。
4. 以建屋為證：施工建造不難（行），所難者繪圖設計（知）。
5. 以造船為證：鄭和無科學知識，而能於十四個月中，造大船六十四隻，可見行易。
6. 以築城為證：秦時無科學，無機器，無工程學，而能築成萬里長城。歐洲大戰，東西兩戰場，臨時能築成四萬里戰壕，足見行之非艱。
7. 以開河為證：中國古人無今人之學問知識，而為需要所迫，不事籌劃，只圖進行，亦能成三千里長之運河。
8. 以電學為證：羅針為簡單電機，人類用電，以指南針為始，用電不難，所難者在研究知識。
9. 以化學為證：中國人做豆腐，製陶器，以及燒煉術，行之而不知其道。

10.以進化為證：物種進化，以競爭為原則，人類進化則以互助為原則，而人多不知其道。

(三) 知行總論 (三時期與三系)

國父於列舉十證後，在知行總論中，先述「行易知難，實為宇宙間之真理，施之於事功，施之於心性，莫不皆然也」，次論「陽明知行合一之說，不合於實踐之科學」。蓋今日之科學重在知行分工。再次，論知易行難說對於中國文明之影響。最後又談到知行三時期與三系。

(一)三時期——「夫以今人之眼光，以考世界人類之進化，當分為三時期：第一、由草昧進文明，為不知而行之時期。第二、由文明再進文明，為行而後知之時期。第三、自科學發明而後，為知而後行之時期。歐美素來無知易行難之說，為其文明之障礙，故能由草昧而進文明，由文明而進於科學。其近代之進化也，不知固行之，而知之更樂行之，此其進行不息，所以得有今日突飛之進步也。」中國因為有知易行難為之障礙，所以文明進步趕不上西洋。

(二)三系——夫人群進化，以時言之，則分為三時期，如上所述。而以人言之，則又有三系：其一先知先覺者，為創造發明；其二後知後覺者，為仿效推行，其三不知不覺者，為竭力樂成。「有三系人相需為用，則大禹之九河可疏，秦皇之長城能築也。乃後世之人，誤於知之非艱之說，雖有先知先覺者之發明，而後知後覺者以為知之易而忽略之，不獨不為之仿效推行，且目之為理想難行，於是不知不覺者則無由為之竭力樂成矣。所以秦漢以後之事功，無一能比於大禹之九河，與始皇之長城者，此也。豈不可慨哉？」

(四) 能知必能行與不知亦能行

(一)能知必能行——程顥、程頤本有能知必行之說，惜為後人所忽，未能加以發揚。國父研究知行的進化，認為現代是科學昌明之世，「凡造作事物者，必先求知而後乃敢從事於行，所以然者，蓋欲免錯誤而防費時失事，以冀收事半功倍之效也。是故凡能從知識而構成意像，從意像而生出條理。本條理而籌備計劃，按計劃而用功夫，則無論其事物如何精妙，工程如何浩大，無不指日可以樂成者也。」這種能知必能行的見解，最少自科學方面說，算是否定了能知未必能行的主張。

㈡不知亦能行——既說能知必能行，是不是不知便不能行呢？國父的意思是說能知固能行，不知亦能行。《孫文學說》第六章又說：「然而科學雖明，惟人類之事仍不能悉先知之而後行之也，其不知而行之事，仍較於知而後行者為尤多，其人類之進步，皆發軔於不知而行者也，此自然之理則，而不必因科學之發明為之變易者也。故人類之進化以不知而行者為必要之門徑也。夫練習也，試驗也，探索也，冒險也，之四事者，乃文明之動機也。生徒之練習也，即行其所不知以達其欲能也；科學家之試驗也，即行其所不知以致其所知也；探索家之探索也，即行其所不知以求其發現也，偉人傑士之冒險也，即行其所不知以建其功業也。由是觀之，行其所不知者，於人類則促進文明，於國家則圖致富強也。是故不知而行者，不獨為人類所皆能，亦為人類所當行，而尤為人類之欲生存發達者之所必要也。」能知必能行，他人亦說過，不知亦能行，乃為國父所獨創。

(五) 結論——有志竟成

《孫文學說》第八章以「有志竟成」作結論：「天下事有順乎天理，應乎人情，適乎世界之潮流，合乎人群之需要，而為先知先覺者所決志行之，則斷無不成者也，此古今之革命維新興邦建國等事業是也。予之提倡共和革命於中國也，幸已得破壞之成功，而建設事業雖未就緒，然希望日佳，予敢信終必能達完全之目的也。故追述革命起源，以勵來者，且以自勉焉。」

接著國父詳述三十年革命史實，至辛亥革命成功之日止，從事實證明，以為既認識革命之可能與必要（知），從而立志前進，愈挫愈奮，再接再勵（行），終必達到成功之目的，所謂有志者事竟成，亦合乎知難行易的原理。

三、力行哲學的要點

廣義的力行哲學，可包括國父知難行易學說，陽明知行合一哲學及先總統蔣公對於知行學說的見解，甚至「天行健君子以自強不息」等學說；狹義的力行哲學則只以先總統蔣公行的哲學及其有關言論為範圍。這裡所稱的力行哲學，當然是狹義的，而且只以先總統蔣公著《行的道理》（行的哲學）為限。

這裡分為：(1)行的意義；(2)行的真諦；(3)行與動的區別；(4)行的宇宙論；(5)行的人生觀；(6)行的社會觀；(7)行與動靜；(8)行的目的；(9)行的法則；(10)不行不能知；(11)事在人為等。

（一）行的意義

行的意義有廣狹之分，廣義的行包括行動工作及言論思想，狹義的行，則包括行動與工作。先總統蔣公認為：「我們常常說『行動』一個名詞，實際只是一個『行』字……通常往往把『行動』二字與『思惟』相對立，或是和『言論』相對立，其實廣義的講，所謂『思惟』和『言論』，只是行的過程。原是包括在行的範圍以內，而並不列於『行』以外的。」（《行的道理》下同）可見先總統蔣公在行的哲學中所講的「行」，是廣義的。

(二) 行的真諦

先總統蔣公的行的哲學乃導源於「自強不息」，「逝者如斯夫，不舍晝夜」各種學說。所以他自己說：「要認識『行』的真諦，最好從《易經》上『天行健君子以自強不息』一句話上去體察。」可見自強不息為行的哲學的思想淵源。先總統蔣公接著說：「『行』譬如川流不息的現象，孔子所謂『逝者如斯夫，不舍晝夜』，最足以闡明力行不輟的意義。」可見孔子的川流不息說，亦是行的哲學的思想淵源。

(三) 行的宇宙論

《行的道理》中稱：「行是天地自然之理」、「宇宙皆行的範圍」。《反共抗俄基本論》第五章中稱：「我們中國的哲學家，認為天體運行，就是生生不息的原理。我更認為古往今來宇宙之間只有一個行字才能創造一切。這句話雖然很簡單，但未始不可以看作行的宇宙論的基本理論。」從此，我們把先總統蔣公的宇宙論，定名為行的宇宙論。以之與國父的進化的宇宙論相對照。進化即行，行即進化，故兩種宇宙論是一脈相通的。

(四) 行的人生觀

《行的道理》中說：「行是天地自然之理，也是人生本然的天性。」前句屬於行的宇宙觀，後句屬於行的人生觀。

行既是「人生本然的天性」。「如果把一個手足活潑的人閑置了起來，不許他行動，不給他行動，不給他一點事做，這個人必定會覺得十分痛苦。」故又說：「人之生也，是為行而生，那麼，我們的行，亦應當為生而行。並認為「行的哲學為唯一的人生哲學」。這行的人生哲學即行的人生觀。

(五) 行的目的

行的目的是什麼？先總統蔣公說就是「行仁」。孔子曰：「無求生以害仁，有殺身以成仁。」孟子曰：「生、我所欲也；義、亦我所欲也。二者不可得兼，舍生而取義者也。」先總統蔣公在《行的道理》中說：「充其行之極致，就是殺身成仁，舍生取義，亦是甘之如飴，無所畏懼，古人所謂有殺身以成仁，無求生以害仁，這是我們力行的本義。」

(六) 行的法則

行有行的目的，亦有行的法則。行的法則是什麼？必須具備下列四個要件：(1)必須有起點；(2)必須有順序；（亦即有系統、有條理、有計畫，就是科學的）(3)必須有目的；(4)必須是經常的，恆久的。倘不注重行的法則，則行的目的亦不容易達到。

(七) 不行不能知

就特見說，這又是先總統蔣公的一種特見。

國父著《孫文學說》，既講知而後行，亦講行而後知。既倡「能知必能行」，亦倡「不知亦能行」。先總統蔣公在《行的道理》中說：「要解決『知難』的問題，也唯有從力行中去求。總理說：『能知必能行』，我還要續一句『不行不能知』。因為我們都是後知後覺，我們除了基本的革命大義以外，所知的實在是有限，因此我們一方面固然應竭力求行，同時，還應該從力行中去求真知，所以我們一切的事業，必須實行而後有真知，也唯有能行而後能知。」所謂「從力行中求真知」、「須實行而後有真知」、「能行而後能知」，既合乎國父「行而後知」、「不知亦能行」之原則，且與杜威之「由行中學」亦不謀而合。

(八) 事在人為

先總統蔣公講過行的意義、目的、法則等之後，以事在人為作結。最後他說：「古諺云：『天下無難事，只怕有心人。』又說：『事在人為。』……無論抗戰建國，只要下決心，只要抱著熱忱，只要照著我們信仰去力行，我敢斷言，抗戰必勝，建國必成，而我們革命的使命，必能容易達到，亦能不言而喻了。」

國父以「有志竟成」作《孫文學說》的結論，促進了護法與北伐之成功；先總統蔣公以「事在人為」作行的哲學的結論，亦促進了抗戰建國的勝利。以後我們本此兩種學說實踐力行，相信可以完成復國建國、救世救人的偉大使命。

第六章　憲政改革與中華民國憲法(一)

民國七十九年七月，李登輝總統邀集海內外各界人士舉行國是會議，商討動員戡亂時期結束後的憲政改革問題。隨後並在國民黨內部達成「一機關、兩階段」的修憲共識，亦即由國民大會此一機關進行修憲，而排除了憲法第一百七十四條第二款規定，由立法院修憲的可能性。另一方面，亦確定由資深國代為主的第一屆國大負責第一階段程序性修憲，決定先廢除《動員戡亂時期臨時條款》，並通過憲法增修條文十條，完成第一階段修憲工作。然後再由新選出的第二屆國大代表進行第二階段的實質性修憲，通過憲法增修條文八條。但是由於執政黨內部對總統民選方式並未達成共識，民國八十三年八月，又進行了第三次修憲。隨後六年時間，在李登輝總統的主導下，又推動了另外三次修憲，造成憲政體制的嚴重混亂，也使憲法作為「國家根本大法」及「社會共識重心」的基本要旨，面臨了根本的挑戰。其中第五次修憲（民國八十九年），更因修憲內容本身違背了「國會不得為自身謀利或延長任期」的基本憲政原理與程序正當原則，而被司法院大法官會議（於民國八十九年三月二十二日公布）認定「應屬無效」。換言之，第五次修憲本身即屬無效，而負責修憲的國民大會也因此背負著全民的指責與歷史的罵名，被迫以近似「自裁」的手段，在第六次修憲中主動削權，走向「虛位化」，進一步，更在第七次修憲中正式走向終結。

但是，儘管國民大會已經走入歷史，但是中華民國憲法的「正統性」、「權威性」、與「中國性」卻依然持續著。因此陳水扁總統在民國九十四年五月宣布，第七次修憲之後，將繼續推動第八次修憲，屆時新的憲法將會是「藉修憲而達到制憲的目的。」換言之，如果在民國九十七年真的完成第八次修憲，這可能是過去半個多世紀以來中華民國憲政傳統的正式終結，以及新憲法的開始！

美國憲法學者羅森菲德 (Michel Rosenfeld) 曾云：「雖然憲政主義並非依附成文憲法而存在，但是憲政主義精神的體現，卻與成文憲法的實踐，密切關連。」[1]基於此，為了清晰的呈現歷次修憲的背景與過程，以及修憲條文的具體內容，以下將針對每一次修憲內容作逐條的分析，以釐清憲政改革的目標、企圖以及相關爭議，並就憲政主義之所以歷經波折與頓挫的原委做一說明。

第一節　第一階段修憲內容分析

第一階段的修憲係於民國八十年四月完成，於四月二十二日由第一屆國民大會第二次臨時會通過增修條文第一條至第十條。前言中規定「為因應國家統一之需要」，乃增修憲法條文。其具體內容如次：

第一條

國民大會代表依左列規定選出之，不受憲法第二十六條及第一百三十五條之限制：

[1] Michel Rosenfeld, "Modern Constitutionalism as Interplay Between Identity and Diversity," in Michel Rosenfeld eds., *Constitutionalism, Identity, Difference and Legitimacy: Theoretical Perspectives*, Durham: Duke University Press, 1994.

一、自由地區每直轄市、縣市各二人，但其人口逾十萬人者，每增加十萬人增一人。
二、自由地區平地山胞及山地山胞各三人。
三、僑居國外國民二十人。
四、全國不分區八十人。
前項第一款每直轄市、縣市選出之名額及第三款、第四款各政黨當選之名額，在五人以上十人以下者，應有婦女當選名額一人，超過十人者，每滿十人應增婦女當選名額一人。

依據憲法第二十六條第一款之規定，每縣市及其同等區域各選出代表一人，但其人口逾五十萬人者，每增加五十萬人增選代表一人。依此一規定，臺灣地區國大代表名額將顯然不合現況需要。因此增修條文第一條乃增加名額為自由地區各直轄市、縣市各二人，其人口逾十萬人，每增加十萬人增一人。其員額在第二屆國大選舉時共計為二百一十九名。

憲法第二十六條第二、三、四款中亦規定，由蒙、藏地區及邊疆選出國大代表，由於目前國家統治範圍未及於這些地區，而臺灣地區則有少數民族山地同胞（原住民），增修條文中乃列出平地山胞及山地山胞各三人，合計六人。此外，依憲法第二十六條第五款之規定，需選出「僑居國外之國民」代表，憲法增修條文中亦列出定額為二十人。

至於憲法第二十六條第六、七款中所列的職業團體及婦女代表兩部分，在修憲過程中乃決定取消，但另規定婦女保障名額，為當選人名額在五人以上十人以下者，應有婦女保障名額一名，超過十人者，每滿十人應再增加一名。但山胞名額中，則不受此一限制。因此，即使在山胞當選人六人之中，無任何一位女性當選人，亦不受限制。

在此次修憲過程中，另有一項重要規定，即增加所謂的「全國不分區名額」，在國大代表部分，規定為八十人。此一規定原係為保障臺灣地區的外省籍人士的權益而設計，目的在保障其參政機會，以補充地方選舉所可能出現的人口比例不符的缺憾。但在實際政治運作上，此一原意並未充分體現。為了避免強化省籍意識與政治對立，當時無論是執政的中國國民黨或在野的民主進步黨，均未以省籍作為提名不分區代表的主要考量。

第二條

立法院立法委員依左列規定選出之，不受憲法第六十四條之限制：

一、自由地區每省、直轄市各二人，但其人口逾二十萬人者，每增加十萬人增一人；逾一百萬人者，每增加二十萬人增一人。

二、自由地區平地山胞及山地山胞各三人。

三、僑居國外國民六人。

四、全國不分區三十人。

前項第一款每省、直轄市選出之名額及第三款、第四款各政黨當選之名額，在五人以上十人以下者，應有婦女當選名額一人，超過十人者，每滿十人應增婦女當選名額一人。

此一條文的訂定原則與第一條相仿。但立委的名額較國大代表為少，則體現在下列三方面：

㈠地區選舉當選員額較少——依憲法第六十四條立法委員係由各省及直轄市選出，與國大代表由各縣市選出情況不同。因此在名額上亦規定較嚴，其人口逾二十萬人者，每逾十萬人才增加一名（國大代表是人口逾十萬人者，每逾十萬人即增加一名）。另外人口逾一百萬人者，每逾二十萬人方得增加一名。依此規定，在民國八十一年十二月第二屆立委選舉時，全國地區選舉出的立委總額是一百一十九名，比國大代表地區選舉總額二百一十九名，剛好少了一百名。

㈡僑居國外國民代表名額較少——國大代表部分為二十名，立委部分則僅有六名，約佔其三分之一弱。

㈢不分區名額亦較少——國大部分為八十名，立委部分則為三十名，約佔其三分之一強。

在民國八十一年第二屆立委選舉中，各項立委選舉名額總額為一百六十一席。

第三條

監察院監察委員由省、市議會依左列規定選出之，不受憲法第九十一條之限制：

一、自由地區臺灣省二十五人。

二、自由地區每直轄市各十人。

三、僑居國外國民二人。

四、全國不分區五人。

前項第一款臺灣省、第二款每直轄市選出之名額及第四款各政黨當選之名額，在五人以上十人以下者，應有婦女當選名額一人，超過十人者，每滿十人應增婦女當選名額一人。

省議員當選為監察委員者，以二人為限；市議員當選為監察委員者，各以一人為限。

監委名額一向較立委名額為少，此次修憲決定以定額方式訂定名額，而非比照國大或立委部分，依人口增減而予調整。依此一設計，監委採定額，共為五十二人。除非新增設直轄市，此一名額將不隨人口變化而調整。但是此一條文在第二階段修憲中被擱置。在增修條文第十五條中，監察院被改制為非代議機關，不再具備國會功能，監委亦不再由省、市議會選出，而改由總統提名，經國民大會同意任命之。因此此一條文已不再具實質效力，是憲法修正條文中時效最短的一條條文。依「後法優於前法」的原則，本條文業已失其效力。（參見第十五條）

第四條

國民大會代表、立法院立法委員、監察院監察委員之選舉罷免，依公職人員選舉罷免法之規定辦理之。僑居國外國民及全國不分區名額，採政黨比例方式選出之。

關於國大、立委、監委的選舉罷免，另以選罷法規定實施細節，憲法本身不做過為細瑣的規定。至於僑居國外國民及全國不分區名額，則依政黨比例方式選出。換言之，在選民以「選人」方式選出地區代表或民代之外，還依政黨得票比例分配全國不分區及國外國民代表名額。關於政黨比例的實施方式，依據各國實施經驗，約略可分為下列三種：

㈠一票制——選民只投一票，選出地區性民意代表。再以此選票加總，算出各政黨所得之總票數與所佔之比例，扣除未達到「最低門檻」的政黨所得之票數，以及無黨籍或獨立候選人之票數，算出各政黨應分得之政黨比例，以比例分配政黨席次。我國在第七次修憲前即採取此制。政黨得分配政黨議席之「最低門檻」，則訂為總選票的百分之五。

㈡兩票不得轉換制——選民分別投兩票，第一票投給地區候選人，第二票投給各政黨。亦即一票「選人」，另一票「選政黨」。通常在投給各政黨的第二票中，會將各政黨安排之政黨代表名單依次列出，但選民對此一次序無法再做選擇，只能選政黨，而無法決定政黨代表名單本身的排行次序。目前德國的選舉制度即採此制。

㈢比例代表可轉換制——在政黨代表名單這一張選票上，選民不但可以選政黨，而且可以在政黨代表名單的次序上，選擇自己偏好的次序。因此，選民無論是對地區候選人或政黨代表名單，均可表達自己的偏好，但此一制度在實行上較為複雜，選民亦較不易適應，實施此一制度的國家有一九九〇年代以前的義大利。

㈣一票可轉換制——選民可投給一位或多位候選人，而且在多位候選人中，可依據選民個人偏好，決定其優先次序。愛爾蘭即實施此一制度。在國會選舉中，全國分為四十一個選區，每一選區可選出三至五位候選人。透過此種制度，亦可達到比例代表制的效果。

過去我國實施一票制，第七次修憲後已改為兩票不得轉換制。

第五條

國民大會第二屆國民大會代表應於中華民國八十年十二月三十一日前選出，其任期自中華民國八十一年一月一日起至中華民國八十五年國民大會第三屆於第八任總統任滿前依憲法第二十九條規定集會之日止，不受憲法第二十八條第一項之限制。

依動員戡亂時期臨時條款增加名額選出之國民大會代表，於中華民國八十二年一月三十一日前，與國民大會第二屆國民大會代表共同行使職權。

立法院第二屆立法委員及監察院第二屆監察委員應於中華民國八十二年一月三十一日前選出，均自中華民國八十二年二月一日開始行使職務。

由於第一階段修憲是由資深國大著手，為顧及其代表之民意不足，乃界定為「程序修憲」，至於「實質修憲」，則應由新選出的第二屆國大著手。修憲條文第五條乃規定第二屆國大代表應於民國八十年年底前選出，任期自民國八十一年一月一日起，至第三屆國大選出，並集會時為止。但因修憲時準備工作相當倉促，本條文第一段文字不通，文字亦過於冗長，「其任期自中華民國八十一年……集會之日止」，全句長達五十七字，但語意仍未充分表達，此段文字宜重組修正之。

本條文第二段是規定增額國大之任期，至民國八十二年一月三十一日為止，過了此日之後，就完全由新選出的第二屆國大代表行使職權。

本條文第三段則明訂第二屆立委與監委均應於民國八十二年一月底之前選出，並自民國八十二年二月一日起開始行使職務。換言之，中華民國的政治體制自民國八十二年二月一日起，已進入正式的民主新紀元。所有的資深民代、增額民代，均不再執行其職權，而完全由第二屆的中央民代，代表全新的民意，並擔負起監督國家與政府的職責。

第六條

國民大會為行使憲法第二十七條第一項第三款之職權，應於第二屆國民大會代表選出後三個月內由總統召集臨時會。

本條文係為確保第二階段修憲得以順利召開，乃規定國民大會為行使憲法第二十七條第一項第三款之職權，亦即完成修憲任務，應於第二屆國大代表選出後三個月內由總統召集臨時會。而此項任務，已在民國八十一年五月二十七日完成，並通過八條憲法增修條文。

上述六條條文均係程序性之修憲條文，亦合乎資深國大代表只做「程序修憲」之原旨。但從第六條以下，修憲性質卻有所不同，也引發較多之爭議。

第七條

總統為避免國家或人民遭遇緊急危難或應付財政經濟上重大變故，得經行政院會議之決議發布緊急命令，為必要之處置，不受憲法第四十三條之限制。但須於發布命令後十日內提交立法院追認，如立法院不同意時，該緊急命令立即失效。

依據憲法第四十三條之規定：「國家遇有天然災害、癘疫，或國家財政經濟上有重大變故，須為急速處分時，總統於立法院休會期間，得經行政院會議之決議，依緊急命令法，發布緊急命令，為必要之處置。但須於發布命令後一個月內，提交立法院追認，如立法院不同意時，該緊急命令立即失效。」此一條文明白指出，發布緊急命令，須經行政院會議之決議，同時亦須獲得立法院之同意。憲法第六十三條亦規定，立法院有議決戒嚴案及國家其他重要事項之權。憲法第五十七條第二款亦規定，立法院對於行政院之重要政策不贊同時，得以決議移請行政院變更之。依上述各條文規定，行政院發布緊急命令或戒嚴令，均需尊重立法院之意願。但若係立法院休會期間所發布之命令，則須在發布命令後一個月內，提交立法院追認。若立法院不同意，則該緊急命令立即失效。

增修條文第七條，則排除上述憲法條文之限制，規定即使是在立法院開會期間，行政院仍得經行政院會議之決議，發布緊急命令。而無須立即得到立法院之同意。但是在發布命令後十日內，仍須提交立法院追認，如立法院不同意，該緊急命令依然無效。此一新規定，一方面賦與行政院較大的緊急命令處分權，另一方面仍將此一期間界定為十日，不致造成民主監督機制中斷太久。但畢竟仍係實質修憲內涵，而非程序性規定而已。

第八條

動員戡亂時期終止時，原僅適用於動員戡亂時期之法律，其修訂未完成程序者，得繼續適用至中華民國八十一年七月三十一日止。

此條文係程序性規定。規定僅適用於動員戡亂時期的法律，必須在民國八十一年七月底以前完成修訂程序，否則均將喪失法律效力。這是徹底根絕僅適用於動員戡亂時期法律規範效力的一項新規定。

第九條

總統為決定國家安全有關大政方針，得設國家安全會議及所屬國家安全局。

行政院得設人事行政局。

前二項機關之組織均以法律定之，在未完成立法程序前，其原有組織法規得繼續適用至中華民國八十二年十二月三十一日止。

在動員戡亂時期所設置的國家安全會議、國家安全局及行政院人事行政局，原不具備法定地位，並被批評為「違憲機關」，但在修憲之後，正式列入憲法中，因而獲得了法定地位，不再係違憲的機關了。但國安會與國安局的組織法，必須在民國八十二年年底以前立法完成，換言之，雖然此二機關並不對立法院負責，但仍需受到立法院的立法規範。至於其實際組織配置及具體職權，則視立法院的運作情況而定。

第十條

自由地區與大陸地區間人民權利義務關係及其他事務之處理，得以法律為特別之規定。

此係第一階段修憲中的一項特色，即明白規定自由地區與大陸地區人民受到不同的法律規範的保護。民國八十一年七月三十一日，據此而制定公布《臺灣地區與大陸地區人民關係條例》。其中規定，大陸地區係指「臺灣地區以外之中華民國領土」，而大陸地區人民則係指「在大陸地區設有戶籍或臺灣地區人民前往大陸地區居住逾四年之人民」。另外在《施行細則》中亦規定「大陸地區，包括中共控制之地區及外蒙地區」。換言之，大陸地區之指涉，仍以憲法原先之規範為準據。

第二節　第二階段修憲內容分析

在上述十條條文修訂完成後，第一階段憲政改革工作即告終了。民國八十年年底，資深民代集體退職，第二屆國大代表選出，繼續著手第二階段的憲政改革工作，並完成了八條修憲條款。由於在此一階段政府本身的態度，以及輿論與民意變化甚大，直選總統的呼聲甚高，因此對於國民大會、監察院等機構職權均做了重大調整，也因而導致修憲條文的內容益趨複雜，而且部分條文的規定，已推翻了第一階段修憲條文的原先規定。由此也反映出政治情勢的變動實況。以下將做逐條之分析。

第十一條

國民大會之職權，除依憲法第二十七條之規定外，並依增修條文第十三條第一項、第十四條第二項及第十五條第二項之規定，對總統提名之人員行使同意權。

前項同意權之行使，由總統召集國民大會臨時會為之，不受憲法第三十條之限制。

國民大會集會時，得聽取總統國情報告，並檢討國是，提供建言；如一年內未集會，由總統召集臨時會為之，不受國民大會代表自第三屆國民大會代表起，每四年改選一次，不適用憲法第二十八條第一項之規定。
憲法第三十條之限制。

由於總統選舉方式朝直選方式修正，國民大會職權乃面臨根本調整。經過政治協商結果，乃決定將原屬監察院的同意權，轉交給國民大會，亦即將原先對考試院院長、副院長、考試委員，以及司法院院長、副院長、大法官等之同意權，自監察院移轉至國民大會，由總統提名，經國民大會同意而任命。而為行使上述各項同意權，憲法第三十條之規定，必須做一修正。因此修憲乃規定，「不受憲法第三十條之限制」。

為了獲取國大代表的支持，使其允諾修憲取消選舉總統的權利，讓總統藉由全民直選產生，在本條文中，乃加入了國大集會時「聽取總統國情報告，並檢討國是，提供建言」的權利，作為交換條件。此外，國大集會也改為每年至少一次，不再受憲法第三十條規定之限制。

另外，為使總統、副總統、國大代表等任期一致，本條文中亦將國代任期自六年縮短為四年。但係自第三屆國代開始實施。

國民大會職權在經過上述的修正後，其具體法定職權包括下列各項：

(一)國土變更決議權。（根據憲法第四條）
(二)修改憲法。（根據憲法第二十七條）
(三)複決立法院所提之憲法修正案。（根據憲法第二十七條）
(四)被凍結之創制、複決兩權。（根據憲法第二十七條）

㈤對司法院院長、副院長、大法官之任命行使同意權。（根據增修條文第十一條及十三條）
㈥對考試院院長、副院長、考試委員之任命行使同意權。（根據增修條文第十一條及十四條）
㈦對監察院院長、副院長、監察委員之任命行使同意權。（根據增修條文第十一條及十五條）

雖然國大代表的任期縮短為四年，而且選舉總統的權利亦取消，但國民大會改為每年至少集會一次，並對司法、考試、監察三院高層人事行使任命同意權，這將造成幾項制度性的困擾：

第一、國大原係「政權」機關，其原屬職權如修憲、選舉、罷免總統、副總統，以及領土疆域之變更等，均係牽涉到「國家」層次的重大事務，與負責「政府」事務的「治權」機關並不相同。因此在修憲中增列國大（政權機關）對司法、考試、監察三院（治權機關）高層人事的同意權，實不相宜。一方面這已混淆了「政權」、「治權」的分際，另一方面則使國民大會的任務複雜化，負擔了過多原屬「國會」的功能。此三項人事同意權，實應交由立法院負責，始能發揮民意監督的實質功能。

第二、國民大會實係「國民代表大會」，嚴格而論，它並非政府的一部分，亦非常設性的「第二國會」。因此，以國大的職權及屬性而論，並不宜經常召開，更不宜檢討國是，侵害到立法院的基本權限。如果國民大會每年都要定期召開，並進行修憲、變更領土疆域、或行使人事同意權，則意味著國家基本體制經常要變動調整，這絕非憲政常態，反而意味著認同危機，則國無寧日。事實上，國大甚至有設置「議長」的擬議，如果真的讓國民大會變成常態運作的議會，這勢將造成體制上的嚴重紛擾，並形成立法院與國民大會彼此對立的現象。

第三、國大代表原應係「無給職」，只有在開會期間得領取部分報酬，但在修憲之後，由於國大需經常集會，不少國大代表要求給予固定的薪酬，並比照立法委員、監察委員的待遇，結果引致社會強烈的反彈。司法院大法官會議特別就此做了解釋，規定應為「無給職」，始平息此一爭議。

綜上所述，修憲之後國民大會的定位及角色問題已日趨複雜，如果國大本身還要透過修憲方式進一步擴張其職權，或變成一經常開會的常設性議會，則憲政體制就將出現嚴重的紛擾了。

第十二條

總統、副總統由中華民國自由地區全體人民選舉之，自中華民國八十五年第九任總統、副總統選舉實施。

前項選舉之方式，由總統於中華民國八十四年五月二十日前召集國民大會臨時會，以憲法增修條文定之。

總統、副總統之任期，自第九任總統、副總統起為四年，連選得連任一次，不適用憲法第四十七條之規定。

總統、副總統之罷免，依左列規定：

一、由國民大會代表提出之罷免案，經代表總額四分之一之提議，代表總額三分之二之同意，即為通過。

二、由監察院提出之彈劾案，國民大會為罷免之決議時，經代表總額三分之二之同意，即為通過。

副總統缺位時，由總統於三個月內提名候選人，召集國民大會臨時會補選，繼任至原任期屆滿為止。

總統、副總統均缺位時，由立法院院長於三個月內通告國民大會臨時會集會補選總統、副總統，繼任至原任期屆滿為止。

在第二階段修憲中，最受爭議的一項問題，即是總統應該如何選舉產生？其中主要有三種見解：

第一種見解係主張採取「委任直選」方式，由選民投票給國大代表，再由國大代表依選民委任 (mandate)

之意旨投給總統、副總統候選人。其中規定，國大代表候選人應在選舉前先宣布他將支持哪一組總統、副總統候選人，而且在實際進行投票時，亦依照此一承諾行事，否則其投票將視為無效。此種見解亦可簡稱為「委選」。

第二種見解則主張由公民直選，而不接受由國大代表行使委任投票的主張，此外亦不接受美國式或芬蘭式的「選舉人團」(electoral college)之設計。此種主張實與一般盛行於拉丁美洲的總統直選無異。此種見解亦可簡稱為「直選」。

第三種見解則係保留原憲法之規定，由國民大會代表依其個人意願，行使法定職權。此亦可稱之為「回歸憲政規範」。

在上述三種見解中，國大代表中原以支持第一種「委選」者最多，主張實施「直選」者次之，支持第三種「回歸憲政」者較少。但因「委任選舉」的規定較為複雜，且當代採取「委任投票」的制度設計亦甚罕見，因此執政的國民黨中央在修憲之前已決定放棄，改採人民直選方案。但因黨內反對意見頗眾，在修憲時無法達成一致共識，乃決議拖延至民國八十四年五月二十日以前，再召集臨時會，商議解決。但規定係由「中華民國自由地區人民選舉」，則無庸置疑。只是究竟是採「委任直選」或「人民直選」，尚未定案。換言之，「回歸憲政」的第三案主張已經不可能實現。惟有在第一及第二種主張間做一選擇，或決定另一折衷方案採擇之。

除了總統選舉的方式已確定改變外，總統任期亦自過去的六年一任縮短為四年一任，得連任一次。

至於對總統的罷免規定，則將其嚴格化。憲法第一百條規定：「監察院對於總統、副總統之彈劾案，須有全體監察委員四分之一以上之提議，全體監察委員過半數之審查及決議，向國民大會提出之。」而「總統、副總統選舉罷免法」第九條則規定，對上述之罷免案，國民大會採無記名投票，需達國大代表總額過半數，方得通過，並罷免之。至於國大代表本身提出罷免案，則需由國大代表總額六分之一以上，簽名、蓋章，方得提出。通過條件則亦為國大代表總額過半數，方得通過。

在本次修憲中，則將上述兩種罷免方式的條件均規定得更為嚴格，由國民大會代表提出之罷免案，需經國大代表四分之一之提議（原規定是「六分之一」），經代表總額三分之二之同意（原規定是「過半數」），方得通過。另外監察院對於總統、副總統的彈劾案，須經全體監察委員過半數之提議（原規定是「四分之一」），全體監察委員三分之二以上之決議（原規定是「過半數」），向國民大會提出。（參見修憲條文第十五條）而且當國民大會為罷免之決議時，則需經代表總額三分之二之同意（原規定是「二分之一」），方得通過。由此可以看出彈劾及罷免的要件，均轉趨嚴格。

第十三條

司法院設院長、副院長各一人，大法官若干人，由總統提名，經國民大會同意任命之，不適用憲法第七十九條之有關規定。

司法院大法官，除依憲法第七十八條之規定外，並組成憲法法庭審理政黨違憲之解散事項。

政黨之目的或其行為，危害中華民國之存在或自由民主之憲政秩序者為違憲。

由於監察院性質轉變，不再具備同意權，司法院院長、副院長及大法官的同意權，轉交由國民大會行

使。（參見修憲條文第十一條）

在本次修憲中，特別規定，應由大法官組成憲法法庭，審理政黨違憲之解散事項。由於此一規定，則使政黨是否違憲的爭議，得由行政機構轉移至司法機構，強化了其中的公正性與客觀性。至於政黨違憲的定義，則明白定為「政黨之目的或其行為，危害中華民國之存在或自由民主之憲政秩序者」，定義雖然十分清晰，但由於客觀上存在著以「終結中華民國」為目的之政黨，因此將此一違憲定義直接明定在憲法條文之中，似有強制解散意味，也使憲法法庭在進行裁量時，較為缺乏彈性。

第十四條

考試院為國家最高考試機關，掌理左列事項，不適用憲法第八十三條之規定：

一、考試。

二、公務人員之銓敘、保障、撫卹、退休。

三、公務人員任免、考績、級俸、陞遷、褒獎之法制事項。

考試院設院長、副院長各一人，考試委員若干人，由總統提名，經國民大會同意任命之，不適用憲法第八十四條之規定。

憲法第八十五條有關按省區分別規定名額，分區舉行考試之規定，停止適用。

關於考試權的爭議，在本書前章有關考試權的憲改爭議中，已有詳述。修憲的結果，是簡化考試院的權限，其中保留了對考試、銓敘、保障、撫卹、退休等事項的掌理，取消了有關養老的權限。另外公務人員的任免、考績、級俸、陞遷、褒獎等事項，則僅保留其中有關法制規範的權限，至於實際的執行權限則轉交行政院，不再歸考試院掌理。

至於考試院院長、副院長、考試委員的同意權行使，因監察院職權的改變，則改由國民大會行使。（參見修憲條文第十一條）

此外，倍受爭議的國家考試按省區分別規定名額的第八十五條部分條文，也在此次修憲中決定停止適用。

第十五條

監察院為國家最高監察機關，行使彈劾、糾舉及審計權，不適用憲法第九十條及第九十四條有關同意權之規定。

監察院設監察委員二十九人，並以其中一人為院長、一人為副院長，任期六年，由總統提名，經國民大會同意任命之。憲法第九十一條至第九十三條、增修條文第三條，及第四條、第五條第三項有關監察委員之規定，停止適用。

監察院對於中央、地方公務人員及司法院、考試院人員之彈劾案，須經監察委員二人以上之提議，九人以上之審查及決定，始得提出，不受憲法第九十八條之限制。

監察院對於監察院人員失職或違法之彈劾，適用憲法第九十五條、第九十七條第二項及前項之規定。

監察院對於總統、副總統之彈劾案，須經全體監察委員過半數之提議，全體監察委員三分之二以上之決議，向國民大會提出，不受憲法第一百條之限制。

監察委員須超出黨派以外，依據法律獨立行使職權。

憲法第一百零一條及第一百零二條之規定，停止適用。

在修憲過程中，監察院的屬性、定位及選舉方式，變動甚大。在第一階段修憲中，決定了監察委員的名額及選舉方式（見增修條文第三條）。但在第二階段修憲中，決定廢止是項規定，將監察委員改由總統提名，經國民大會同意任命之。增修條文第三條、第四條及第五條有關監察委員之規定，在公布一年之後，即已告失效（第一階段修憲後於民國八十年五月一日由總統令公布十條條文，第二階段則於民國八十一年五月二十八日，由總統令公布八條條文，兩者相距僅一年又二十八日）。

而監察院的職權，也做了重大調整，同意權部分則完全取消，並移轉由國民大會行使。而彈劾權的行使，也出現了幾項的主要改變：

㈠憲法第九十八條規定：「監察院對於中央及地方公務人員之彈劾案，須經監察委員一人以上之提議，九人以上之審查及決定，始得提出。」在修憲後則改為「須經監察委員二人以上之提議，九人以上之審查及決定，始得提出」。

㈡增列監察院對監察院人員失職或違法彈劾之規定。換言之，監察權之行使，不僅包括行政院及其各部會（見憲法第九十五條、九十六條）、司法院及考試院（見憲法第九十九條），以及中央及地方公務人員（見憲法第九十七條、九十八條），而且亦及於監察院本身。

㈢憲法第一百條規定：「監察院對於總統、副總統之彈劾案，須有全體監察委員四分之一以上之提議，全體監察委員過半數之審查及決議，向國民大會提出之。」修憲後將彈劾條件規定得更為嚴格，改為「須經全體監察委員過半數之提議，全體監察委員三分之二以上之決議，向國民大會提出，不受憲法第一百條之限制」。這是為了對應監察委員人數銳減之後，原彈劾條件可能過於寬鬆簡易，而日趨嚴格的新條件。

在監察院調整職權的同時，憲法第一百零一條、一百零二條有關監察委員言論免責權及不受逮捕或拘禁（現行犯除外）的規定，亦停止適用。換言之，在修憲之後，監察委員將不再保有國會議員的言論免責權及免受逮捕拘禁的特權。而監察委員在行使職權時也必須以保密為原則，不再以公開會議方式進行決議。

在本條文中，將監察委員名額設定為二十九人，也是其他憲法條文中少見的規定。例如憲法第七十九條規定「司法院設大法官若干人」，第八十四條亦規定「考試委員若干人」，再由相關之組織法規定詳細名額。若在憲法本文中做出具體規定，不但喪失彈性，而且遇到缺員時，往往必須補齊。例如在民國八十二年初國民大會行使監察委員同意權時，即有四位候選人未獲同意，由於監委名額已明文載入憲法，因此必須由總統再補行提名，以補足餘額，並送請國民大會第二度行使同意權。這亦可視為此次修憲時在文字處理上的一項特殊安排。

第十六條

增修條文第十五條第二項之規定，自提名第二屆監察委員時施行。

第二屆監察委員於中華民國八十二年二月一日就職，增修條文第十五條第一項及第三項至第七項之規定，亦自同日施行。

增修條文第十三條第一項及第十四條第二項有關司法院、考試院人員任命之規定，自中華民國八十二年二月一日施行。中華民國八十二年一月三十一日前之提名，仍由監察院同意任命，但現任人員任期未滿前，無須重新提名任命。

本條係就監察院改制與監察委員產生方式改變後的程序性問題，做一規範，並規定就職的日期及法條生效日期。另外則規定司法院、考試院人員之任命，不溯及既往，雖然憲法規定已有改變，但在現任人員任期未滿之前，無須重新提名任命。

第十七條

省、縣地方制度，應包含左列各款，以法律定之，不受憲法第一百零八條第一項第一款、第一百十二條至第一百十五條及第一百二十二條之限制：

一、省設省議會、縣設縣議會，省議會議員、縣議會議員分別由省民、縣民選舉之。
二、屬於省、縣之立法權，由省議會、縣議會分別行之。
三、省設省政府，置省長一人，縣設縣政府，置縣長一人，省長、縣長分別由省民、縣民選舉之。
四、省與縣之關係。
五、省自治之監督機關為行政院，縣自治之監督機關為省政府。

本條係此次修憲中重要的法制規範之一，係「地方自治法制化」的相關規定。

依據憲法第一百零八條第一項第一款，「省縣自治通則」應由中央立法並執行之，或交由省縣執行之。但是由於「省縣自治通則」始終未能制定，地方自治的實施受到法條規定的囿限，因此在修憲時乃決議不受憲法第一百十二條、一百十三條、一百十四條、一百十五條、一百二十二條等之限制，亦即在不召開省民代表大會及未制定省自治法的情況下，得逕行開放省長民選。各縣的情況亦同。在上述新的規範下，省、縣議會議員的選舉，省、縣的立法權規範，省長、縣長的民選，以及省與縣的關係，均將以法律定之。據此，政府乃著手「省縣自治法」的草擬工作，同時根據憲法第一百十八條，亦同時著手「直轄市自治法」的草擬任務。

在本條文中，另外特別規定：省自治之監督機關為行政院，縣自治之監督機關為省政府。確定了省、縣自治必須受到上級機關的監督，以免造成下級政府獨行其是、上級政府卻無權置喙的現象。

第十八條

國家應獎勵科學技術發展及投資，促進產業升級，推動農漁業現代化，重視水資源之開發利用，加強國際經濟合作。

經濟及科學技術發展，應與環境及生態保護兼籌並顧。

國家應推行全民健康保險，並促進現代和傳統醫藥之研究發展。

國家應維護婦女之人格尊嚴，保障婦女之人身安全，消除性別歧視，促進兩性地位之實質平等。

國家對於殘障者之保險與就醫、教育訓練與就業輔導、生活維護與救濟，應予保障，並扶助其自立與發展。

國家對於自由地區山胞之地位及政治參與，應予保障；對其教育文化、社會福利及經濟事業，應予扶助並促其發展。對於金門、馬祖地區人民亦同。

國家對於僑居國外國民之政治參與，應予保障。

本條文主要係對憲法第十三章「基本國策」中第三節「國民經濟」、第四節「社會安全」、第五節「教育文化」、第六節「邊疆地區」等相關內容之補充。由於國民大會不願讓增修條文的條文數增加太多，因此乃將各種不同的基本國策內涵合併於同一條文中。其中包含下列幾種不同的內容：

第一、在國民經濟方面，包括：(1)獎勵科學技術發展及投資，促進產業升級；(2)推動農漁業現代化；(3)重視水資源之開發利用；(4)加強國際經濟合作；(5)經濟及科學技術發展，應與環境及生態保護兼籌並顧。此係對憲法第十三章第三節之補充。

第二、在社會安全方面，包括：(1)推行全民健康保險；(2)促進現代和傳統醫藥之研究發展；(3)維護婦女之人格尊嚴，保護婦女之人身安全；(4)消除性別歧視，促進兩性地位之實質平等；(5)對於殘障者之保險與就醫、教育訓練與就業輔導、生活維護與救濟，應予保障，並扶助其自立與發展。此係對憲法第十三章第四節之補充。

第三、在少數民族及特殊地區方面，包括：(1)對於自由地區山胞之地位及政治參與，應予保障；(2)對於山胞的教育文化、社會福利及經濟事業，應予扶助並促進其發展；(3)對於金門、馬祖地區人民亦如同山胞，應予保障與扶助。上述三點，均係原憲法中所無之規定，乃針對自由地區的特定情況而增列。但臺灣原住民領袖中，不少人對於增修條文中未能使用「原住民」一詞，而仍延用舊稱「山胞」，頗有不滿，並要求政府應採納「原住民」此一稱謂。

第四、在海外僑民方面，憲法第一百五十一條原已就發展僑民經濟，做了規範。在本條文中，則進一步明文保障其參政權利及機會。使得僑民參政權，獲得正式的憲法保障。

第三節　第三階段修憲內容分析

民國八十三年八月一日，總統公布了第三階段修憲的條文。由於第一階段已完成了十條憲法增修條文，第二階段又已完成了八條憲法增修條文，在短短兩年間即已完成了十八條，其中第一、第二、第三、第四、第五條均因憲改方向的轉變而失效；另外第六、第八、第十六條則屬程序條款，也因時效原因而變成具文。因此，國民黨修憲小組乃否定了原先所採取的「美國式修憲」的原則，亦即逐次增加新的增修條文，自第十九條起增列新的修憲條文。相反的，修憲小組卻將第一、第二兩階段的十八條一筆勾銷，重整為新的十條，並從零開始重新計算。換言之，在第三階段修憲之後，原先的十八條增修條文皆已不復存在，而改為新的十條。

這種詭異的修憲方式，在民主憲政國家並無先例可循，它既違反了「美國式修憲」——逐條增列的原則；亦不同於「法國第五共和式修憲」——直接修正失其效力不復適用之憲法條款。而且此種對修憲條文一再重新修正並重加統整的修憲方式，只要多實施幾次，修憲過程即會趨於混淆，也會造成國人對憲法變遷的內容及其歷史沿革難以掌握。而造成此種修憲方式的成因，則主要在於下列幾項理由：

㈠憲改方向不明確——由於三個階段的修憲目的各不相同，事前並未規劃具體、確定的修憲方向，使得前一階段的修憲條文，不到一兩年時間即已失效，變得不合時宜。這也是何以在兩次修憲後，十八條增修條文之中，即有七條條文出現瑕疵或失效的主因；為了彌補此一缺憾，修憲小組乃有取消十八條，另以新十條取代的決議。

㈡為特定政治人物與政治目的而修憲——在第一階段修憲時，原係以「回歸憲法」、「結束動員戡亂體制」為目的，因此除了有關國民大會、立法院、監察院等選舉之規範，以及國家安全會議、國家安全局與人事行政局之法源規範外，並無太多與原憲法條文衝突之規定。但是到了第二階段修憲時，卻為了總統選舉方式問題，以及國民大會職權之調整，而造成整個憲政體制的紊亂。其中尤以彈劾與罷免總統條件之嚴格化、監察院性質的調整、國民大會對總統、副總統選舉權之取消，以及同意權之增列等項，最受爭議。這些新增添的規範不但造成「權能區分」理念的混淆、制衡機制的錯亂，而且也造成總統「有權而無責」，這些均係不合憲政主義原理的制度規劃。但是，在上述的修憲任務完成後，修憲工作卻如脫韁之馬，難以駕馭。日後乃有國大代表和朝野政黨進一步主張應將憲政體制修正為「總統制」，並根本取消國民大會，或將其改為「第二院」，此外，還有根本取消監察院、考試院之擬議。這些修憲建議和第二階段的修憲任務一樣，均不脫「為修憲而修憲」之嫌，結果則造成修憲任務目標混亂、前後失據，也造成修憲條文迅速失去時效性，而且必須一修再修，最後只有乾脆全部重組，重新開始。

㈢朝野政黨共識未立，修憲過程一再出現變數——由於朝野各主要黨派對憲政體制、國家定位、兩岸關係均有迥異的看法，而國民黨內部也對憲政改革的幅度出現紛歧看法，導致修憲過程中不斷出現暴力衝突和武打的場面。在此種混亂不安的情勢下，許多原應形諸規範的憲改擬議，只有暫時擱置，留到下一階段再視情勢繼續修正。其中尤以立法委員的任期（維持一任三年或比照總統，改為一任四年），最具爭議，但終因國大代表之間的共識未立，而未能落實為修憲之內容，但也造成各級民代「選舉頻仍」現象無法改變的困境。

但是，儘管在修憲內容與體例上，第二、三階段的修憲出現了重大的瑕疵，但新修正的十條條文卻有其法制上的正當性，依照憲政主義及「憲法優位性」之原則，必須為國人所遵循。茲現就各條之條文，做逐一的解析。

第一條　（國民大會代表之人數、分配及職權）

國民大會代表依左列規定選出之，不受憲法第二十六條及第一百三十五條之限制：

一、自由地區每直轄市、縣市各二人，但其人口逾十萬人者，每增加十萬人增一人。

二、自由地區平地原住民及山地原住民各三人。

三、僑居國外國民二十人。

四、全國不分區八十人。

前項第三款及第四款之名額，採政黨比例方式選出之。第一款每直轄市、縣市選出之名額及第三款、第四款各政黨當選之名額，在五人以上十人以下者，應有婦女當選名額一人，超過十人者，每滿十人應增婦女當選名額一人。

國民大會之職權如左，不適用憲法第二十七條第一項第一款、第二款之規定：

一、依增修條文第二條第七項之規定，補選副總統。

二、依增修條文第二條第九項之規定，提出總統、副總統罷免案。

三、依增修條文第二條第十項之規定，議決監察院提出之總統、副總統彈劾案。

四、依憲法第二十七條第一項第三款及第一百七十四條第一款之規定，修改憲法。

五、依憲法第二十七條第一項第四款及第一百七十四條第二款之規定，複決立法院所提之憲法修正案。

六、依增修條文第四條第一項、第五條第二項、第六條第二項之規定，對總統提名任命之人員，行使同意權。

國民大會依前項第一款及第四款至第六款規定集會，或有國民大會代表五分之二以上請求召集會議時，由總統召集之；依前項第二款及第三款之規定集會時，由國民大會議長通告集會，國民大會設議長前，由立法院院長通告集會，不適用憲法第二十九條及第三十條之規定。

國民大會集會時，得聽取總統國情報告，並檢討國是，提供建言；如一年內未集會，由總統召集會議為之，不受憲法第三十條之限制。

國民大會代表自第三屆國民大會代表起，每四年改選一次，不適用憲法第二十八條第一項之規定。

國民大會第二屆國民大會代表任期至中華民國八十五年五月十九日止，第三屆國民大會代表任期自中華民國八十五年五月二十日開始，不適用憲法第二十八條第二項之規定。

國民大會自第三屆國民大會起設議長、副議長各一人，由國民大會代表互選之。議長對外代表國民大會，並於開會時主持會議。

國民大會行使職權之程序，由國民大會定之，不適用憲法第三十四條之規定。

此一條文中包括了下列各項主要內容：

㈠國民大會代表選舉之相關規範。

㈡國民大會之職權規範。

㈢國民大會集會程序之規範。

㈣國民大會集會時，總統應做國情報告，並檢討國是。
㈤國民大會之任期，改為四年一任（原憲法規定為六年一任）。
㈥規定第二屆國大代表及第三屆國大代表之任期。
㈦國民大會自第三屆起，將設立議長、副議長。
㈧國民大會行使職權之程序，由國民大會自定之，不受憲法第三十四條之限制，亦即不再由立法院以法律方式定之。

一、在上列各項內容中，第㈠項有關國民大會代表選舉之規定，與第一階段修憲時第一條之規範基本上相同。依照此一規定，全國各地選出之第二屆國大代表名額為二百一十九人，再加上全國不分區名額八十人，以及僑居國外國民二十人，總額為三百一十九人。另外對於婦女保障名額之規定，每五人以上保障一位，亦無不同。此外，本次修憲特別明文規定，「僑居國外國民」代表及「全國不分區」代表，均應採政黨比例方式選出，此係第一階段修憲條文中所無之規範。至於「原住民」一詞，原先為第一階段修憲條文中所無之規定。但對於原住民團體及輿論之要求，將原住民代表名額增加為「一族一人」，亦即原住民「十族共十人」，此一擬議仍未被採納，本次修憲仍然規定為「平地、山地原住民各三人」，共六人。

二、第㈡項國民大會之職權規範，係因應總統改為民選而增列之新內容。其中規定包括下列各端：

1.當副總統缺位時，由總統於三個月內提名候選人，召集國民大會補選之，繼任至原任期屆滿為止。換言之，國民大會雖然已無選舉總統、副總統之職權，但是當副總統出缺時，仍然由國民大會補選之。

2.對於總統、副總統之罷免案，須經國民大會代表總額四分之一之提議，三分之二之同意後提出，並經中華民國自由地區選舉人總額過半數之投票，當有效票過半數同意罷免時，才算通過。基於此，對總統、副總統之罷免，事實上係分兩階段進行，第一階段須得到國大代表三分之二之同意；第二階段須有全國選民過半數以上之參與投票，其中同意罷免之有效票又應佔全部投票人數之過半數。換言之，對總統、副總統之罷免條件，變成十分嚴格。而且國大代表只有「罷免之提議權」，最後決定者應係全體選民。

3.監察院向國民大會提出之總統、副總統彈劾案，經國民大會代表總額三分之二同意時，被彈劾人應即解職。至於監察院對總統、副總統彈劾之要件，則係「全體監察委員過半數之提議，全體監察委員三分之二以上之決議」。換言之，和國大所提出之罷免案相若，監察院對總統之彈劾案亦採兩階段方式進行。惟有在監察委員及國大代表兩方面各以三分之二多數同意時，始得對總統進行罷免。為了區別本項與前項之分野，有的學者將本項界定為「彈劾性罷免案」，前項則為「政治性罷免案」。本項係由監察院發動，由國民大會行使同意權；前項則係由國民大會發動，由全體選民行使同意權。

4.修憲權，仍依照原先憲法之規定，由「國民大會代表總額五分之一之提議，三分之二之出席，及出席代表四分之三之決議得修改之」，並無改變。

5.複決立法院所提之憲法修正案，亦無改變，係「由立法院立法委員四分之一之提議，四分之三之出席，及出席委員四分之三之決議，擬定憲法修正案，提請國民大會複決。此項憲法修正案，應於國民大會開會前半年公告之」。

6.新增加之同意權，係由國民大會對總統提名任命之人員，行使同意權。其中包括：(1)司法院院長、副院長及大法官。(2)考試院院長、副院長及考試委員。(3)監察院院長、副院長及監察委員。此均為原先憲法所無之規定。而設置同意權之背景，則係基於兩項原因：其一，在修憲之後，將監察院的國會屬性取消，監委不再由選舉產生，而改為由總統提名並任命之。連帶的，監察院的同意權亦同步取消，而對司法院院長、副院長、大法官，以及考試院院長、副院長、考試委員之同意權，則自監察院轉移至國民大會。至於對監察院院長、副院長及監察委員之同意權，亦轉由國民大會所掌握。其二，上列之同意權行使，本應交由擔負常設性國會功能之立法院行使，可是由於對總統之選舉權已從國民大會手中轉交全體選民，為了對國民大會有所「補償」，乃將同意權轉由國民大會行使。

但是，一旦國民大會掌握了對司法、考試、監察等三院之高層人事的同意權，原先憲法中之「權能區分」原則，乃面臨著嚴重的戕害。因為國民大會乃是「政權機關」，而五院則屬「治權機關」，彼此應採分工合作方式。基於此，五院間之互動關係與職權分工，實不宜因國民大會此一政權機關的涉入而產生混淆。但是國民大會現在卻可藉同意權之行使而干預五院之運作，則無異造成「權能不分」，此實係對憲政基本精神的妨害。而在國民大會同意權的行使上，的確也已出現嚴重瑕疵，其中尤以國大代表張川田對考試院院長邱創煥的「掌摑」事件，最受人非議。基於此，上述之各項人事之同意權，實應改由立法院行使，立法院則可藉經常性之國會職權之運作，監督上述各院之人事，此亦較符合「制衡」與民主之精神，並無違「權能區分」之規範。

三、第㈢項係有關國民大會集會之規範。憲法第三十九條規定：「國民大會於每屆總統任滿前九十日集會，由總統召集之。」在修憲之後，總統改由選民直選產生，因此前述之規定，自應調整。

憲法第三十條規定，國民大會在下列情形之一時，得召集臨時會，其中包括：⑴補選總統、副總統時；

⑵依監察院之決議，對於總統、副總統提出彈劾案時；⑶依立法院之決議，提出憲法修正案時；⑷國民大會代表五分之二以上請求召集時。在前述四種情形中，若依第⑴、第⑵種情形召集臨時會，應由立法院院長通告集會。若係第⑶、第⑷種情形，則係由總統召集。在修憲之後，國民大會將自第三屆起設置議長、副議長，因之在本項中規定「由國民大會議長通告集會，國民大會設議長前，由立法院院長通告集會」。但此類之集會，係針對「總統、副總統罷免案」（第二項第二款）及「議決監察院提出之總統、副總統彈劾案」（第二項第三款）。至於因「補選副總統」（第二項第一款）、「修改憲法」（第二項第四款）、「複決立法院所提之憲法修正案」（第二項第五款）及「對總統提名任命之人員，行使同意權」（第二項第六款），以及國大代表五分之二以上自行請求召集會議時，仍由總統召集之。

綜合上述分析，雖然在修憲之後，國民大會最重要的職權之一——選舉總統、副總統，業已取消，但是國民大會集會的機會卻頗見增加。這實係一種基於「權力交易」考量而做的憲政安排，但卻很可能因此而造成國民大會藉定期集會而自行擴權，甚至形成「尾大不掉」的現象。

四、第㈣項規定「國民大會集會時，得聽取總統國情報告，並檢討國是，提供建言；如一年內未集會，由總統召集會議為之，不受憲法第三十條之限制」。根據是項規定，國民大會似乎已具備了一般國會「檢討國是，提供建言」之權限，而總統須對國民大會做國情報告，似乎顯示總統係對國民大會負責。但是這絕非憲政制度之本意。因為在修憲之後，總統不再由國民大會選舉產生，自然也就不對國民大會負責。更何況，我國憲政體制原本偏向「議會內閣制」，總統並非行政首長，而真正的行政首長——行政院院長，則應對立法院負責。因此，總統每年對國民大會做國情報告，畢竟只是一項儀式性舉措。總統既然是由選民直選產生，當然是對選民而非國民大會直接負責。

至於國民大會對國是的建言之權，也不具實際效力。因為國民大會並不具備真正的國會權力——包括立法權、預算權、質詢權、調查權等。而且每年只召集會議一次，實在無法對政府做日常性之有效監督。基於此，前述之「國是建言權」，仍然只能視為在國民大會選舉總統之權被刪除後，一項形式性的補償。除非日後國民大會進一步掌握其他實質性的國會權力，並改成常設化，否則這一新增的權限，不過是「聊備一格」而已，並不因此而成為真正的國會。基於此，雖然國民大會一直與立法院力爭國會主導地位，但由於立法院主控預算權，連國民大會召開的預算經費也是由立法院全權決定，而國民大會每年召開的時程多寡也是由立法院所決定。由此看來，真正的國會事實上只有立法院這一機關而已。

五、第㈤項規定國大代表任期是「四年一任」，不再是過去的「六年一任」。這是配合總統任期改變，所做的一項調整。

六、第㈥項是一程序性條款，規定第二屆國大代表任期至民國八十五年五月十九日止。這是為了配合總統之任期。自民國八十五年五月二十日起，即為第三屆國民大會。

七、第㈦項規定「國民大會自第三屆起設議長、副議長各一人，由國民大會代表互選之。議長對外代表國民大會，並於開會時主持會議」。國民大會設置議長，說明了國大已具備「國會」的形式，並且設立了「常設職」的議長，更可視為國民大會「擴權」的一種表現。但是，如果只是增設議長、副議長，則僅說明國民大會已有對外代表該機關的議長一職，卻並不意味國民大會因此就成為一「實權國會」。如果國大的職權並未因此而擴增，國民大會仍是一個權力十分有限，非經常開議之議會，也不是一個正式的國會部門。

八、第(八)項規定，國民大會行使職權之程序，由國民大會自定之，不受憲法第三十四條之限制，而第三十四條中則規定「國民大會之組織、國民大會代表之選舉罷免及國民大會行使職權之程序，以法律定之」。現在取消了上述的限制，國民大會將可自行決定行使職權之程序，這的確是實質之擴權規定。與前述各項不同，此項中所增添之權限乃是實質性的，並可藉此而擺脫立法院對國民大會之約束。因之，國民大會確實可透過此項修憲之規定，大幅度的為自己擴權。不過，相對的，立法院仍可透過預算權之行使，而限制國民大會之擴權行動。因此，立法院與國民大會之間的爭權、對立，恐難化解。不過，國民大會本身的擴權行動，確因本項之修憲條文，而獲得了法理的基礎。

第二條　（總統、副總統之選舉、罷免、彈劾）

總統、副總統由中華民國自由地區全體人民直接選舉之，自中華民國八十五年第九任總統、副總統選舉實施。總統、副總統候選人應聯名登記，在選票上同列一組圈選，以得票最多之一組為當選。在國外之中華民國自由地區人民返國行使選舉權，以法律定之。

總統發布依憲法經國民大會或立法院同意任命人員之任免命令，無須行政院院長之副署，不適用憲法第三十七條之規定。

行政院院長之免職命令，須新提名之行政院院長經立法院同意後生效。

總統為避免國家或人民遭遇緊急危難或應付財政經濟上重大變故，得經行政院會議之決議發布緊急命令，為必要之處置，不受憲法第四十三條之限制。但須於發布命令後十日內提交立法院追認，如立法院不同意時，該緊急命令立即失效。

總統為決定國家安全有關大政方針，得設國家安全會議及所屬國家安全局，其組織以法律定之。

總統、副總統之任期，自第九任總統、副總統起為四年，連選得連任一次，不適用憲法第四十七條之規定。

副總統缺位時，由總統於三個月內提名候選人，召集國民大會補選，繼任至原任期屆滿為止。總統、副總統均缺位時，由行政院院長代行其職權，並依本條第一項規定補選總統、副總統，繼任至原任期屆滿為止，不適用憲法第四十九條之有關規定。

總統、副總統之罷免案，須經國民大會代表總額四分之一之提議，三分之二之同意後提出，並經中華民國自由地區選舉人總額過半數之投票，有效票過半數同意罷免時，即為通過。

監察院向國民大會提出之總統、副總統彈劾案，經國民大會代表總額三分之二同意時，被彈劾人應即解職。

本條文共分為十項：

㈠有關總統、副總統直選之程序規定。

㈡有關行政院院長副署權之設限。

㈢有關行政院院長免職令之生效問題。

㈣有關總統緊急權力之有關規定。

㈤有關國家安全會議與國家安全局之法定地位。

㈥有關第九屆總統、副總統之任期規定。

㈦有關副總統缺位時之補選規定。

㈧總統、副總統均缺位時的補選規定及代理問題。

㈨有關總統、副總統罷免之程序規範。

㈩有關總統、副總統之彈劾規定。

一、第㈠項規定，民國八十五年起第九任總統、副總統由中華民國自由地區全體人民直選產生。「總統、副總統應聯名登記，在選票上同列一組圈選，以得票最多之一組為當選」。根據此一規定，總統選舉將不採「絕對多數」當選方式，而係由「相對多數」方式產生。換言之，只要得到相對多數之選民支持，而非過半數之「絕對多數」，即可當選。據此，總統選舉亦無所謂之「兩輪選舉」，而只要經「一輪選舉」，獲得相對多數的候選人，即告當選。

是項條文中，另規定「在國外之中華民國自由地區人民返國行使選舉權，以法律定之」。根據此一規定，擁有中華民國國籍之僑民，可返國行使投票權。這乃是一種「權宜性」之規範。原先的擬議之一，是倣做許多西方民主國家之規範，得在海外之領使館中行使投票權，但為顧及海外投票之公信力問題，並避免技術上的困難，乃規定須「返國行使選舉權」，以減少是類爭議。

二、依據憲法第三十七條之規定，行政院院長副署（countersignature）權之行使，乃是普遍性的，此原係本於「議會內閣制」（parliamentarism）之精神，意指行政院院長須對所有之命令負責，總統則是「儀式性之國家元首」，不負實際責任。在修憲之後，則將行政院院長之副署權範圍縮小，規定「總統發布依憲法經國民大會或立法院同意任命人員之任免命令，無須經行政院院長之副署」。換言之，包括行政院院長，監察院院長、副院長、監察委員，司法院院長、副院長、大法官，考試院院長、副院長、考試委員等之任命，均由總統負責，亦即掌有實質之任免權，而不再由行政院院長副署❷。這亦可視為總統權力之擴增與行政院院長權力之縮減。

三、第㈢項係一項重要的憲改新內容，規定「行政院院長之免職命令，須新提名之行政院院長經立法院同意後生效」。換言之，如果新提名之行政院院長，未能得到立法院之同意，則原任行政院院長將繼續留任，其免職令則不生效。此一規範，係根據二次大戰之後，德國（西德）基本法之「建設性倒閣權」規定而增設，旨在避免倒閣之後，因政爭而使新閣揆遲遲無法產生，造成政權動盪、政府領導階層真空的情事發生。基於此，乃規定必須在「新提名之行政院院長經立法院同意後」，原任行政院院長方得免職，藉以避免上述之「權力真空」情事發生。此一規定，對於政黨交替執政，亦可收安定之效。

四、依據憲法第四十三條之規定：「總統於立法院休會期間，得經行政院會議之決議，依緊急命令法，發布緊急命令，為必要之處置，但須於發布命令後一個月內提交立法院追認。如立法院不同意時，該緊急命令立即失效。」在修憲之後，此一規定業已放寬，即使在立法院集會期間，總統「得經行政院會議之決議，發布緊急命令，為必要之處置」。但是此一緊急命令「須於發布命令後十日內提交立法院追認，如立法院不同意時，該緊急命令立即失效」。

上述兩項規範間之主要差異，是原先憲法第四十三條規定，緊急命令只有在「立法院休會時」，得由總

---

❷ 在《德國基本法》中，雖採取「議會內閣制」，並規定「聯邦總理之命令，須經聯邦總理，或聯邦主管部長副署始生效力」。但是亦有但書存在，其中第五十八條即規定，此項規定「不適用於聯邦總理之任免」、「聯邦議會之解散」，另外在新總理未產生時，原任總理必須繼續執行其職務至繼任人任命為止，副署權在此亦不適用。但相較於修憲後我國行政院院長副署權之設限，德國總理之副署權範圍，實較我國行政院院長為廣為大。

統「經行政院會議之決議」，依法發布緊急命令，為必要之處置。此一憲法規範之基本精神，係「國會主權論」(parliament sovereignty)。換言之，緊急命令之決定者，係立法院，只有在立法院休會時，總統才能以情況特殊，以及行政院會議之決議為由，實施此一特別權力。

但是在動員戡亂時期，卻凍結了此一部分的憲法條文，將此一緊急命令的決定權，轉交給總統與行政院。因之，依據「動員戡亂時期臨時條款」第一條之規定，「總統在動員戡亂時期，為避免國家或人民遭遇緊急危難，或應付財政經濟上重大變故，得經行政院會議之決議，為緊急處分」，至於緊急處分之時限，卻未做規範。這顯示原先憲法規範「國會主權」之精神，實已嚴重受損。基於此，在動員戡亂時期結束後，實應力謀補救此一憲政瑕疵。但是執政黨中央仍然認為總統與行政院仍應掌握「緊急處分權」，因此力主保留此一條款，不過在程序上則有所讓步，改為「發布命令後十日內提交立法院追認，如立法院不同意時，該緊急命令立即失效」。換言之，「國會主權」之精神雖然未能完全恢復，但立法院仍保留了「十日內的否決權」，亦即仍然掌有被動的否決權。

不過，此一修憲後之規範，若與先進民主國家的相關憲法規範相比較，顯然有其缺憾之處。以法國第五共和憲法為例，第十六條中即規定：「當共和制度、國家獨立、領土完整或國際義務之履行，遭受嚴重且危急之威脅，致使憲法上公權力之正常運作受到阻礙時，總統經正式諮詢總理、國會兩院議長及憲法委員會後，得採取應付此一情勢之緊急措施。」同條文中規定：「此項措施須出自保障憲法公權力在最短時間達成任務之意願，此項措施應諮詢憲法委員會之意見。國會應自動集會。國民議會在總統行使緊急權力期間不得解散。」換言之，在法國的憲政制度下，總統一旦行使緊急權力，國會即自動集會，而且在此期間不得解散。但我國當前的憲政規範則賦與總統與行政院為期十天的「特別權力空窗期」。十天雖然不算太長，但卻足以變更政治秩序停止憲政民主之運作，甚至可能會對立法院之基本職權造成相當程度的影響。就此而論，我國修憲條文中的新規範，並不是一項保障「國會主權」的充分設計，而且仍然遺留了「動員戡亂體制」下的基本特色，即以行政體系之便利為優先之考量，此顯與西方以「議會民主」為核心的憲政主義概念，仍存在著重要差距。

五、在動員戡亂時期，總統為適應動員戡亂需要，「得調整中央政府之行政機構、人事機構及其組織」（臨時條款第五條），此外，亦「授權總統得設置動員戡亂機構，決定動員戡亂大政方針，並處理戰地政務」（臨時條款第四條）。基於上述之規定，政府乃設置隸屬於總統之國家安全會議及所屬之國家安全局。另外行政院之下則設置人事行政局。嚴格說來，這些機構之設置，均係為配合動員戡亂之需要，過去均屬「違憲」(unconstitutional) 之設計。國家安全會議與國家安全局之職掌，與行政院職掌多所重疊，而行政院人事行政局又與考試院之職掌多所扞格。基於此，此三機關的「合憲性」問題，長期以來一直引人詬病。在動員戡亂時期結束後，此三機關原應裁撤，但為了使此三機關得以持續存在，並解決「合憲性」問題，民國八十年第一次修憲時乃於憲法增修條文第九條中，將國家安全會議、國家安全局與行政院人事行政局三機關一併合法化，賦與其法源依據。在第三階段修憲時，進一步將其列入本項。

六、憲法第四十七條規定「總統、副總統之任期為六年，連選得連任一次」。修憲後任期調整為四年一任，連選得連任一次。故於第㈥項中做出新規定。

七、憲法第四十九條規定「總統缺位時，由副總統繼任，至總統任期屆滿為止」。民國七十七年一月，蔣經國總統逝世，李登輝副總統繼任總統，任期至民國七十九年五月為止，即是依據本條文之規定。憲法第四十九條並規定：「總統、副總統均缺位時，由行政院院長代行其職權，並依本憲法第三十條之規定，召集國民大會臨時會，補選總統、副總統，其任期以補足原任總統未滿之任期為止。」修憲之後，總統、副總統改由人民直選產生，不再由國民大會代表選舉。但是，第㈦項中特別規定，當「副總統缺位時，由總統於三個月內提名候選人，召集國民大會補選，繼任至原任期屆滿為止」。換言之，國民大會仍保留了在副總統缺位時的補選權。

八、第㈧項規定「總統、副總統均缺位時，由行政院院長代行其職權，並依本條第一項規定補選總統、副總統，繼任至原任期屆滿為止」。換言之，當總統、副總統均出缺時，必須由人民直選產生新的總統、副總統，而非由國民大會補選產生。此與前引之憲法第四十九條之規定不同。

九、總統、副總統之罷免，憲法第二十七條僅做權限之規定：「國民大會之職權如左：一、選舉總統、副總統。二、罷免總統、副總統。」實際上之細節規範，過去則係依據《總統副總統選舉罷免法》之規定。該法之規定如次：

1. 由國民大會代表總額六分之一以上代表提出罷免聲請書。
2. 立法院院長接到罷免書後，於一個月內召開國民大會臨時會。
3. 由國民大會代表以無記名投票法表決罷免案，以代表總額過半數之贊成票通過之。
4. 國民大會代表，對就任未滿十二個月之總統，不得聲請罷免。罷免案一經否決，對於同一總統，原聲請人不得再為罷免之聲請。

在修憲之後，上述之罷免規範業已改變，而罷免之要件亦已趨於更為嚴格。本項中進一步規定「罷免案須經國民大會代表總額四分之一之提議，三分之二之同意後提出，並經中華民國自由地區選舉人總額過半數之投票，有效票過半數同意罷免時，即為通過」。換言之，在修憲之後，國民大會僅有罷免案之「發動權」，而且必須有三分之二的特別多數同意方得提出，再交由全民投票。而全民行使罷免之同意權時，須合乎「選舉人總額過半數」之要件，而且其中同意之有效票應過半數。此一規定與總統選舉採「相對多數」即可當選之規範相較，並不一致。由此可見對總統之罷免將十分嚴格，也極難通過。

十、憲法中對於總統彈劾之規定，見於第一百條：「監察院對於總統、副總統之彈劾案，須有全體監察委員四分之一以上之提議，全體監察委員過半數之審查及決議，向國民大會提出之。」修憲後，此一規定被凍結，改以更嚴格的要件規範之。依據修憲條文第六條之規定：「監察院對於總統、副總統之彈劾案，須經全體監察委員過半數之提議，全體監察委員三分之二以上之決議，向國民大會提出，不受憲法第一百條之限制。」除此之外，在本項中還進一步規定，監察院對總統、副總統之彈劾案，須再經「國民大會代表總額三分之二同意，被彈劾人應即解職」。根據此一修憲後之新規定，對總統之彈劾要件不再是過半數之「普通多數」(simple majority)，而是監察委員與國大代表的雙重「特別多數」(special majority)。由此可見彈劾案成立的要件亦已日趨嚴格。

第三條　(立法委員之人數及分配)

立法院立法委員依左列規定選出之，不受憲法第六十四條之限制：

一、自由地區每省、直轄市各二人，但其人口逾二十萬人者，每增加十萬人增一人；逾一百萬人者，每增加二十萬人增一人。

二、自由地區平地原住民及山地原住民各三人。

三、僑居國外國民六人。

四、全國不分區三十人。

前項第三款、第四款名額，採政黨比例方式選出之。第一款每省、直轄市選出之名額及第三款、第四款各政黨當選之名額，在五人以上十人以下者，應有婦女當選名額一人，超過十人者，每滿十人應增婦女當選名額一人。

關於立法委員之人數及分配，因顧及自由地區之需要，在本條中做出新的規範。根據此一規定，民國八十一年底選出之立法委員總額為一百六十一位，以後總額還會隨人口增減而調整。與憲法第六十四條之規定相較，除了自由地區應選名額增加，並增列原住民、僑民代表及全國不分區名額外，則以取消「職業團體」代表為其特色。另外蒙古、西藏及邊疆地區少數民族的保障名額亦不再列入。至於婦女保障名額則已做出新的規定，凡是地區立法委員應選名額在五人以上，十人以下者，包含一位婦女保障名額，超過十人時，每滿十人應再增婦女保障名額一位。

第四條　（司法院院長、副院長、大法官之提名及同意權之行使、憲法法庭之組成，違憲之定義）

司法院設院長、副院長各一人，大法官若干人，由總統提名，經國民大會同意任命之，不適用憲法第七十九條之有關規定。

司法院大法官，除依憲法第七十八條之規定外，並組成憲法法庭審理政黨違憲之解散事項。
政黨之目的或其行為，危害中華民國之存在或自由民主之憲政秩序者為違憲。

本條文分為三項：

㈠同意權行使主體之改變。

㈡有關憲法法庭設立之規範。

㈢政黨違憲之規定。

一、由於監察院在修憲後不再掌有同意權，對司法院院長、副院長及大法官之同意權行使，改由國民大會行使。在本項中亦做出了相應之規定。

至於大法官之總額，仍依照原先憲法之規定，不在憲法中定出總額。僅在《司法院組織法》中，規定「司法院置大法官十七人」。

二、修憲後有關司法院職掌規範之調整，以第㈡項最為重要。依據憲法第七十八條規定，「司法院解釋憲法，並有統一解釋法律及命令之權」。在第㈡項中，則另增列司法院大法官「組成憲法法庭審理政黨違憲之解散事項。」根據此一規定，民國八十二年二月總統公布《司法院大法官審理案件法》，第三章即規範「政黨違憲解散案件之審理」。其中重要規定如次：

第十九條：「政黨之目的或其行為，危害中華民國之存在或自由民主之憲政秩序者，主管機關得聲請司法院憲法法庭解散之。」

第二十條：「憲法法庭審理案件，以參與審理之資深大法官充審判長，資同以年長者充之。」

第二十一條：「憲法法庭應本於言詞辯論而為裁判。但駁回聲請而認無言詞辯論之必要者，不在此限。」

第二十四條：「憲法法庭行言詞辯論，須有大法官現有總額四分之三以上出席，始得為之。未參與辯論之大法官不得參與評議判決。」

第二十五條：「憲法法庭對於政黨違憲解散案件判決之評議，應經參與言詞辯論大法官三分之二之同意決定之。評論未獲前項人數同意時，應為不予解散之判決。」

由上述之法律規定可知，憲法法庭設立之主旨係審理政黨違憲之解散事項。憲法法庭應本於「言詞辯論」而為裁判，「未參與辯論之大法官不得參與評議判決」，此均凸顯了憲法法庭對於政黨違憲案件之裁定，程序十分慎重。若未能得到參與辯論大法官三分之二的同意，即不得解散該政黨，這顯示憲法法庭對於違憲爭議的審理態度，是相當審慎的。

三、第㈢項規定「政黨之目的或其行為，危害中華民國之存在或自由民主之憲政秩序者為違憲」。其主要參考之憲政規範，為《德國基本法》第二十一條第二項：「政黨依其目的及其黨員之行為，意圖損害或廢除自由、民主之基本秩序，或意圖危害德意志聯邦共和國之存在者，為違憲。其有無違憲問題由聯邦憲法法院決定之。」另外，也根據德國基本法之規範，將有無違憲交由憲法法庭（法院）裁決之。就此而言，本項可說是一項重要的「憲政移植」規範。

第五條　（考試院之職權及院長、副院長、考試委員之提名及同意權之行使等）

考試院為國家最高考試機關，掌理左列事項，不適用憲法第八十三條之規定：

一、考試。

二、公務人員之銓敘、保障、撫卹、退休。

三、公務人員任免、考績、級俸、陞遷、褒獎之法制事項。

考試院設院長、副院長各一人，考試委員若干人，由總統提名，經國民大會同意任命之，不適用憲法第八十四條之規定。

憲法第八十五條有關按省區分別規定名額，分區舉行考試之規定，停止適用。

本條分為三項內容：

㈠有關考試院職掌之規範。

㈡考試院高層人事同意權之行使。

㈢分區考試規定之停用。

一、依據憲法第八十三條之規定，考試院「掌理考試、任用、銓敘、考績、級俸、陞遷、保障、褒獎、撫卹、退休、養老等事項」。但是由於《動員戡亂臨時條款》第五條規定，「總統為適應動員戡亂需要，得調整中央政府之行政機構、人事機構及其組織」，並據以設置行政院人事行政局。在動員戡亂時期結束後，人事行政局依然獲得「合憲」之地位，因之，考試院之職掌必須予以調整，以免發生扞格。其中最重要的調整方向，是考試院僅掌理公務人員之任免、考績、級俸、陞遷、褒獎等之「法制事項」，而人事行政局則負責執行。因此透過本項之修正，考試院與行政院人事行政局之間事權分工，得以釐清。

二、考試院院長、副院長及考試委員，過去依憲法第八十四條之規定，係由總統提名，經監察院同意任命之，現因監察院不再掌有同意權，因此同意權改交由國民大會行使。

至於考試委員之名額，則仍依照憲法之原先規定，未予定額之規範。但在《考試院組織法》第三條中，則明定「考試委員名額定為十九人」。

三、憲法第八十五條規定：「公務人員之選拔，應實行公開競爭之考試制度，並應按省區分別規定名額，分區舉行考試，非經考試及格，不得任用。」其中「按省區分別規定名額」的規定，原係保障各省人士擔任公職之權益，但在臺灣實施時顯有「過度保障少數」的不公平情況出現，因此近年來已不再對大陸特定省籍人士採取保障名額措施。本項則進一步將其載入憲法修正條文，以確立合憲之基礎。

第六條　（監察院之職權及院長、副院長、監察委員之產生及彈劾權之行使）

監察院為國家最高監察機關，行使彈劾、糾舉及審計權，不適用憲法第九十條及第九十四條有關同意權之規定。

監察院設監察委員二十九人，並以其中一人為院長、一人為副院長，任期六年，由總統提名，經國民大會同意任命之。憲法第九十一條至第九十三條之規定停止適用。

監察院對於中央、地方公務人員及司法院、考試院人員之彈劾案，須經監察委員二人以上之提議，九人以上之審查及決定，始得提出，不受憲法第九十八條之限制。

監察院對於監察院人員失職或違法之彈劾，適用憲法第九十五條、第九十七條第二項及前項之規定。

監察院對於總統、副總統之彈劾案，須經全體監察委員過半數之提議，全體監察委員三分之二以上之決議，向國民大會提出，不受憲法第一百條之限制。

監察委員須超出黨派以外，依據法律獨立行使職權。
憲法第一百零一條及第一百零二條之規定，停止適用。

本條文共分六項：

㈠監察院職掌之調整。

㈡監委名額、任期及對監委同意權之行使。

㈢彈劾權行使之要件。

㈣對監察院人員彈劾之規範。

㈤對總統、副總統彈劾權之行使。

㈥監察委員獨立職權行使之規範。

一、修憲後監察院不再具備民意機關（國會）之性質，同意權取消，改由國民大會行使，參見前文第一條第二項第六款之分析。

二、「監察院設監察委員二十九人」，此係第二階段修憲時憲法修正條文第十五條之規定。當時將監委名額明定於憲法中的主因（不同於前述「大法官若干人」、「考試委員若干人」之規定），是顧忌當時在任之監委，對監察院體制變革可能產生反彈，不願修正《監察院組織法》，將監委名額規定在該法之中，恐將導致憲改任務發生新的變數。基於此，在五院之中，只有監察院這一部分是將監委總額明定在修憲條文之中。其他包括行政院政務委員、司法院大法官、考試院考試委員，憲法中均規定為「若干人」，再由相關的組織法做出定額之規範。至於立法委員，係隨選區之劃分與人口數之調整而增減，在本次修憲中並無定額之規範。基於此，監察委員人數總額之規定，實屬特例。由於此一特例的存在，一方面將因此而使憲法失去彈性與安定性，亦即恐因情勢變遷而一修再修監委之總額。另一方面，如果監委發生缺額情況，則因「違憲」之顧忌，而必須召開國民大會，行使同意權，以補足監委名額。由此觀之，未來若再度修憲時，允宜將本項中之監委名額改為「若干人」，然後在《監察院組織法》中，明定監委總額。若要修正監委總額，只要修訂《監察院組織法》即可。這才是合乎憲政體例之合理設計。

除了監委名額的規定外，監委任期定為一任六年，得連任。此一規定，曾引起學界與輿論界之不同反應。一般認為，在修憲之後，監察委員不再具備「國會議員」之身分，非由民選產生，而且須經總統提名，國民大會同意產生。而監委職司風憲、糾彈百官，對總統、副總統又有彈劾之權，必須超出黨派之外。因此，監察委員應心無旁騖，不受黨派與政治偏見之影響，一往直前，勇於監察之責。基於此，監委的任期必須延長，而且不應連任，以免為連任而心存顧忌。至於任期究竟應多長，有的主張比照司法院大法官，任期一屆九年。有的則主張為十年，甚至延長為十二年。但是監委不得連任，則為共同之主張。

本項中另規定，監委由總統提名，經國民大會同意任命之。不再由省、市議會間接選舉產生，以杜絕長期以來監委選舉發生賄選之爭擾。但監察院也因監委產生方式之改變，而發生基本性質之改變。

三、憲法第九十八條規定：「監察院對於中央及地方公務人員之彈劾案，須經監察委員一人以上之提議，九人以上之審查及決議，始得提出。」在本項中，則改為「監察委員二人以上之提議」，換言之，彈劾權之行使亦趨於嚴格。

四、依據憲法第九十七條第二項之規定：「監察院對於中央及地方公務人員，認為有失職或違法情事，得提出糾舉案或彈劾案，如涉及刑事，應移送法院辦理。」第九十九條規定：「監察院對於司法院或考試院人員失職或違法之彈劾，應適用本憲法第九十五條、第九十七條及第九十八條之規定。」在上述兩條文中，獨對監察院本身人員之彈劾，未做規範。基於此，在修憲時，乃加入本項之規定，將「監察院人員失職或違法之彈劾」，列入憲法修正條文之中，使相關規範趨於完整。

但是本項中之「監察院人員」，究竟何指？是否包括監察委員本身，則不甚清楚。若依司法院大法官會議釋字第十四號之解釋：「在制憲者之意，當以立、監委員為直接或間接之民意代表，均不認其為監察權行使之對象。至立、監兩院其他人員與國民大會職員，總統府及其所屬機關職員，自應屬監察權行使範圍。」由此可知，監察委員本身，應非屬監察權行使之對象。但是，在修憲之後，由於監委不再具備民意代表之身份，因此，上述之解釋文是否依然適用，實有待斟酌。不過，如果監察權得以監委本身為行使對象，則監察權很可能會淪為監委間之政爭工具；且對監委本身之令譽，形成嚴重之妨礙。因此本項中之「監察院人員」，似應依釋字第十四號之解釋精神，以監委以外之監察院人員為其範圍。

五、第(五)項規定對總統、副總統之彈劾，須經「監委過半數之提議，全體監察委員三分之二以上之決議，向國民大會提出」。再依憲法增修條文第二條第十項之規定：「監察院向國民大會提出之總統、副總統之彈劾案，經國民大會代表總額三分之二同意時，被彈劾人應即解職。」上述之彈劾要件，較憲法原先之規範，嚴格甚多。而且由於監察委員不再係由民選產生，而係由總統提名，經國民大會同意產生，因此，「由總統提名之監委」，是否能大公無私的彈劾總統，實頗啟人疑竇。而解決此一困境的關鍵，應係如前文所述（第六條第二項），延長監委之任期為一任九年，並規定不得連任，使監委不受連任因素之影響，肩負起公正廉明、職司風憲之重任。

六、第㈥項規定「監察委員須超出黨派以外，依據法律獨立行使職權」。此係因監委不再由間接選舉產生，既不代表任何黨派，自應超越黨派以外，獨立行使職權。但是本項中亦規定「憲法第一百零一條及第一百零二條之規定，停止適用」，則意味著監委的「言論免責權」及「不受逮捕之特權」，均已同步取消。上述二權，本係保障國會議員之特權，一旦取消，監委將可能因為監察權之行使，而面臨被調查之當事人「興訟」、「纏訟」等困擾。而監察院之會議，也因不再受「免責權」之保障，必須改為祕密會議，不再對外公開，連帶的也使民意及輿論之監督，受到根本的限制。此外，監委也因不再享有「不受逮捕之特權」，在對政府重要官員行使監察權時，自會有所顧忌，難以發揮「大無畏」之精神，充分彰顯監察權獨立、公正、無私之特性。基於此，上述二項國會議員特權之取消，實係對監察權行使的一大妨礙。在未來進一步修憲時考慮恢復，以謀救濟。

第七條　（國代、立委報酬待遇之訂定）

國民大會代表及立法委員之報酬或待遇，應以法律定之。除年度通案調整者外，單獨增加報酬或待遇之規定，應自次屆起實施。

本條是參考一九九二年通過的《美國憲法》第二十七條修正案而訂定。該修正案規定：「國會議員們通過的加薪法案，必須等過一次選舉之後的下一屆會期才能生效。」此一修正案早在美國立國之初，即由開國元勳、第四任總統麥迪遜 (James Madison, 1751–1836) 提出，但未通過。一九九二年五月，由於此案得到美國超過四分之三——三十八個州議會的支持，而成為正式的憲法修正案。此案宗旨是在節制國會議員任意自我加薪，浪費公帑的情況。在我國修憲之中做傚訂定之，亦可視為外國憲政規範移植的另一範例。

第八條 （省、縣地方制度訂定）

省、縣地方制度，應包含左列各款，以法律定之，不受憲法第一百零八條第一項第一款、第一百十二條至第一百十五條及第一百二十二條之限制：

一、省設省議會，縣設縣議會，省議會議員、縣議會議員分別由省民、縣民選舉之。

二、屬於省、縣之立法權，由省議會、縣議會分別行之。

三、省設省政府，置省長一人，縣設縣政府，置縣長一人，省長、縣長分別由省民、縣民選舉之。

四、省與縣之關係。

五、省自治之監督機關為行政院，縣自治之監督機關為省政府。

依據憲法第一百零八條第一項第一款，《省縣自治通則》應由中央立法並執行之，或交由省縣執行之。由於《省縣自治通則》並未完成立法，而民意趨向又是強烈要求省、市長民選。基於此，第二階段修憲時，即在憲法增修條文第十七條中，訂定有關省、縣自治的規範，本條即係承襲自該一條文，賦與「地方自治」之合憲地位。內容解釋請參照本書前節中第二階段修憲第十七條之解釋。

第九條　（經濟發展與環保並重、全民健康保險、婦女之保障、殘障者之保障及對山胞、僑胞之保障）

國家應獎勵科學技術發展及投資，促進產業升級，推動農漁業現代化，重視水資源之開發利用，加強國際經濟合作。經濟及科學技術發展，應與環境及生態保護兼籌並顧。

國家對於公營金融機構之管理，應本企業化經營之原則；其管理、人事、預算、決算及審計，得以法律為特別之規定。

國家應推行全民健康保險，並促進現代和傳統醫藥之研究發展。

國家應維護婦女之人格尊嚴，保障婦女之人身安全，消除性別歧視，促進兩性地位之實質平等。

國家對於殘障者之保險與就醫、教育訓練與就業輔導、生活維護與救濟，應予保障，並扶助其自立與發展。

國家對於自由地區原住民之地位及政治參與，應予保障；對其教育文化、社會福利及經濟事業，應予扶助並促其發展。對於金門、馬祖地區人民亦同。

國家對於僑居國外國民之政治參與，應予保障。

本條文承襲自第二階段修憲之憲法增修條文第十八條。但第三項有關公營金融機構之管理，則係新增之條文。強調「應本企業化經營原則；其管理、人事、預算、決算及審計，得以法律為特別之規定。」增列本條之目的，在賦與相關之公營銀行及金融機構之法源基礎。其他各項之解釋，請參照本書前節中對第二階段修憲第十八條條文之解釋。

第十條　（兩岸人民關係法之訂定）

自由地區與大陸地區間人民權利義務關係及其他事務之處理，得以法律為特別之規定。

本條條文係承襲自第一階段修憲之憲法增修條文第十條。據此並制訂《臺灣地區與大陸地區人民關係條例》，藉以區分自由地區與大陸地區人民之分際。所謂「大陸地區」，係「包括中共控制地區及外蒙地區」，「大陸地區人民」，則是「在大陸地區設有戶籍或臺灣地區人民前往大陸地區居住逾四年之人民」。訂定此一條文之目的，在規範臺灣地區與大陸地區人民的不同法律地位，並保障臺澎金馬自由地區之人民權益。

第七章　憲政改革與中華民國憲法(二)

第一節　第四階段修憲內容分析

民國八十五年二月一日，立法院第三屆委員開議當天，舉行院長選舉。執政黨提名的劉松藩委員，僅以八十二比八十一的一票之差，險勝在野黨提名的施明德委員，突顯出一個在國會中「剛剛過半」(marginal majority)的多數黨的實質困境。隨後一、兩年間，在立法院的各項投票中，包括對行政院院長同意權的行使、核四預算案的朝野攻防戰，以及許多關鍵性法案的投票，都讓執政黨費盡苦心，深感「維持絕對多數」已是力不從心。基於此，李登輝總統乃在民國八十五年五月二十日就任總統後不久，亟力尋思如何得透過第四次修憲，直接擴張總統、副總統的權力，削弱立法院的職權，並取消立法院對行政院院長的同意權。此外，並擬簡化地方政府組織層級，藉此取消地方基層選舉。透過上述的修憲途徑，一方面可以讓執政黨在「實質不過半」的困境下，繼續維持執政地位；另一方面，也可將地方基層「黑金政治」的腐化現象，予以適度的遏制。於是，在民國八十五年冬，由總統府邀請政府官員、執政之國民黨、在野之民主進步黨、新黨及無黨籍人士，召開「國家發展會議」，商討憲政改革議題。會中，新黨籍人士因為憲政理念不符，最後宣布退出會議。但國民黨與民主進步黨兩大政黨，則在會中達成協議，並形成修憲基本共識，決定以「改良式雙首長混合制」作為繼續修憲之基本原則。

民國八十六年七月十八日，第三屆國民大會在逾千位憲政學者強烈反對，新黨籍國大代表全力杯葛的處境下，完成了第四階段修憲任務，通過中華民國憲法增修條文十一條。此次修憲，係自民國八十年四月第一次修憲以來，包括憲政結構、修憲幅度及政府機制，變動範圍最大的一次。其中主要特色有五項：

1. 將原先憲法之「議會內閣制」(Parliamentarianism) 精神，大幅度轉型為以總統為權力核心、行政院長為其實質之幕僚長、執行長的「半總統制」(Semi-presidentialism)。換言之，行政院院長不再是真正的「最高行政首長」，而變為總統個人的主要僚屬。

2. 取消立法院對行政院院長的同意權。由總統直接任命行政院院長，一方面藉以擺脫立法院同意權的有效制衡；另一方面，也因行政院院長失去了立法院同意權的「支持背書」，而削弱了行政院院長的民意基礎。相對於總統直選所肩負的強勢民意基礎，行政院院長則顯得處處掣肘，既要面對總統的強勢領導，又要面臨立法院的政策、預算及立法監督。此外對內閣閣員任命權也多操於總統、副總統之手，而非行政院長所能全權決斷。這使得行政院院長難以統整內閣團隊，發揮「責任內閣」之一體精神。換言之，原先修憲時所規劃的「改良式雙首長混合制」，在實際的憲政運作上，卻變為權責不清的「惡質化三頭馬車領導制」，亦即由總統、副總統與行政院長、三元領導，此實為舉世所罕見。

3. 修憲時所參考的主要憲政範例，是法國第五共和的半總統制，但是，在法國憲政運作上之配套設計，包括化解內閣、國會對立的「安全閥」機制，如倒閣權（即「不信任投票」）與解散國會權，卻在修憲後被曲解為政局紛亂之根源。因之，在法國第五共和體制之下，依照慣例新任總理赴國會第一次報告後即應由國會議員行使「不信任案」投票，藉以檢測閣揆的民意基礎。但在我國修憲後卻未能建立起類似的憲政慣例，這造成行政院院長的民意基礎不穩，亦無力透過民意基礎的展現，以解決各種憲政僵局與政治危機。這可說是外國憲政移植經驗的嚴重挫敗。

4.原先依照憲法之規範，監察院職掌彈劾權，但在本次修憲後，卻將監察院對總統、副總統的彈劾權移交立法院，而彈劾權行使之範圍，則局限為「內亂外患罪」。換言之，總統、副總統若涉及貪污、詐欺、偽證、知情不報、申報不實，乃至其他個人重大道德缺憾與官箴違失，均無任何機關可予監督或制裁。此一缺憾之一，係當時擔任副總統的連戰先生，涉及對伍澤元先生三千六百二十八萬元的私人借貸，引起國人高度關注。這也反映出修憲設計者因人設制、有意造就特權體制的重大困境。

5.除了中央政府體制的改變之外，修憲的另一項目的，是藉廢除臺灣省省長及省議員之選舉，以達成「精簡省府」的目標。至於廢除基層（鄉、鎮）選舉的國發會共識，則因國民黨內部的意見紛歧，尚未載入修憲條文中，有待日後修憲，方能落實。

綜上所述，第四階段修憲乃是一次違背民主憲政主義基本原理，包括「審慎修憲」、「權責相符」、「有限政府」與「民主監督」等內涵的憲政舉措。本次修憲不但形成「有責者無權、有權者無責」的現象，而且也造成憲政體制紛亂、內閣團隊精神不足與行政倫理淪喪的困境。所幸的是，在修憲條文實施逾半年後，各項憲政瑕疵均已逐一呈現，無論是輿論與民意、學者與專家，乃至原先支持修憲的部分在野人士，均已充分瞭解此次修憲的嚴重錯誤，並以第四階段之修憲錯誤為戒。

第一條　（國代之人數、分配及職權）

國民大會代表依左列規定選出之，不受憲法第二十六條及第一百三十五條之限制：

一、自由地區每直轄市、縣市各二人，但其人口逾十萬人者，每增加十萬人增一人。

二、自由地區平地原住民及山地原住民各三人。

三、僑居國外國民二十人。

四、全國不分區八十人。

前項第一款每直轄市、縣市選出之名額，在五人以上十人以下者，應有婦女當選名額一人，超過十人者，每滿十人，應增婦女當選名額一人。

第三款及第四款之名額，採政黨比例方式選出之，各政黨當選之名額，每滿四人，應有婦女當選名額一人。

國民大會之職權如左，不適用憲法第二十七條第一項第一款、第二款之規定：

一、依增修條文第二條第七項之規定，補選副總統。

二、依增修條文第二條第九項之規定，提出總統、副總統罷免案。

三、依增修條文第二條第十項之規定，議決立法院提出之總統、副總統彈劾案。

四、依憲法第二十七條第一項第三款及第一百七十四條第一款之規定，修改憲法。

五、依憲法第二十七條第一項第四款及第一百七十四條第二款之規定，複決立法院所提之憲法修正案。

六、依增修條文第五條第一項、第六條第二項、第七條第二項之規定，對總統提名任命之人員，行使同意權。

國民大會依前項第一款及第四款至第六款規定集會，或有國民大會代表五分之二以上請求召集會議時，由總統召集之；依前項第二款及第三款之規定集會時，由國民大會議長通告集會，不適用憲法第二十九條及第三十條之規定。

國民大會集會時，得聽取總統國情報告，並檢討國是，提供建言；如一年內未集會，由總統召集會議為之，不受憲法第三十條之限制。

國民大會代表每四年改選一次，不適用憲法第二十八條第一項之規定。

國民大會設議長、副議長各一人，由國民大會代表互選之。議長對外代表國民大會，並於開會時主持會議。

國民大會行使職權之程序，由國民大會定之，不適用憲法第三十四條之規定。

增修條文第一條包括了下列各項主要內容：

㈠國民大會代表選舉之相關規範，以及人數之設定。
㈡婦女保障名額及政黨比例選舉方式之相關規範。
㈢國民大會職權之相關規範。
㈣國民大會集會程序之相關規範。
㈤國民大會集會時，總統國情報告之相關規範。
㈥國民大會代表任期之規定。
㈦國民大會設置議長、副議長之規範。
㈧國民大會行使職權之程序，由國民大會自行決定。

除以下說明外，其餘各項請參閱第三階段修憲內容之解釋。

一、在上列各項內容中，第㈠項有關國民大會代表選舉之規定，與第一階段修憲時第一條之規範基本上相同。依照此一規定，全國各地選出之第二屆國大代表再加上全國不分區名額八十人，以及僑居國外國民二十人，總額為三百三十四人。另外，「僑居國外國民」代表及「全國不分區」代表，均應採政黨比例方式選出，此係第一階段修憲條文中所無之規範。至於「原住民」一詞，則為第一階段修憲條文中所無。但對於原住民團體及輿論之要求，將原住民代表名額增加為「一族一人」，亦即原住民「十族共十人」，此一擬議則未被採納，仍然規定為「平地、山地原住民各三人」，共六人。

二、在第㈡項中，明文規定各直轄市、縣市所選出之名額，在五人以上十人以下者，應有婦女當選名額一人，超過十人者，每滿十人應增婦女當選名額一人。此一規定與第三階段修憲之規範相同。但是新增另一項規定：在僑居國外國民和全國不分區部分，每滿四人，應有婦女當選名額一人。換言之，在此二部分合計共一百人的名額中，應有婦女保障名額至少二十五人。

由本項之規定可知，第四階段之修憲對婦女保障已有更為明晰之規定，但是由於各直轄市及縣市當選名額之規定，仍未達婦女保障名額亦佔四分之一之理想，由此可知，在未來修憲中，仍有待更進一步之保障，方能使婦女權益之鞏固，更為落實。

三、第㈢項國民大會之職權規定，新增內容說明如次，餘請參閱第三階段修憲內容關於本項之說明。

此係新增之規定，立法院向國民大會提出之總統、副總統彈劾案，經國民大會代表總額三分之二同意時，被彈劾人應即解職。而立法院對總統、副總統彈劾之要件，則係「立法院對於總統、副總統犯內亂或外患罪之彈劾案，須經全體立法委員二分之一以上之提議，全體立法委員三分之二以上之決議，向國民大會提出」。換言之，和國大所提出之罷免案相仿，立法院對總統之彈劾案亦採兩階段方式進行。唯有在立法委員及國大代表各三分之二的特別多數同意時，始得對總統進行罷免。為了區別本項與前項之分野，有的學者將本項界定為「彈劾性罷免案」，前項則為「政治性罷免案」。本項係由立法院發動，由國民大會行使同意權；前項則由國民大會發動，由全體選民行使同意權。

四、第(八)項規定，國民大會行使職權之程序，由國民大會自定之，不受憲法第三十四條之限制，而三十四條中則規定「國民大會之組織、國民大會代表之選舉罷免及國民大會行使職權之程序，以法律定之」。現在取消了上述的限制，國民大會將可自行決定行使職權之程序，這乃係實質性之擴權規定。與前述各項不同，此項新增添之權限乃是實質而具體的，並可藉此而擺脫立法院對國民大會之約束。因之，國民大會確實可透過此項修憲之規定，大幅度的為自身擴權。不過，相對的，立法院仍可透過預算權之行使，局部限制國民大會之擴權行動。

第二條　（總統、副總統之選舉、罷免及彈劾）

總統、副總統由中華民國自由地區全體人民直接選舉之，自中華民國八十五年第九任總統、副總統選舉實施。總統、副總統候選人應聯名登記，在選票上同列一組圈選，以得票最多之一組為當選。在國外之中華民國自由地區人民返國行使選舉權，以法律定之。

總統發布行政院院長與依憲法經國民大會或立法院同意任命人員之任免命令及解散立法院之命令，無須行政院院長之副署，不適用憲法第三十七條之規定。

總統為避免國家或人民遭遇緊急危難或應付財政經濟上重大變故，得經行政院會議之決議發布緊急命令，為必要之處置，不受憲法第四十三條之限制。但須於發布命令後十日內提交立法院追認，如立法院不同意時，該緊急命令立即失效。

總統為決定國家安全有關大政方針，得設國家安全會議及所屬國家安全局，其組織以法律定之。

總統於立法院通過對行政院院長之不信任案後十日內，經諮詢立法院院長後，得宣告解散立法院。但總統於戒嚴或緊急命令生效期間，不得解散立法院。立法院解散後，應於六十日內舉行立法委員選舉，並於選舉結果確認後十日內自行集會，其任期重新起算。

總統、副總統之任期為四年，連選得連任一次，不適用憲法第四十七條之規定。

副總統缺位時，由總統於三個月內提名候選人，召集國民大會補選，繼任至原任期屆滿為止。

總統、副總統均缺位時，由行政院院長代行其職權，並依本條第一項規定補選總統、副總統，繼任至原任期屆滿為止，不適用憲法第四十九條之有關規定。

總統、副總統之罷免案，須經國民大會代表總額四分之一之提議，三分之二之同意後提出，並經中華民國自由地區選舉人總額過半數之投票，有效票過半數同意罷免時，即為通過。

立法院向國民大會提出之總統、副總統彈劾案，經國民大會代表總額三分之二同意時，被彈劾人應即解職。

本條文內容共分十項：

㈠有關總統、副總統選舉之程序性規定。

㈡有關行政院院長副署權之限制。

㈢總統行使緊急處分權之要件。

㈣有關國家安全會議及其所屬國家安全局之規定。

㈤總統解散立法院之程序規定。

㈥總統、副總統任期之規定。

㈦有關副總統缺位之補選規定。

㈧總統、副總統均缺位時，行政院長代行職權及補選程序之規定。

㈨有關總統、副總統罷免案行使之規定。

㈩立法院彈劾總統、副總統之規定。

請參閱第三階段修憲第二條說明，另本條新增第㈤項說明如次。值得注意的是，在第三階段修憲時本條第㈢項中新增之有關「建設性倒閣權」規範，在第四次修憲時已被刪除，以後未再恢復。

自第四次修憲起，行政院院長不再由立法院同意產生，但立法院得對行政院行使不信任投票（其規範見增修條文第三條）。一旦不信任案通過後，十日內總統得經諮詢立法院院長後，宣告解散立法院。但若係在戒嚴期間或緊急命令生效期間，則不得解散立法院。

本項之規定，係一般西方議會內閣制國家「信任制」與「解散國會」之配套性設置，一旦國會倒閣案成立，則立即由國家元首宣布解散國會，重新選舉，訴諸選民之公決。

在立院解散後，應於六十日內重新舉行選舉，並重新起算另一屆之立法院。

在本次修憲時，第㈩項之彈劾規定，亦已改變，特說明如次：

原先憲法中對於總統彈劾之規定，見於第一百條：「監察院對於總統、副總統之彈劾案，須有全體監察委員四分之一以上之提議，全體監察委員過半數之審查及決議，向國民大會提出之。」修憲後，此一規定凍結，在第四階段修憲時更將此權移交立法院行使。改以更嚴格的要件規範之。亦即全體立法委員二分之一以上之提議，全體立法委員三分之二之決議，向國民大會提出。再經國民大會代表總額三分之二同意，被彈劾人應即解職。

第三條　（行政院院長之任命、代理及行政院對立法院負責）

行政院院長由總統任命之。行政院院長辭職或出缺時，在總統未任命行政院院長前，由行政院副院長暫行代理。憲法第五十五條之規定，停止適用。

行政院依左列規定，對立法院負責，憲法第五十七條之規定，停止適用：

一、行政院有向立法院提出施政方針及施政報告之責。立法委員在開會時，有向行政院院長及行政院各部會首長質詢之權。

二、行政院對於立法院決議之法律案、預算案、條約案，如認為有窒礙難行時，得經總統之核可，於該決議案送達行政院十日內，移請立法院覆議。立法院對於行政院移請覆議案，應於送達十五日內作成決議。如為休會期間，立法院應於七日內自行集會，並於開議十五日內作成決議。覆議案逾期未議決者，原決議失效。覆議時，如經全體立法委員二分之一以上決議維持原案，行政院院長應即接受該決議。

三、立法院得經全體立法委員三分之一以上連署，對行政院院長提出不信任案。不信任案提出七十二小時後，應於四十八小時內以記名投票表決之。如經全體立法委員二分之一以上贊成，行政院院長應於十日內提出辭職，並得同時呈請總統解散立法院；不信任案如未獲通過，一年內不得對同一行政院院長再提不信任案。

國家機關之職權、設立程序及總員額，得以法律為準則性之規定。

各機關之組織、編制及員額，應依前項法律，基於政策或業務需要決定之。

本條文內容包括下列各項：

㈠行政院院長產生方式之規定。

㈡行政院與立法院之關係。

㈢有關國家機關之法律規定。

㈣機關組織、編制、員額之相關規定。

一、本條為新增。第四階段修憲中，最重要的一項制度性變動，即為行政院院長的產生方式，由原先的由總統提名經立法院同意產生，改為「由總統任命之」。換言之，總統不僅擁有原來憲法所規定之對行政院院長的「提名權」(nomination)，而且進一步擴展為實質的「任命權」(appointment)。基於此，行政院院長不再須經立法院過半數之同意產生，而變成由總統個人決定。這無疑是憲法之基本精神——議會內閣制(parliamentarism)中「同意權」行使上的重大改變。一旦行政院院長不再經由立法院同意產生，他所肩負的民意基礎立即滑落，同時行政院院長也將轉型而為體現總統個人意旨的「行政執行長」，而不再是真正的「最高行政首長」。嚴格說來，本條文的修憲幅度確實過大，並與憲法原先的基本精神——行政院院長應為最高行政首長——亦即行政權之中樞，產生嚴重之扞格，進而形成「總統有權無責，行政院院長有責無權」的憲政扭曲，實係本次修憲的最大敗筆。

在具體的實踐經驗上，本項條文在實施逾半年之後，確已造成憲政危機。民國八十七年四月，行政院院長蕭萬長在內閣人事問題上，即因未獲得總統充分授權，而面臨「有責無權」的困境，包括交通部長蔡兆陽、法務部長廖正豪的辭職事件，以及稍早之外交部長擬議人選之一簡又新的人事風波，均凸顯了「閣撥權威不足」以及「跛腳行政院院長」的雙重局限。除非行政院院長的任命權重歸於立法院，規定行政院院長必須得到絕大多數立法委員的同意與支持，否則此一權責不符，而且違背基本憲政主義精神的謬誤設計，終將引發無止盡的人事紛擾與權責之爭，甚至衍發「政府無能」、「權責失衡」的困境。

二、在行政院與立法院的關係方面，原先憲法五十七條之規定包括三項，其中第一項與本項第一款規定相同，亦即「行政院有向立法院提出施政方針及施政報告之責。立法委員在開會時，有向行政院院長及行政院各部會首長質詢之權。」據此規範了行政院和立法院之間的基本關係，以及立法委員所掌有的質詢權。

憲法五十七條第二、三項係有關覆議權 (veto) 之界定，「立法院對於行政院之重要政策不贊同時，得以決議移請行政院變更之。行政院對於立法院之決議，得經總統之核可，移請立法院覆議。覆議時，如經出席立法委員三分之二維持原決議，行政院院長應即接受該決議或辭職。」此外，「行政院對於立法院決議之法律案、預算案、條約案，如認為有窒礙難行時，得經總統之核可，於該決議案送達行政院十日內，移請立法院覆議。覆議時，如經出席立法委員三分之二維持原案，行政院院長應即接受該決議或辭職。」換言之，依照憲法原文之規定，只要行政院院長得到至少三分之一立法委員的支持，就可推翻立法院原先的多數決，拒絕執行他所認為窒礙難行的決議。但是，如果行政院院長連這三分之一的立法委員都掌握不到，他就必須執行立法院的決議，否則只有辭職倒閣。事實上，如果連這三分之一強的立委都不肯支持行政院院長，行政院院長失去民意支持，通常也只有去職一途。❶

❶ 「覆議」(veto) 係指行政機關對立法機關所通過之決議或法案，於一定法定期間內，送請立法機關，再為審議表決。

但是，此一憲政規範在第四階段修憲後卻已徹底改變。新的規定是：

1.「行政院對於立法院決議之法律案、預算案、條約案，如認為有窒礙難行時，得經總統之核可，於該決議送達十日內，移請立法院覆議。」與憲法第五十七條相對照，此次修憲已刪去了「重要政策」一項。考量修憲之意圖，這乃是因為顧及立法院對「核四案」這一類重要政策之決議可能對行政院形成羈絆，為了避免此類問題再度發生，乃正本清源，乾脆將「重要政策」一項刪除，僅保留「法律案、預算案、條約案」等三項。❷

2.「立法院對於行政院移請覆議案，應於送達十五日內作成決議。如為休會期間，立法院應於七日內自行集會，並於開議十五日內作成決議。覆議案逾期未議決者，原決議失效。」此係新增之期限規定。增設此一規定的目的是使行政院得因立法院本身之延宕逾期而失去議決覆議案之機會。但是，其中有關「立法院休會期間應自行集會」的規定，則係因修憲起草者對立法程序掌握不足，而作出「畫蛇添足」的贅舉。事實上，法律必須由總統公布始行生效，若係正值立法院休會期間，總統自可等到立法院開議後再行公布。

如果立法機關在覆議後再度通過該決議或法案，稱之「拒絕覆議」(veto override)。在美國，自二次大戰結束以來，平均每年總統會提出八件覆議案。我國則甚少實施。民國七十九年十月十七日，立法院針對《勞動基準法》第八十四條修正案行使覆議，結果以一六八票對二十五票，行政院推翻了立法院所提的修正案，恢復第八十四條原條文，此為政府遷臺以來首度提出之覆議案。

❷ 但是將「重要政策」一項刪除，亦可解釋為「對於立法院有關重要政策之決議，不可移請立法院覆議」，換言之，行政院只有照立法院之決議執行下去，無權拒絕，亦不可尋求覆議。果如上述之解釋，修憲起草者的意圖究竟為何，實難以論斷。

則行政院反而有較長之緩衝期，不至於被迫提前執行立法院之決議。若因此一新設之規定，而必須增開立法院臨時會，實在是勞民傷財，浪費公帑，並無必要。❸

3.「覆議時，如經全體立法委員二分之一以上決議維持原案，行政院院長應即接受該決議。」原先憲法之規定，若立法院維持原決議，則行政院院長必須接受該決議或辭職，現因行政院院長不再係經由立法院同意而產生，亦無須因立法院拒絕覆議而辭職。連帶的，覆議的門檻也就從原先的三分之二降為二分之一。❹

在第四階段修憲中，雖然取消了立法院對行政院院長的同意權，但卻增加了解散國會權，亦即立法院得對行政院院長提出不信任案（即倒閣權），以及相對的行政院長呈請總統解散立法院之權。修憲條文第三條第二項第三款規定，「立法院經全體立法委員三分之一以上連署，對行政院院長提出不信任案」。不信任案「如經全體立法委員二分之一以上贊成，行政院院長應於十日內辭職，並得同時呈請總統解散立法院」。

---

❸ 依據美國總統覆決權行使之規範，總統在收到國會通過的法案十日內（星期天除外），如果既不簽署也不提覆議，則此法案自行生效。不過，如果在此十日結束之前國會業已休會，則總統將失去提出覆議之機會，但是也只有當總統簽署後，此法案才算生效。此一情況提供了總統在國會會期結束時未經正式之覆議，卻能讓某一法案胎死腹中的機會，一般稱之為「口袋覆議」(pocket veto)。
在我國，憲法第七十二條中規定，「立法院法律案通過後，移送總統及行政院，總統應於收到後十日內公布之」。如果行政院經總統之核可向立法院提出覆議，則總統就不會公布該法律，自無該法律生效與否之問題。

❹ 在美國，聯邦總統的覆議門檻是國會兩院議員的三分之二。在各州之中，則有六州規定，州長提出之覆議門檻是州議員，總數的二分之一。

此與一般議會內閣制國家的規定相仿。但是，不信任案的提出卻有一定的時間限制，亦即「不信任案提出七十二小時後，應於四十八小時內以記名投票表決之」。此一特殊之規定，是襲自法國第五共和憲法第四十九條，該條規定：「國民議會得依不信任案之表決以決定政府之去留，此項不信任案須經國民議會至少十分之一議員之連署，始得提出。動議提出四十八小時之後，始得舉行表決。」

但是，此一時間之設限卻容易造成混淆。所謂「不信任案提出七十二小時後」，究竟是以不信任案送交立法院秘書處時起算，還是送達立法院院會時起算，並不清楚。至於其中七十二小時（三天）之規定，是否包括假日（或連續假日）在內，亦不明確。若不包括在內，則將可能發生在正常休假日期間卻必須加開院會，以處理不信任案的特例。有違社會正常作息之常規，並不妥適。

另外，在不信任案提出七十二小時後，「應於四十八小時內以記名投票表決」之規定，實無異變相鼓勵立法委員故意以阻礙議事程序（filibuster）之手段，藉以拖延表決，以保障行政院院長拖過時間限制，免於倒閣之威脅。這實非正當之憲政運作規範，亦不足為訓。

更重要的是，本款最後之規定「不信任案如未獲通過，一年內不得對同一行政院院長再提不信任案」，這更非一般議會制國家民主制衡之運作常態。試想：如果立法院與行政院之間處於對立、焦灼之狀態，則解散立法院，重新訴諸最新之民意，並進行國會改選，實係解決僵局之良方。但若因議事程序的拖延，導致不信任案未能通過，結果卻要讓立法、行政兩院的惡性對立持續一年以上，才能再度提出不信任案。則此種勉強而僵化之規定，終係政局紛亂動盪之源，反而難收穩定憲政秩序、安定政局之效。

由此可知，本次修憲中有關倒閣權（即不信任案）與解散國會（立法院）之設計，存在著嚴重瑕疵，亟應再予修正，方可解決憲政僵局。

三、第㈢項係「國家機關之職權、設立程序及總員額，得以法律為準則性之規定」。訂定此項之目的，係針對《中央法規標準法》第五條規定：「左列事項應以法律定之：一、憲法或法律有明文規定，應以法律定之者。二、關於人民之權利、義務者。三、關於國家各機關之組織者。四、其他重要事項應以法律定之者。」

基於此一條文之規範，國家機關組織必須以法律定之。但是，長期以來政府深感立法院立法效率不彰，且政府組織之職權、設立程序及員額等規範，又常受到立法院制衡機制之羈絆，而《中央法規標準法》之修法曠日廢時，且不易按行政院之意見修正通過。因此，政府乃採取釜底抽薪之計，乾脆從修憲途徑著手，透過執政黨與反對黨（民主進步黨）之合作，在國民大會中藉多數之優勢，訂定此項修憲條文。據此進一步提出《中央政府機關組織基準法》及《中央政府機關總員額法》兩項草案，使政府機關組織及員額得保持高度之彈性。根據此二法之草案規定，今後各部會之三級機關❺，如經濟部之國際貿易局、工業局等之組織、員額等，均不必再以法律定之，並將以行政命令取代，不再須經過立法院之嚴格立法程序，以保持政府之高度彈性及自主性。但是，相對的，此亦凸顯政府本身便宜行事之權變心態，有意藉此而擺脫立法院之監督。

四、第㈣項係前述第三項之補充，進一步賦與各機關更大之自主權，並得基於政策或業務之需要，自

---

❺ 依照中央政府機關組織基準法草案之規定，五院、總統府、國家安全會議等為「一級機關」；各部、委員會、總署為「二級機關」；而局、處、署、委員會為「三級機關」。

行調整組織、編制及員額，不再受立法院之監督及約制。

前述第㈢、第㈣兩項之規定，充分反映了在修憲中亟於讓行政權擴張、立法權萎縮的基本意圖，並透露著行政、立法兩權之間逐漸失衡的大趨勢。此種修憲心態，乃是將憲法本身視為一種政治權謀的便宜工具，卻不是民主憲政主義所強調的，應將憲法視為「社會的總構成」，是「國家的根本大法」，亦即「民主政治的穩定基石」。基於此，第四階段之修憲，實係自由民主與憲政主義基本精神之逆反，亦可視為民主憲政秩序之倒退。修憲起草人士，置制衡原則與民主規範於不顧。實難辭其咎。

第四條　（立法委員之人數及分配）

立法院立法委員自第四屆起二百二十五人，依左列規定選出之，不受憲法第六十四條之限制：

一、自由地區直轄市、縣市一百六十八人。每縣市至少一人。

二、自由地區平地原住民及山地原住民各四人。

三、僑居國外國民八人。

四、全國不分區四十一人。

前項第三款、第四款名額，採政黨比例方式選出之。第一款每直轄市、縣市選出之名額及第三款、第四款各政黨當選之名額，在五人以上十人以下者，應有婦女當選名額一人，超過十人者，每滿十人應增婦女當選名額一人。

立法院經總統解散後，在新選出之立法委員就職前，視同休會。

總統於立法院解散後發布緊急命令，立法院應於三日內自行集會，並於開議七日內追認之。但於新任立法委員選舉投票日後發布者，應由新任立法委員於就職後追認之。如立法院不同意時，該緊急命令立即失效。

立法院對於總統、副總統犯內亂或外患罪之彈劾案，須經全體立法委員二分之一以上之提議，全體立法委員三分之二以上之決議，向國民大會提出，不適用憲法第九十條、第一百條及增修條文第七條第一項有關規定。

立法委員除現行犯外，在會期中，非經立法院許可，不得逮捕或拘禁。憲法第七十四條之規定，停止適用。

本條文包括下列各項：

㈠立法委員員額及組成之相關規定。
㈡有關政黨比例及婦女名額之規定。
㈢立法院經總統解散後視同休會。
㈣總統緊急命令之相關規定。
㈤立法院對總統、副總統彈劾權之規定。
㈥立法委員不受逮捕或拘禁之特權。

一、由於第四階段修憲的主要目的之一，是使臺灣省「省虛級化」，並取消省長民選及省議會選舉。同時，為了解決省議會停止選舉後省議員的政治出路問題，乃透過國民黨與民進黨的協議，決定將立法委員員額從第三屆的一百六十四人，擴增為第四屆的二百二十五人。究實而論，立法委員之員額以維持現狀為宜（一百五十人左右為最適之規模），若再增添六十餘位立委，無論立法效率、委員會之組織、編制，乃至立法院整體之軟、硬體設施，均將面臨嚴重挑戰。但是，由於擴增員額乃係兩大政黨之政治性決定，受困於現實政治之壓力，在本條文中乃作出相應之規定。

與第三階段修憲條文相比較，本次修憲後由直轄市及縣市選出之立法委員擴增為一百六十八人，每縣市至少產生一人。平地原住民及山地原住民各由三人增為四人。僑居國外國民由六人增為八人。全國不分區則由三十人增為四十一人。後三者合計共增加十五人。區域立法委員則增加四十六人，合計共增加六十一人。

二、第㈡項規定，僑居國外國民及全國不分區均採政黨比例方式選出。另規定婦女保障名額，在五人以上十人以下者，應有婦女當選名額一人；超過十人者，每滿十人應增婦女當選名額一人。

至於區域選出之立法委員，其婦女保障名額之規定，同前。

三、為配合修憲條文第三條第二項第三款有關總統解散立法院之規定，在第㈢項中進一步規定，立法院經總統解散後，在新選出之立法委員就職前，視同休會。

四、在增修條文第二條第三項中，規定總統發布緊急命令後十日內應提交立法院追認，如立法院不同意時，該緊急命令立即失效。在第㈣項中則特別針對立法院解散後之相關規範作一規定，「總統於立法院解散後發布緊急命令，立法院應於三日內自行集會，並於開議七日內追認之」，以符合原先「十日內」之規定。

至於新選出之立法委員就職前所發布之緊急命令，則因前述之第二項業已規定，視同休會，只有在新任立法委員就職後再行追認。如立法院不同意時，該緊急命令立即失效。

五、在本次修憲中，對總統、副總統之彈劾權自監察院移至立法院，但僅限於內亂或外患罪。憲法第九十條、第一百條及增修條文第七條第一項有關規定，均停止適用。換言之，監察院對總統、副總統之彈劾權，業已取消。立法院對於總統、副總統犯內亂或外患罪行使彈劾權，嚴格說來，與憲法第五十二條之規定，實有扞格之處，第五十二條的規定是：「總統除犯內亂或外患罪外，非經罷免或解職，不受刑事上之追究。」換言之，總統犯內亂或外患罪，應受刑事上之追究，此本屬司法權之範疇。現在修憲卻將立法院對總統之彈劾權，僅限於內亂或外患罪，這實係將彈劾權的行使範圍作了極度之減縮，將「彈劾權」與「司法權」之範圍等同於一，實係對彈劾權的曲解與設限。果如是，彈劾權已無單獨設置之必要了。

六、立法委員不受逮捕或拘禁之特權，原係以立法委員的整個任期（三年）為時間範圍，基於此，憲法第七十四條規定：「立法委員，除現行犯外，非經立法院許可，不得逮捕或拘禁。」

但是，由於有部分涉及司法案件的立委，藉此一條文之保護而拒絕出庭接受審理，此外亦因不受逮捕之特權而使法院無法令其拘提到案。因此，國民大會乃將立法委員不受逮捕與拘禁之特權，從「任期」之規定縮減為「會期」，亦即在每一會期之間的「空窗期」，仍可對其逮捕或拘禁。如此一來，涉案的立法委員在每一會期結束後的休會期，就難免於囹圄之災了。

第五條　（司法院院長、副院長、大法官之提名、任命、任期、憲法法庭之組成、違憲之定義及概算之不得刪減）

司法院設大法官十五人，並以其中一人為院長、一人為副院長，由總統提名，經國民大會同意任命之，自中華民國九十二年起實施，不適用憲法第七十九條之有關規定。

司法院大法官任期八年，不分屆次，個別計算，並不得連任。但並為院長、副院長之大法官，不受任期之保障。

中華民國九十二年總統提名之大法官，其中八位大法官，含院長、副院長，任期四年，其餘大法官任期為八年，不適用前項任期之規定。

司法院大法官，除依憲法第七十八條之規定外，並組成憲法法庭審理政黨違憲之解散事項。

政黨之目的或其行為，危害中華民國之存在或自由民主之憲政秩序者為違憲。
司法院所提出之年度司法概算，行政院不得刪減，但得加註意見，編入中央政府總預算案，送立法院審議。

本條文分為六項：

㈠司法院院長、副院長及大法官之組成。
㈡司法院大法官之任期。
㈢民國九十二年提名之大法官，有關任期之特別規定。
㈣憲法法庭之相關規定。
㈤政黨違憲之規定。
㈥有關司法概算之規定。

一、憲法第七十九條規定：「司法院設大法官若干人」。司法院組織法第三條規定：「司法院設大法官會議，以大法官十七人組織之，行使解釋憲法並統一解釋法律命令之職權。」第五條規定：「大法官之任期，每屆為九年。」上述之各項規定，在本次修憲中均已作了大幅度的改變。首先：大法官人數自十七人改為十五人，而且「以其中一人為院長、一人為副院長，由總統提名，經國民大會同意任命之」，換言之，院長、副院長均係大法官，此係過去所無之規定。由於本屆大法官的任期至民國九十二年終止，因此特別規定，第㈠項「自中華民國九十二年起實施」。

二、司法院大法官之任期原先定為九年，本次修憲將其減為八年，而且「不分屆次，個別計算，並不得連任」。作此一規定的目的，是因本條第三項規定，大法官應由總統每四年任命其中之八位，至於另外七位則係舊任（已在任四年），藉以維續其經驗傳承，避免每次任命大法官時出現新人經驗不足、青黃不接的困境。

三、基於此，在第㈢項中進一步規定，「中華民國九十二年總統提名之大法官，其中八位大法官，含院長、副院長，任期四年，其餘大法官任期為八年」。換言之，院長、副院長及其餘六位法官任期均為四年。由於院長、副院長不受任期保障，總統將可主動更換司法院的首長、副首長，此實係本次修憲另一項特異之處。❻

第㈣、㈤兩項之內容，與第三階段之修憲內容相同，請參見第三階段修憲條文第四條第㈡、㈢兩項之解釋。

四、為了保障司法獨立，改善司法人員待遇，本次修憲特別增訂本項規定，今後行政院不得刪減司法院所提之年度司法概算，但得加註意見，編入中央政府總預算案，送立法院審議。依照憲法第五十九條之規定：「行政院於會計年度開始三個月前，應將下年度預算案提出於立法院。」憲法第五十八條亦規定：「行政院院長、各部會首長，須將應行提出於立法院之……預算案……提出於行政院會議議決之。」由於

❻ 以美國為例，最高法院大法官共九人，均為終身職，最高法院院長（具大法官身分）係由總統任命，但總統卻不可令其去職。但在我國第四次修憲後，司法院大法官受任期之保障，同具大法官身分的司法院院長、副院長卻無此一保障，總統得令其去職，這實係不合理之設計。這將使總統擁有過大的任命權，並得干預最高司法機關之運作，對司法獨立實有不良之影響。

本次修憲新增了本項之規定，無異已對憲法原規定之行政院職權作了若干限制，以期凸顯重視司法獨立、保障司法預算之精神。

在實際的實施經驗上，民國八十八年度中央政府總預算中，司法院及其所屬各機關預算，在歲出方面，共計為一百二十九億五千餘萬元，約佔中央政府總預算案的百分之一，較八十七年度法定預算增加了三十五億二千餘萬元，增加幅度約為百分之三十七點四。但是，其中包括增列司法法務官預算一億一千餘萬元，卻引起甚大爭議，因為《法務官法》草案尚未完成立法，但卻由司法院為其預先編列預算，實有脫法之嫌。另外，各級法院增購車輛過多（共一億六千餘萬元），也引起國人詬病。不過，基於尊重司法之精神，立法院仍然對司法預算獨立編列，表達了基本敬重與肯定的態度。

第六條　（考試院之職權、院長、副院長、考試委員之提名及同意權之行使等）

考試院為國家最高考試機關，掌理左列事項，不適用憲法第八十三條之規定：

一、考試。

二、公務人員之銓敘、保障、撫卹、退休。

三、公務人員任免、考績、級俸、陞遷、褒獎之法制事項。

考試院設院長、副院長各一人，考試委員若干人，由總統提名，經國民大會同意任命之，不適用憲法第八十四條之規定。

憲法第八十五條有關按省區分別規定名額，分區舉行考試之規定，停止適用。

本條分為三項內容：

㈠有關考試院職掌之規範。

㈡考試院高層人事同意權之行使。

㈢分區考試規定之停用。

本條文在此次修憲中並無改變，請參閱第三階段修憲條文第五條之解釋。至於考試委員之名額，則仍依照憲法之原先規定，未予定額之規範。但在《考試院組織法》第三條中，則明定「考試委員名額定為十九人」。在本次修憲中，並未將名額增訂於條文之中，仍維持「考試委員若干人」之規定。

憲法第八十五條規定：「公務人員之選拔，應實行公開競爭之考試制度，並應按省區分別規定名額，分區舉行考試，非經考試及格，不得任用。」其中「按省區分別規定名額」的規定，原係保障各省人士擔任公職之權益，但在臺澎金馬地區實施時顯有「過度保障少數」的不公平情況出現，因此近年來已不再對大陸特定省籍人士採取保障名額措施。本項則進一步將其載入憲法修正條文，使其具備合憲之基礎。

第七條 （監察院之職權、院長、副院長、監察委員之產生及彈劾權之行使）

監察院為國家最高監察機關，行使彈劾、糾舉及審計權，不適用憲法第九十條及第九十四條有關同意權之規定。

監察院設監察委員二十九人，並以其中一人為院長、一人為副院長，任期六年，由總統提名，經國民大會同意任命之。憲法第九十一條至第九十三條之規定停止適用。

監察院對於中央、地方公務人員及司法院、考試院人員之彈劾案，須經監察委員二人以上之提議，九人以上之審查及決定，始得提出，不受憲法第九十八條之限制。

監察院對於監察院人員失職或違法之彈劾，適用憲法第九十五條、第九十七條第二項及前項之規定。

監察委員須超出黨派以外，依據法律獨立行使職權。

憲法第一百零一條及第一百零二條之規定，停止適用。

本條文共分六項：

㈠監察院職掌之調整。

㈡監察委員名額、任期及對監察委員同意權之行使。

㈢彈劾權行使之要件。

㈣對監察院人員彈劾之規定。

㈤監察委員獨立職權行使之規定。

㈥憲法相關條文停止適用之規定。

在本次修憲中，將監察委員對總統、副總統之彈劾權取消，並移交立法院行使。因此，在本條文中原先有關彈劾總統、副總統之規定，亦一併取消。其他規定則未改變，請參閱第三階段修憲條文第六條之說明。

第八條　（國代、立委之報酬、待遇之訂定）

國民大會代表及立法委員之報酬或待遇，應以法律定之。除年度通案調整者外，單獨增加報酬或待遇之規定，應自次屆起實施。

請參閱第三階段修憲條文第八條說明。

第九條　（省、縣地方制度之訂定）

省、縣地方制度，應包括左列各款，以法律定之，不受憲法第一百零八條第一項第一款、第一百零九條、第一百十二條至第一百十五條及第一百二十二條之限制：

一、省設省政府，置委員九人，其中一人為主席，均由行政院院長提請總統任命之。

二、省設省諮議會，置省諮議會議員若干人，由行政院院長提請總統任命之。

三、縣設縣議會，縣議會議員由縣民選舉之。

四、屬於縣之立法權，由縣議會行之。

五、縣設縣政府，置縣長一人，由縣民選舉之。

六、中央與省、縣之關係。

七、省承行政院之命，監督縣自治事項。

第十屆臺灣省議會議員及第一屆臺灣省省長之任期至中華民國八十七年十二月二十日止，臺灣省議會議員及臺灣省省長之選舉自第十屆臺灣省議會議員及第一屆臺灣省省長任期之屆滿日起停止辦理。

臺灣省議會議員及臺灣省省長之選舉停止辦理後，臺灣省政府之功能、業務與組織之調整，得以法律為特別之規定。

本條文包括下列各項：

㈠省縣地方制度之調整。

㈡省議員及省長選舉之停止。

㈢省政府功能、業務與組織之調整應以法律規範。

一、第四階段修憲的主要目的之一，是凍結臺灣省省長及省議員選舉，並將省府組織精簡化，最後達到「省虛級化」之目的。在本條文中，將憲法中第一百零八條、第一百零九條、第一百十二條至第一百十五條，以及第一百二十二條等相關之規範予以凍結，並作出下列規定：

1.「省設省政府，置委員九人，其中一人為主席，均由行政院院長提請總統任命之」。換言之，省長不再經由民選產生，而重行回到過去由總統任命的省主席時代。這說明過去十年來臺灣的民主化趨勢，已呈倒退之趨勢。所謂民主化 (democratization) 係指參政管道與參政機會的擴增。基於此，過去十餘年間將省長改為民選，總統改為直選，均係民主化進展之具體例證，但是現在卻又從修憲途徑上根本取消省長民選，另外則進一步取消省議員的選舉，實係民主參政機會銳減之明證。相對的，總統及行政院院長的人事主導權卻愈見增長，而立法院的同意權卻又取消，足見民主化進程確已萎縮逆退。

2.在省議員選舉取消之後，將省議會改為省諮議會，「置省諮議會議員若干人，由行政院院長提請總統任命之」。至於省諮議會的職掌及功能，則因「省虛級化」而同步萎縮。

3.縣議會之地位不變，議員仍維持由民選產生。

4.屬於縣之立法權，由縣議會行之。

5.縣政府之地位不變，縣長仍維持由民選產生。

6.由於「省虛級化」，中央與省、縣之關係丕變，中央與縣（市）之關係立即拉近，中央政府必須直接處理縣（市）的預算及財政資源分配問題。

7.省承行政院之命，負責其交辦監督縣自治事項。

二、依據本項規定，從民國八十七年十二月二十日，臺灣省省長及臺灣省議會議員之任期截止後，不再舉行省長及省議員選舉，省不再實施自治，省長及省議員就此亦將成為絕響。

三、在省長、省議員選舉停止辦理後，省政府之功能、業務與組織之調整，其範圍究竟如何，得以法律為特別之規定。其中尤以「省是否仍係公法人」的爭議，最為引人注目。由於本條規定「省虛級化」，並將省長、省議員選舉停辦，在修憲完成前後，已造成（當時的）臺灣省省長宋楚瑜與總統李登輝、副總統連戰、行政院院長蕭萬長等人之間持續的鬥爭、紛擾，並引發執政黨內部及朝野政黨之間一連串的政爭，影響持久而深遠。這也充分說明修憲本身即是政治權力競逐的過程。

第十條　（經濟發展、與環保並重、中小企業之扶助、金融機構企業化經營、婦女之保障、全民健保、身心障礙者之保障、原住民之保障）

國家應獎勵科學技術發展及投資，促進產業升級，推動農漁業現代化，重視水資源之開發利用，加強國際經濟合作。

經濟及科學技術發展，應與環境及生態保護兼籌並顧。

國家對於人民興辦之中小型經濟事業，應扶助並保護其生存與發展。

國家對於公營金融機構之管理，應本企業化經營之原則；其管理、人事、預算、決算及審計，得以法律為特別之規定。

國家應推行全民健康保險，並促進現代和傳統醫藥之研究發展。

國家應維護婦女之人格尊嚴，保障婦女之人身安全，消除性別歧視，促進兩性地位之實質平等。

國家對於身心障礙者之保險與就醫、無障礙環境之建構、教育訓練與就業輔導及生活維護與救助，應予保障，並扶助其自立與發展。

教育、科學、文化之經費，尤其國民教育之經費應優先編列，不受憲法第一百六十四條規定之限制。

國家肯定多元文化，並積極維護發展原住民族語言及文化。

國家應依民族意願，保障原住民族之地位及政治參與，並對其教育文化、交通水利、衛生醫療、經濟土地及社會福利事業予以保障扶助並促其發展，其辦法另以法律定之。對於金門、馬祖地區人民亦同。

國家對於僑居國外國民之政治參與，應予保障。

本條文共分下列十一項

㈠獎勵科技發展，促進產業升級。
㈡經濟與科技發展，應兼顧環境及生態保護。
㈢對中小企業之保障。
㈣公營金融機構應本企業化之原則經營管理。
㈤全民健康保險之相關規定。

㈥婦女保障及兩性平權之相關規定。
㈦身心障礙者之權益保障。
㈧教育、科學、文化預算之相關規定。
㈨多元語言文化之保障。
㈩原住民族及金門、馬祖地區人民權益之保障。
(十一)僑民參政權之保障。

本條文主要係對憲法第十三章「基本國策」中第三節「國民經濟」、第四節「社會安全」、第五節「教育文化」、第六節「邊疆地區」等相關內容之補充。由於國民大會不願讓增修條文的條文數額增加太多，因此乃將各項不同的基本國策內涵合併於同一條文中，內容十分龐雜。其中包含下列不同內涵，特分類做一整體分析。

一、本條文之前三項係針對國民經濟方面做一補充規定。包括：(1)獎勵科學技術發展及投資，促進產業升級；(2)推動農漁業現代化；(3)重視水資源之開發利用；(4)加強國際經濟合作；(5)經濟及科學技術發展，應與環境及生態保護兼籌並顧。(6)國家對於人民興辦之中小型經濟事業應扶助並保護其生存與發展。這些規定均係對憲法第十三章第四節之補充，其中有關「中小企業保障」（第㈢項），則是本次修憲中新增之規定，旨在保障處於弱勢的中小企業、以促進其生存與發展。

二、為了改善公營金融機構的經營效率，使其符合企業化之管理原則，特制定第㈣項。為了使其更具彈性與競爭力，則明定「其管理、人事、預算、決算及審計，得以法律為特別之規定」，使其不受一般法規之束縛。

三、第㈤、㈥、㈦此三項係針對社會安全及弱勢者之人權所作之規範。內容包括：⑴推行全民健康保險；⑵促進現代和傳統醫藥之研究發展；⑶維護婦女之人格尊嚴，保護婦女之人身安全；⑷消除性別歧視，促進兩性地位之實質平等；⑸對於身心障礙者之保險與就醫、無障礙環境之建構、教育訓練與就業輔導、生活維護與救助，應予保障，並扶助其自立與發展。此係對憲法第十三章第四節之補充。

其中「身心障礙者」一辭，過去均稱之為「殘障者」，現改稱「身心障礙者」，以彰顯較高的敬意。此三項之內容基本上與前一階段修憲時規定者相仿，但在第㈦項中，增列「無障礙環境之建構」，使身心障礙者在公共環境中能得到較多的行動保障。另外，原先之「生活維護與救濟」一辭，亦改為「生活維護與救助」，以示尊重。

四、第㈧項是在此次修憲過程中，較引起爭議的一項新規定。增列之目的，是取消對教育、科學、文化預算的最低比例限制。憲法第一百六十四條的規定是：「教育、科學、文化之經費，在中央不得少於其預算總額百分之十五，在省不得少於其預算總額百分之二十五，在市縣不得少於其預算總額百分之三十五，其依法設置之教育文化基金及產業，應予以保障。」

由於憲法本文中有此一明文規定，歷年來各級政府在編列預算時往往費盡苦心，將許多與教育、科學、文化無關的預算以「灌水」方式，勉強列入此一範疇，以免引發違憲爭議。現在則索性透過修憲，將憲法第一百六十四條之規定予以凍結，以祛除此一心頭之患。由於本項之規定乃係一種「權謀式」的憲政設計，通過之後曾引起許多教育、文化團體與人士的強烈抨擊，立法委員中亦有多人不表贊同，政府在民意壓力之下，被迫承諾仍將按照原先憲法之規定，使教育、科學、文化得維持最低比例的預算經費。

五、第(九)、(十)此二項係特別針對原住民及特殊地區民眾之權益而訂定。包括：(1)肯定多元文化，並積極維護發展原住民族語言及文化❼；(2)對於自由地區原住民族之地位及政治參與，應予保障；(3)對於原住民族的教育文化、交通水利、衛生醫療、經濟土地、社會福利事業，應予保障扶助並促進其發展；(4)對於金門、馬祖地區人民亦如同原住民族，應予保障與扶助。上述四點，均係原憲法中所無之規定，乃針對自由地區的特定情況而增列，過去幾次修憲，一直沿用舊稱「山地同胞」一詞。本次修憲則尊重其族群之要求，改用「原住民」此一稱謂。❽

六、在海外僑民方面，憲法第一百五十一條原已就發展僑民經濟，做了規範。本條文中，則進一步明文保障其參政權利及機會。使得僑民參政權，獲得正式的憲法位階之保障，僑民得返國行使投票權（參見增修條文第二條第一項）。

由於本條文所規範者，均係「基本國策」，隨著時空環境之轉變，國民大會勢將反映民意，不斷增添新的內容。因之，今後修憲時也會與時俱新，不斷調整。但究實而論，所謂「基本國策」應是基本的國家大

---

❼ 為了保障並發展原住民族的語言與文化，立法院已通過《原住民族教育法》。

❽ 原住民 (aboriginal people)，亦即原著居民，如加拿大的愛斯基摩人、美國的印地安人、紐西蘭的毛利人，意指在外來之主體民族遷入之前即居於該地的土著民族。臺灣地區的原住民，係指在漢人大量移居前，即已居住數千年至數百年不等的土著民族。包括平埔、泰雅、賽夏、布農、曹、邵、魯凱、排灣、卑南、阿美、雅美、太魯閣等族，其中平埔族多已漢化。原住民各族總人口約三十六萬人，其中以阿美族人口最多。

政方針，不同於一般之「公共政策」。而憲法則係國家根本大法，實不同於一般的法律；因之，本條文新增之規定，實不應過於瑣細，或因時空環境之影響而變動過速。否則，憲法之安定性頓失，而「基本國策」之規定也僅止於宣示性之意義，實非所宜。

第十一條　（兩岸人民關係法之訂定）

自由地區與大陸地區間人民權利義務關係及其他事務之處理，得以法律為特別之規定。

本條條文係承襲自第一階段修憲之憲法增修條文第十條。

第二節　第五階段修憲內容分析

民國八十八年九月三日，國民大會在輿論強烈反對之下，以驚濤駭浪之勢，冒著全民斥責的聲浪，極其勉強的通過了第五階段的修憲條文。這是從民國八十年第一次修憲以來，最受社會非議的一次修憲。其中主要原因，是國大代表違背了「利益迴避」原則，不顧民意反對，主動將自身的任期延長達兩年之久，這不僅有違一般憲政民主國家「國會不得為自身謀利或自行延長任期」的基本原則，也公然違背憲法增修條文中第八條的明文規定：「國民大會代表及立法委員之報酬或待遇，應以法律定之。除年度通案調整者外，單獨增加報酬或待遇之規定，應自次屆起實施。」國大代表雖號稱係「無給職」，實際上近年來平均之收入（待遇），則高達每人每年新臺幣兩百餘萬元（根據政府預算編列平均計算）。❾基於此，國大代表將自身任期延長達兩年的作法，實係一種「單獨增加報酬或待遇之規定」，實應從「次屆」國大起方得適用。但國民大會卻在民主進步黨黨團和部分國民黨代表私相授受之下，由國民大會議長蘇南成主導，以強渡關山之勢，將上述違背民意及基本正義原則的規定，硬闖過關；並從本屆起適用。結果造成全民震愕、輿論譁然。

在上述的處境之下，執政的國民黨不得不順應民情，採取斷然的處置措施。一方面否認此一修憲的正當性（legitimacy），並且繼在野的民主進步黨及新黨立法委員之後，由國民黨籍立委領銜，連名向司法院大法官會議針對此次修憲內容，提請釋憲。另一方面，國民黨則採取黨紀懲處措施，將國民大會議長蘇南成（係國民黨籍不分區國大代表）開除出黨，蘇南成也因其不再具國民黨籍，而喪失了國大代表資格，同時被迫辭去國大議長之職。此一因「國大自肥」而釀成的憲政亂象，確實為舉世所罕見，也充分凸顯了修憲本身的荒謬性。

在修憲案通過之後，學術界有二十六位大學校長，由臺大校長陳維昭領銜，聲明譴責國大自肥。而參與此一修憲案的部分民進黨籍國大代表，則公然聲援被國民黨懲處的蘇南成議長，並強調他們的修憲延任，是一種「必要之惡」，目的在於「終結國大」，並主張逐年減縮國大代表的名額，最後則乾脆「廢除國大」。但是，既然國大代表可以修憲自肥，甚至主動延長自己的任期，又有誰能保證日後他們不會再「修改」現

---

❾ 國大代表有兩位付薪之助理（每月共十萬元）。加上其他選民服務費用、出國考察經費，開會期間另支開會津貼，每月平均可支領新臺幣十七萬元以上之津貼。

階段的「承諾」，主動修訂出更嚴重的自肥條款？英國思想家愛克頓 (Lord Acton) 曾言：「權力造成腐化，絕對的權力造成絕對的腐化。」由國大此一機關獨享修憲大權，不受箝制，正是藉「修憲大權而造成腐化」。在司法院大法官會議接受了各黨籍立委聲請之釋憲案後，部分民進黨籍國大代表進一步公然威脅大法官不得作出對他們（國大代表）不利的舉動，否則將再度動用修憲權，「甚至連大法官會議一齊修掉」。這種粗鄙的語言暴力，更凸顯了部分國大代表的素質低劣、格局偏狹，也反映出「絕對的修憲權力勢將造成絕對的腐化」。

但是，國大的修憲自肥雖然以政治鬧劇告終，在其背後的政治權謀及運作過程，卻反映出主導修憲者本身的幽黯性格。

《聯合報》的一篇社論，正點出了這樣的困境[10]：「國大延任案，表面看起來是風雨漸歇，高潮已過，但箇中內情卻是漸漸才抽絲剝繭，逐一顯現。民進黨本來頗以延任案的原始提案人而沾沾自得，如今發現延任案受全民唾棄，遂亦漸漸噤聲不語；詎料，就在此時，大家發現延任案的原始版本居然是由三位國民黨籍國代彭錦鵬、謝瑞智、柯三吉所執筆草擬，再交由民進黨提案。國民黨員為反對黨擬出這麼一個舉國唾罵的修憲提案，本來已令人難以思議，何況這三人都具教授頭銜，當初以『學者』身分受提名出任不分區國代，本應具有國民黨內的清流作用，卻可能成為考紀會所擬懲處的對象。現在延任案儼然已成『全民公敵』，學術界有二十六位大學校長，由臺大校長陳維昭領銜聯署聲明譴責國大自肥；遂使這三位『學者』和二十六位大學校長，呈現出當前知識份子風範的對比，耐人尋味。」

[10] 見《聯合報》社論，民國八十八年九月十一日，第二版。

「國大延任案在中華民國憲政發展史上值得記下一筆，不僅因其造成『憲法破毀』而已，更因為它赤裸裸地揭示了臺灣政壇不同力量之間形似對立、實則暗通款曲，相互為用、成則唱和、敗則拆橋的虛偽面貌。在國民黨內的不同派系、不同管道之間的勢力如此；國民黨和民進黨之間如此；政治人物和『學者』之間的互利互惠關係更是如此。政客之間惟利是圖本不足怪，但以『學者』頭銜而甘為政治附庸，一方面與傳統文化對知識份子的期望不相符合，另方面卻又不幸而為當今常見的政學界奇譚寫照。」

在前節第四階段修憲條文的解析中，我們曾痛切的指出：第四階段的修憲違背了民主憲政主義基本原則，包括：修憲程序必須公正審慎、權責必須相符、政府權力必須受到限制、政府施政必須受到民意監督等等。但是，修憲的結果卻是「有責者無權，有權者無責」，而且也造成憲政體制紛亂、內閣團隊精神不足與行政倫理淪喪。但是，在第五階段的修憲任務完成後，我們並未看到上述各項問題得到任何的調整與改善，相反的，我們卻看到了一個完全不受箝制的修憲怪獸，在政治倫理與社會正義逐漸隱沒的時代裡，將憲政的基本權威摧殘殆盡，也讓國家的民主發展，籠罩著腐化的危機與幽黯的陰影。所幸的是，社會輿論與清譽的鞭策，終於讓全民有機會看到這些政客的真正面貌，而「憲法破毀」的結果，也讓社會大眾逐漸體會到憲政民主的確是呵護不易。從第五階段的修憲中，我們再一次看到一段反面的歷史教材，但也更清楚的體認到「光有定期的選舉並不能帶來真正的民主」，惟有當我們正確體認到「人權保障」、「有限政府」、「民主制衡」、「權責相符」等基本憲政主義原則並促其實踐之後，憲政民主的基石才可能逐漸奠定。

第五階段修憲中的國大自肥與延任案的荒謬，正凸顯了上述憲政民主原則的正當性與迫切性，這也可視為另一次的重大的歷史教訓。

第一條　（國代之人數、分配及職權）

國民大會代表第四屆為三百人，依左列規定以比例代表方式選出之。並以立法委員選舉，各政黨所推薦及獨立參選之候選人得票數之比例分配當選名額，不受憲法第二十六條及第一百三十五條之限制。比例代表之選舉方法以法律定之。

一、自由地區直轄市、縣市一百九十四人，每縣市至少當選一人。

二、自由地區原住民六人。

三、僑居國外國民十八人。

四、全國不分區八十二人。

國民大會代表自第五屆起為一百五十人，依左列規定以比例代表方式選出之。並以立法委員選舉，各政黨所推薦及獨立參選之候選人得票數之比例分配當選名額，不受憲法第二十六條及第一百三十五條之限制。比例代表之選舉方法以法律定之。

一、自由地區直轄市、縣市一百人，每縣市至少當選一人。

二、自由地區原住民四人。

三、僑居國外國民六人。

四、全國不分區四十人。

國民大會代表之任期為四年，但於任期中遇立法委員改選時同時改選，連選得連任。第三屆國民大會代表任期至第四屆立法委員任期屆滿之日止，不適用憲法第二十八條第一項之規定。

第一項及第二項之第一款各政黨當選之名額，在五人以上十人以下者，應有婦女當選名額一人。第三款及第四款各政黨當選之名額，每滿四人，應有婦女當選名額一人。

國民大會之職權如左，不適用憲法第二十七條第一項第一款、第二款之規定：

一、依增修條文第二條第七項之規定，補選副總統。

二、依增修條文第二條第九項之規定，提出總統、副總統罷免案。

三、依增修條文第二條第十項之規定，議決立法院提出之總統、副總統彈劾案。

四、依憲法第二十七條第一項第三款及第一百七十四條第一款之規定，修改憲法。

五、依憲法第二十七條第一項第四款及第一百七十四條第二款之規定，複決立法院所提之憲法修正案。

六、依增修條文第五條第一項、第六條第二項、第七條第二項之規定，對總統提名任命之人員，行使同意權。

國民大會依前項第一款及第四款至第六款規定集會，或有國民大會代表五分之二以上請求召集會議時，由總統召集之；依前項第二款及第三款之規定集會時，由國民大會議長通告集會，不適用憲法第二十九條及第三十條之規定。

國民大會集會時，得聽取總統國情報告，並檢討國是，提供建言；如一年內未集會，由總統召集會議為之，不受憲法第三十條之限制。

國民大會設議長、副議長各一人，由國民大會代表互選之。議長對外代表國民大會，並於開會時主持會議。

國民大會行使職權之程序，由國民大會定之，不適用憲法第三十四條之規定。

增修條文第一條包括了下列各項主要內容：

㈠第四屆國民大會代表的名額分配與產生方式。

㈡第五屆國民大會代表的名額分配與產生方式。

㈢國民大會代表任期與立法委員一致之規範。

㈣婦女當選名額之規範。

㈤國民大會職權之相關規範。

㈥國民大會集會程序之規範。

㈦國民大會集會時，總統國情報告之規範。

㈧國民大會設置議長、副議長之規範。

㈨國民大會行使職權之程序，由國民大會自定之。

本條第㈤至㈨項可參閱第三階段修憲第一條相關說明，其餘各項說明如下：

一、從第四屆起，國民大會代表將改為三百人（第三屆為三百三十四人），同時全部國大代表均改為由政黨比例代表方式產生，而不再經由地區選舉。換言之，所有的國大代表均係由政黨推出之比例代表，無黨籍人士將無法出任國大代表。有不少憲政學者認為，此一規範顯然與憲法第二十五條的規定不符，該條規定：「國民大會……代表全國國民行使政權」，現在修憲後卻規定國民大會代表必須是「政黨代表」，非政黨（無黨籍）代表卻排除於「國民」之外，顯然與憲法精神相違。此一疑義，確實值得國人深入思考。

至於第四屆國大代表的名額分配，在本項中則作出十分奇特的規定。雖然所有的國大代表均係由政黨比例代表名單產生，而且係依附於立法委員選舉中各政黨在地區候選人得票數的比例，但在本項中卻又細分為「地區性名額」（共一九四人）、「原住民」（共六人）、僑民（共十八人）及「全國不分區」（共八十二人）等四項。換言之，雖然第四屆國大代表均係「政黨代表」，但卻依然有「地區代表」與「全國不分區代表」之分。此一複雜而之奇特規範，究竟如何落實，還要看立法院所通過的法律規範而定。

二、第五屆國民大會代表，名額將再次縮減，改為總額一百五十人，並依附立法委員選舉之政黨比例分配當選名額。其中「地區性名額」一百人，「原住民」四人，「海外僑民」六人，「全國不分區」四十人。依照此一規定，「地區性代表」所佔比例將高達三分之二，「海外僑民」名額和「全國不分區」名額均將大幅度降低。至於具體之規範，則有待立法院修法決定。

三、國大代表的任期維持為四年，立法委員的任期自三年延長為四年。但是由於自第四次修憲起，行政院院長不再由立法院同意產生，而立法院得對行政院行使不信任投票（倒閣權），一旦不信任案通過後，十日內總統得經諮詢立法院院長後，宣告解散立法院。換言之，立法委員的任期變為不固定，在四年任期中隨時可能出現被提前解散的機會。基於此，一旦立法院被解散，重新選舉並產生出新的立法院，則席次分配依附於立法委員選舉的國民大會，亦將隨之解散與重組。此一規定，實為舉世民主國家所罕見。尤其難解的是，國民大會這樣一個「政權機關」的組成，竟然是依附在立法院這樣一個「治權機關」的選舉之上，在憲政法理上更是解釋不通。修憲至此，真可說是「既無理也講不清」。憲政根本大法已亂，夫復何言！

至於本項後段所規定，「第三屆國民大會代表任期至第四屆立法委員任期屆滿之日止」，則是此次修憲最引人詬病之處。依照本次修憲條文第四條第三項之規定，「第四屆立法委員任期至中華民國九十一年六月三十日止」，第三屆國大代表也將任期延長至此日為止，比原先規定之任期「中華民國八十九年六月三十日」，足足延任達兩年之久。這種「延任自肥」的修憲措施，真是讓國人慨嘆，世人不解！

四、在婦女保障名額方面，則延續第四階段修憲之規範，在「地區性代表」及「原住民代表」方面，係「五人以上十人以下者，應有婦女當選名額一人」。依此規定，「地區性代表」中應有婦女當選名額約為三十八人，「原住民代表」中，則至少應為一人。至於「海外僑民」及「全國不分區代表」部分，則因「每滿四人應有婦女一人」的規定，則分別為至少四人及二十人。總計至少應保留婦女名額六十三人。在總額三百人當中約佔五分之一強。

在國民大會選舉方式改變後，有關職權行使的規範，較受爭議者係關於「同意權」之行使。由於國大代表係依附立法委員選舉產生，且均為「政黨代表」。基於此，國民大會對於司法院大法官、考試院考試委員及監察院監察委員所行使之同意權，理應轉交由立法院行使。至於立法院如何行使這三項同意權，則應考慮由立法院推派代表，邀請社會賢達、學術界及專業界人士，分別成立三個具代表性之專業評審委員會，代表立法院進行專業性之實質審查，對被提名人進行逐一的面談，過程不對外公開，但其審查結果則報請立法院備查。此種兼顧專業性與代表性的審查方式，遠較國民大會具高度政治性、爭議性的同意權行使程序，更符合專業精神，對同意權行使對象——被提名人，亦較為尊重。這也是未來憲政改革應思考的另一項改革擬議。

第二條　（總統、副總統之選舉、罷免及彈劾）

總統、副總統由中華民國自由地區全體人民直接選舉之，自中華民國八十五年第九任總統、副總統選舉實施。總統、副總統候選人應聯名登記，在選票上同列一組圈選，以得票最多之一組為當選。在國外之中華民國自由地區人民返國行使選舉權，以法律定之。

總統發布行政院院長與依憲法經國民大會或立法院同意任命人員之任免命令及解散立法院之命令，無須行政院院長之副署，不適用憲法第三十七條之規定。

總統為避免國家或人民遭遇緊急危難或應付財政經濟上重大變故，得經行政院會議之決議發布緊急命令，為必要之處置，不受憲法第四十三條之限制。但須於發布命令後十日內提交立法院追認，如立法院不同意時，該緊急命令立即失效。

總統為決定國家安全有關大政方針，得設國家安全會議及所屬國家安全局，其組織以法律定之。

總統於立法院通過對行政院院長之不信任案後十日內，經諮詢立法院院長後，得宣告解散立法院。但總統於戒嚴或緊急命令生效期間，不得解散立法院。立法院解散後，應於六十日內舉行立法委員選舉，並於選舉結果確認後十日內自行集會，其任期重新起算。

總統、副總統之任期為四年，連選得連任一次，不適用憲法第四十七條之規定。

副總統缺位時，由總統於三個月內提名候選人，召集國民大會補選，繼任至原任期屆滿為止。

總統、副總統均缺位時，由行政院院長代行其職權，並依本條第一項規定補選總統、副總統，繼任至原任期屆滿為止，不適用憲法第四十九條之有關規定。

總統、副總統之罷免案，須經國民大會代表總額四分之一之提議，三分之二之同意後提出，並經中華民國自由地區選舉人總額過半數之投票，有效票過半數同意罷免時，即為通過。

立法院向國民大會提出之總統、副總統彈劾案，經國民大會代表總額三分之二同意時，被彈劾人應即解職。

本條在第五階段修憲時並未修正，請參考第四階段修憲條文之解釋，此處不贅。

第三條（行政院院長之任命、代理、行政院對立法院負責）

行政院院長由總統任命之。行政院院長辭職或出缺時，在總統未任命行政院院長前，由行政院副院長暫行代理。憲法第五十五條之規定，停止適用。

行政院依左列規定，對立法院負責，憲法第五十七條之規定，停止適用：

一、行政院有向立法院提出施政方針及施政報告之責。立法委員在開會時，有向行政院院長及行政院各部會首長質詢之權。

二、行政院對於立法院決議之法律案、預算案、條約案，如認為有窒礙難行時，得經總統之核可，於該決議案送達行政院十日內，移請立法院覆議。立法院對於行政院移請覆議案，應於送達十五日內作成決議。如為休會期間，立法院應於七日內自行集會，並於開議十五日內作成決議。覆議案逾期未議決者，原決議失效。覆議時，如經全體立法委員二分之一以上決議維持原案，行政院院長應即接受該決議。

三、立法院得經全體立法委員三分之一以上連署，對行政院院長提出不信任案。不信任案提出七十二小時後，應於四十八小時內以記名投票表決之。如經全體立法委員二分之一以上贊成，行政院院長應於十日內提出辭職，並得同時呈請總統解散立法院；不信任案如未獲通過，一年內不得對同一行政院院長再提不信任案。

國家機關之職權、設立程序及總員額，得以法律為準則性之規定。

各機關之組織、編制及員額，應依前項法律，基於政策或業務需要決定之。

本條文亦未修正，請參考第四階段修憲條文之解釋說明。

第四條　（立法委員之人數及分配）

立法院立法委員自第四屆起二百二十五人，依左列規定選出之，不受憲法第六十四條之限制：

一、自由地區直轄市、縣市一百六十八人。每縣市至少一人。

二、自由地區平地原住民及山地原住民各四人。

三、僑居國外國民八人。

四、全國不分區四十一人。

前項第三款、第四款名額，採政黨比例方式選出之。第一款每直轄市、縣市選出之名額及第三款、第四款各政黨當選之名額，在五人以上十人以下者，應有婦女當選名額一人，超過十人者，每滿十人應增婦女當選名額一人。

第四屆立法委員任期至中華民國九十一年六月三十日止。第五屆立法委員任期自中華民國九十一年七月一日起為四年，連選得連任，其選舉應於每屆任滿前或解散後六十日內完成之，不適用憲法第六十五條之規定。

立法院經總統解散後，在新選出之立法委員就職前，視同休會。

總統於立法院解散後發布緊急命令，立法院應於三日內自行集會，並於開議七日內追認之。但於新任立法委員選舉投票日後發布者，應由新任立法委員於就職後追認之。如立法院不同意時，該緊急命令立即失效。

立法院對於總統、副總統犯內亂或外患罪之彈劾案，須經全體立法委員二分之一以上之提議，全體立法委員三分之二以上之決議，向國民大會提出，不適用憲法第九十條、第一百條及增修條文第七條第一項有關規定。

立法委員除現行犯外，在會期中，非經立法院許可，不得逮捕或拘禁。憲法第七十四條之規定，停止適用。

本條文第三項係本次修憲中新增，其餘各項悉如第四階段修憲條文，此處不贅。

新增的第三項係「延任條款」的一部分，將立法委員之任期延長五個月，自「民國九十一年一月三十一日」延至「民國九十一年六月三十日」，並將第五屆立法委員之任期延為「四年一任」。據此，國民大會代表之任期則延長達兩年之久。

此項條文引發的爭議，除立委延任不具備正當性外（許多立委均持反對意見）；另一爭議，則係此一規定是否可凍結增修條文第三條第二項第三款及第二條第五項之規定，亦即總統能否行使對立法院之「解散權」。如果第四屆立法委員任期確定是延到「民國九十一年六月三十日止」，此一任期保障條款就具備憲法的約束力。換言之，第四屆立法委員的任期就具備「剛性」的確定性。依照此一原理，立法委員在此期間將不得對行政院行使「倒閣權」，否則憲政制衡上的配套措施（立法院的「倒閣權」與行政院的「解散國會權」）就將失衡。但是，如果上述的解釋是合理與正當的話，民國八十九年總統大選之後若出現新的政治情勢，朝野政黨易位，又將如何解決？如果第五階段的修憲已將第四屆立委的任期確定為「三年又五個月」，而且不受「解散權」的規範，而立法院也不能行使「倒閣權」，則一旦出現行政院、立法院持續對峙的憲政僵局，就沒有解決憲政僵局的工具（包括「倒閣」與「解散國會」的配套設計）可資運用了。這樣的憲政解釋恐怕過於牽強，也有違憲政制衡的基本原理。

但是，如果「倒閣權」與「解散國會權」依然保留，第四屆立法委員和第三屆國大代表的任期，仍然得因立法院提前解散而提前改選，則本條中「任期至中華民國九十一年六月三十日止」的規定，就將形同具文。這樣的憲政解釋，雖然看似合理，卻又凸顯了第五階段修憲本身的輕忽草率。如果修憲條文連這麼明顯的矛盾與扞格都難以顧及，又如何能照顧到整體的憲政權威與憲法的安定性？由上述的論辯分析，益加反映出此次修憲在政治邏輯、文字著墨和法理分析上的嚴重缺憾，足為來者所戒。

第五條　（司法院院長、副院長、大法官之提名、任命、任期、憲法法庭之組成、違憲之定義及概算之不得刪減）

司法院設大法官十五人，並以其中一人為院長、一人為副院長，由總統提名，經國民大會同意任命之，自中華民國九十二年起實施，不適用憲法第七十九條之有關規定。

司法院大法官任期八年，不分屆次，個別計算，並不得連任。但並為院長、副院長之大法官，不受任期之保障。

中華民國九十二年總統提名之大法官，其中八位大法官，含院長、副院長，任期四年，其餘大法官期為八年，不適用前項任期之規定。

司法院大法官，除依憲法第七十八條之規定外，並組成憲法法庭審理政黨違憲之解散事項。

政黨之目的或其行為，危害中華民國之存在或自由民主之憲政秩序者為違憲。

司法院所提出之年度司法概算，行政院不得刪減，但得加註意見，編入中央政府總預算案，送立法院審議。

本條未修正。請參見第四階段修憲條文第五條之解釋說明。

第六條　（考試院之職權、院長、副院長、考試委員之提名及任命）

考試院為國家最高考試機關，掌理左列事項，不適用憲法第八十三條之規定：

一、考試。

二、公務人員之銓敘、保障、撫卹、退休。

三、公務人員任免、考績、級俸、陞遷、褒獎之法制事項。

考試院設院長、副院長各一人，考試委員若干人，由總統提名，經國民大會同意任命之，不適用憲法第八十四條之規定。

憲法第八十五條有關按省區分別規定名額，分區舉行考試之規定，停止適用。

本條文未修正。請參見第四階段修憲條文第六條之解釋說明。

第七條　（監察院之職權、院長、副院長、監察委員之產生及彈劾權之行使）

監察院為國家最高監察機關，行使彈劾、糾舉及審計權，不適用憲法第九十條及第九十四條有關同意權之規定。

監察院設監察委員二十九人，並以其中一人為院長、一人為副院長，任期六年，由總統提名，經國民大會同意任命之。憲法第九十一條至第九十三條之規定停止適用。

監察院對於中央、地方公務人員及司法院、考試院人員之彈劾案，須經監察委員二人以上之提議，九人以上之審查及決定，始得提出，不受憲法第九十八條之限制。

監察院對於監察院人員失職或違法之彈劾，適用憲法第九十五條、第九十七條第二項及前項之規定。監察委員須超出黨派以外，依據法律獨立行使職權。

憲法第一百零一條及第一百零二條之規定，停止適用。

本條文未修正。請參見第四階段修憲條文第七條之說明。

第八條　（立委及國代集會之報酬、待遇之訂定）

國民大會代表及立法委員之報酬或待遇，應以法律定之。除年度通案調整者外，單獨增加報酬或待遇之規定，應自次屆起實施。

本條文並未修正。但國大代表修憲為自身延任兩年，為立法委員延任五個月的作法，是否可視為為「增加報酬或待遇」，則有待大法官會議的解釋，方得定案。如果其解釋確定為違憲的話，此次修憲的正當性就要面臨嚴峻的挑戰了。如果解釋為「不違憲」的話，本條規範的實質約束力就將全盤淪喪。日後各種類似「自肥」的新規定，也就難以遏止了。

第九條　（省、縣地方制度之訂定）

省、縣地方制度，應包括左列各款，以法律定之，不受憲法第一百零八條第一項第一款、第一百零九條、第一百十二條至第一百十五條及第一百二十二條之限制：

一、省設省政府，置委員九人，其中一人為主席，均由行政院院長提請總統任命之。

二、省設省諮議會，置省諮議會議員若干人，由行政院院長提請總統任命之。

三、縣設縣議會，縣議會議員由縣民選舉之。

四、屬於縣之立法權，由縣議會行之。

五、縣設縣政府，置縣長一人，由縣民選舉之。

六、中央與省、縣之關係。

七、省承行政院之命，監督縣自治事項。

臺灣省政府之功能、業務與組織之調整，得以法律為特別之規定。

本條文基本上與第四階段修憲條文第九條相同，惟因臺灣省省議員及臺灣省省長之選舉業已取消，原先第二項之規定已不具時效，故予刪除。其他相關之解釋及說明，請參見第四階段修憲條文第九條之文字。

第十條　（經濟發展、中小企業之扶助、金融機構企業化經營、婦女之保障、全民健保、身心障礙者之保障、原住民之保障等）

國家應獎勵科學技術發展及投資，促進產業升級，推動農漁業現代化，重視水資源之開發利用，加強國際經濟合作。

經濟及科學技術發展，應與環境及生態保護兼籌並顧。

國家對於人民興辦之中小型經濟事業，應扶助並保護其生存與發展。

國家對於公營金融機構之管理，應本企業化經營之原則；其管理、人事、預算、決算及審計，得以法律為特別之規定。

國家應推行全民健康保險，並促進現代和傳統醫藥之研究發展。

國家應維護婦女之人格尊嚴，保障婦女之人身安全，消除性別歧視，促進兩性地位之實質平等。

國家對於身心障礙者之保險與就醫、無障礙環境之建構、教育訓練與就業輔導及生活維護與救助，應予保障，並扶助其自立與發展。

國家應重視社會救助、福利服務、國民就業、社會保險及醫療保健等社會福利工作；對於社會救助和國民就業等救濟性支出應優先編列。

國家應尊重軍人對社會之貢獻，並對其退役後之就學、就業、就醫、就養予以保障。

教育、科學、文化之經費，尤其國民教育之經費應優先編列，不受憲法第一百六十四條規定之限制。

國家肯定多元文化，並積極維護發展原住民族語言及文化。

國家應依民族意願，保障原住民族之地位及政治參與，並對其教育文化、交通水利、衛生醫療、經濟土地及社會福利事業予以保障扶助並促其發展，其辦法另以法律定之。對於澎湖、金門、馬祖地區人民亦同。國家對於僑居國外國民之政治參與，應予保障。

本條係有關國家基本政策之條文，每次修憲時均有增添。第五次增修條文增加八、九兩項，前者（第八項）係強調對社會救助、福利服務、國民就業、社會保險及醫療保健等社會福利工作的重視，政府對相關預算應優先編列。後者（第九項）則是肯定軍人對社會的貢獻，並對軍人退役後之就學、就業、就醫、就養等應予優惠與保障。兩項均屬社會福利及公共政策之範疇，對政府施政具宣示性意義。

此外，在第十一項中，增加澎湖地區，以示對離島民眾權利與福祉的重視。

第十一條　（兩岸人民關係法之訂定）

自由地區與大陸地區間人民權利義務關係及其他事務之處理，得以法律為特別之規定。

本條文未修正，請參照前文所作之解釋說明。

第三節　第六階段修憲內容分析

在第五階段修憲中，國民大會不顧民意與輿論的強烈反對，強行通過了「自肥」與「延任」條款，在上一節中，對此已有清楚的解釋與批判。儘管國民大會藉強行修憲使此一荒謬的規定「合憲化」，但終於面臨釋憲機構——司法院大法官會議的反制。大法官會議在民國八十九年三月二十二日公布的釋字三九九號解釋令中，認為國民大會在第五次修憲時自肥與延任的作法，違背了基本的「憲政民主」原則與「程序正當」原則，應屬無效。換言之，第五次修憲中的相關規定應失其效力。緊接著，中央選舉委員會根據此一解釋，認定第三屆國民大會自行延任兩年的修憲規定（見第五階段修憲條文第四條），已失其效力，乃立即公布國民大會應於民國八十九年四月二十九日進行改選，以選出第四屆國民大會代表，並與新當選的總統、副總統，於五月二十日同時就任新職。

但是，想「延任」與「自肥」而不成的第三屆國民大會代表，立刻就對大法官會議的解釋強烈反彈。他們認為，「國民大會才是唯一合法的制憲者與修憲者」，除了國民大會之外，沒有任何其他機關可以改變此一憲政規範。換言之，國民大會「想怎麼修憲就可以這麼修憲」，「沒有任何其他憲政機關可以制衡國民大會」。基於此，第五階段修憲時「延任」與「自肥」的規範是不可能改變的，絕沒有所謂「失其效力」的問題。更有部分國大代表揚言還要進一步修憲，廢掉大法官會議，甚至威脅大法官們，要讓最高法院取代大法官會議，成為新的釋憲機關。此外，他們也指責中央選舉委員會作了錯誤的決定，國民大會不應改選，他們延任兩年的規定應屬有效，自動延任至民國九十一年六月三十日為止。

但是，絕大部分的民意與輿論卻肯定大法官會議的釋憲文，也支持中央選舉委員會依此一解釋而決定國民大會重新改選。國民大會代表在自知理虧而正當性又嚴重不足的尷尬處境中，乃急轉直下，轉而採取了另一項殺手鐧，在考慮到自身「延任不成」與「連任困難」的雙重壓力下，他們轉而要求「自廢國大」，將國民大會改為「非常設機關」。換言之，他們決定從根本著手，再度修憲，自我了斷，取消國民大會的基本職權與定期集會之規範，讓過去歷次修憲中為國大擴權的所有規定一筆勾銷，一切歸「零」。因為，唯有讓國民大會「虛位化」，才能迫使中央選舉委員會取消「改選國大」的決定，也才能避免在四月二十九日國大代表改選時，被選民唾棄，甚至落選的現實壓力。

但是，國民大會代表的修憲想法，卻再次受到輿論與公議的交相指責，其中主要的質疑論點如次：

第一、國民大會「自廢武功」、「自行削權」的作法，固然有其背景與理由，但這卻是國大代表在「擴權」、「延任」與「自肥」不成之後的激烈轉折，凸顯了嚴重的情緒性與荒謬性。更何況，國民大會代表的任期在民國八十九年五月十九日即結束，在任期結束之前未滿兩個月之內要推動如此大幅度的修憲，是否適宜，是否真能反映「真實的民意」，而在「程序正義」上是否允當，也是有待深究的。

第二、中華民國總統在民國八十九年三月十八日完成了改選，陳水扁先生與呂秀蓮女士分別當選總統、副總統，即將在五月二十日就任。但是國民大會卻趕在總統、副總統就任之前（也是國大代表即將卸任之前），匆忙進行大幅度的修憲，卻不讓新選出的國大代表，根據最新的民意，進行慎重的修憲。這實係修憲正當性不足的另一項惡例，絕不足取。

除此之外，國民黨與民進黨兩黨國大代表，也深恐剛落選的總統候選人宋楚瑜（此時已成立了親民黨），藉國民大會的改選而成功地在政壇建立起新的橋頭堡，進而形成國、民、親三黨勢均力敵的態勢。這也是兩大黨從政治現實與權謀角度出發，亟於再度聯手修憲，迫使國大改選告停的另一項考慮因素。

基於此，儘管民意與輿論對於國民大會再度修憲的正當性嚴重質疑，但國民大會再度強渡關山，趕在任期結束之前完成了第六次修憲，並且在第四屆國民大會代表選舉之前，從修憲根本之途著手，取消了國民大會改選的憲政法源。因此，在一般憲政民主國家藉「定期改選」以反映民意、鑑別良窳的民主機制，在臺澎金馬地區卻因國大代表的權謀運作、激烈轉折，而根本改弦易轍。

到底國民大會應否維持其「政權機關」的基本功能？若從六次修憲的過程與品質分析，國民大會代表的表現的確不佳，普遍受人詬病，且與民意嚴重脫節。但此一困境同樣也出現在主要的民意機構——立法院之上。而且後者為黑金政治污染的情況更為嚴重，問政品質也廣為社會大眾所訾議。基於此，光從國民大會代表的表現不佳與民意脫節一項，實不足以構成「取消國大」的充分理由。

再就民主國家究竟應否設置「兩院制國會」分析，此實為見仁見智的問題，因為無論是「一院制」或「兩院制」，都有其成功與失敗的條件及背景。而且在實施「兩院制」的民主國家中，國會兩院的權力未必相同，有時是一強一弱，有時甚至出現「一個半國會」的特殊現象（如挪威，在大選時先統一選出一院制的國會議員，在議員就任後再劃分為兩院，三分之一擔任上議院議員，另外三分之二出任下議院議員）。

但是，根據美籍荷裔學者李帕特 (Arend Lijphart) 的分析⓫，在全球三十六個民主國家中，絕大部分均採行「兩院制」國會（見附表二），此一國際民主經驗的歸納，雖然不足以作為國民大會應否存在，以及設置「兩院制」國會的判準，但卻可讓吾人進一步思索：對於中華民國這樣一個新興民主政體而言，究竟應該建立起何種穩定的民主代議機制？對於未來的修憲者而言，這些國際民主發展的經驗與教訓，更是規劃未來憲政藍圖時不可忽略的參考方略。基於此，第三屆國民大會在任期結束前一、兩個月，因擴權、延任

⓫ 參見 Arend Lijphart, *Patterns of Democracy: Government Forms and Performance in Thirty-Six Countries*, (Yale University Press, 1999) 第十一章。本文附表見該書頁二一二。

不成而急轉直下，匆忙將國民大會變為「非常設機關」的作法，實可視為另一項憲政上的錯誤示範。

附表一　全球三十六個民主國家的國會結構圖

1. 強勢的兩院制：兩院職權對稱但任期不一致 澳洲、瑞士、德國、美國、哥倫比亞（一九九一以後）
2. 中度強勢的兩院制：兩院職權對稱且任期一致 比利時、日本、義大利、荷蘭、哥倫比亞（一九九一以前）、丹麥（一九五三以前）、瑞典（一九七〇以前）
3. 中度強勢的兩院制：兩院職權既不對稱且任期不一致 加拿大、法國、印度、西班牙、委內瑞拉
4. 中度強勢與弱勢之間的兩院制： 波札那、英國
5. 弱勢的兩院制：兩院職權不對稱但任期一致 奧地利、愛爾蘭、瑞典、巴哈馬、牙買加、紐西蘭（一九五〇以前）、巴貝多、千里達
6. 一院半體制： 挪威、愛爾蘭（一九九一以前）
7. 一院制： 哥斯大黎加、馬爾他、丹麥、芬蘭、毛里西斯、紐西蘭、希臘、巴布亞新幾內亞、以色列、葡萄牙、盧森堡、愛爾蘭（一九九一以後）、瑞典（一九七〇以後）

說明：1. 兩院制國家的國會通常分為三種類型：

①採取聯邦制，分設「參議院」（代表各州或各邦）及「眾議院」（代表全國人民，採某一人口基數為其選區劃分標準，但各州或各邦人口無論多寡，至少均有一位眾議院議員）。美國、德國、澳洲為此一類型之

代表。

②採取君主立憲制度，由傳統沿襲而來，分設「上議院」（過去稱為「貴族院」）及「下議院」（過去稱為「平民院」）。英國、日本為其代表。

③多民族國家，為解決多元族裔的代表問題，設置「聯盟院」（或稱「聯邦院」）及「民族院」（以各民族為單位，設置不同名額的「民族代表」，擔任國會議員），解體前的蘇聯及南斯拉夫為其代表。

2.採行一院制的民主國家，均為人口較少的小國家，其中人口數以希臘居首（一〇五〇萬人）、瑞典居次（八八〇萬人），其餘各國人數均少於前二者，人口均較我國為少。

本圖表分類資料，引自 Arend Lijphart 所著：前揭書，頁二一二。標題及說明文字為本書作者所加。

第一條　（國代之人數、分配及職權）

國民大會代表三百人，於立法院提出憲法修正案、領土變更案，經公告半年，或提出總統、副總統彈劾案時，應於三個月內採比例代表制選出之，不受憲法第二十六條、第二十八條及第一百三十五條之限制。比例代表制之選舉方式以法律定之。

國民大會之職權如左，不適用憲法第四條、第二十七條第一項第一款至第三款及第二項、第一百七十四條第一款之規定：

一、依憲法第二十七條第一項第四款及第一百七十四條第二款之規定，複決立法院所提之憲法修正案。

二、依增修條文第四條第五項之規定，複決立法院所提之領土變更案。

三、依增修條文第二條第十項之規定，議決立法院提出之總統、副總統彈劾案。

國民大會代表於選舉結果確認後十日內自行集會，國民大會集會以一個月為限，不適用憲法第二十九條及第三十條之規定。

國民大會代表任期與集會期間相同，憲法第二十八條之規定停止適用。第三屆國民大會代表任期至中華民國八十九年五月十九日止。國民大會職權調整後，國民大會組織法應於二年內配合修正。

增修條文第一條包括了下列各項主要內容：

㈠國民大會代表的名額、產生條件及選舉方式。

㈡國民大會之職權。

㈢國民大會集會方式及集會期限。

㈣國民大會代表之任期及其他相關規範。

一、在本次修憲後，國民大會變成「非常設」機關。只有當立法院提出憲法修正案、領土變更案，以及對總統、副總統提出彈劾案等三項後，國民大會才會擇期召開。換言之，國民大會已由過去的擴權，增設議長、副議長，每年至少集會一次，並聽取總統國情報告，改為不定期、非常設，甚至可能歸於「虛設」的備位機關。

關於國民大會產生之條件，分為三項：

(1)立法院提出憲法修憲案後，經公告半年，召開國民大會。

(2)立法院提出領土變更案後，經公告半年，召開國民大會。

(3)立法院提出總統、副總統彈劾案後，三個月內召開國民大會。

至於上列三項通過之要件，則為：

(1)修憲案：依據憲法第一百七十四條第二款之規定：「由立法院立法委員四分之一之提議，四分之三之出席，及出席委員四分之三之決議，擬定憲法修正案，提請國民大會複決。」至於國民大會行使複決權之通過要件，依一般之通例，以過半數（國大代表總額之二分之一）之多數即為通過。

(2)領土變更案：依據增修條文第四條第五項之規定：「中華民國領土，依其固有之疆域，非經全體立法委員四分之一之提議，全體立法委員四分之三之出席，及出席委員四分之三之決議，並提經國民大會代表總額三分之二之出席，出席代表四分之三之複決同意，不得變更之。」其通過之要件顯然比前一項嚴格。

(3)對總統、副總統之彈劾案：依據憲法增修條文第四條第七項之規定，「立法院對於總統、副總統之彈劾案，須經全體立法委員二分之一以上之提議，全體立法委員三分之二以上之決議，向國民大會提出」；至於國民大會通過的要件，依據憲法增修條文第二條第十項之規定，則為「國民大會代表總額三分之二同意」，被彈劾人應即解職。

關於國民大會代表選舉方式，依本項規定，係採「比例代表制」方式產生，換言之，係由各政黨推舉代表產生，至於選舉制度之相關規範，則另以法律規定。由於此一選舉法之規範尚未制定，其細節無從得知。但選舉採「比例代表」方式產生國民大會代表，則顯已違背憲法第二十五條之規定：「國民大會……代表全國國民行使政權」。因為各政黨之代表只能代表各自的政黨，甚至只代表超過當選門檻的各主要政黨（而非所有政黨），但卻不可能代表「全國國民」，此實係採取完全之「比例代表制」選舉方式的一大缺憾。

此外，由於憲法修正案、領土變更案及對總統、副總統的彈劾案均係由立法院所提出，而立法院本係政黨政治運作之中心，若此三案能得到絕大多數立委之同意，各主要政黨顯已形成共同認可之基本共識。若再要求國民大會代表「全國國民」，對此三案進行複決投票以求其慎重，避免立法院的擅權與濫權，則非政黨代表之一般國民，實應在國民大會中有其適當之代表。否則「非政黨人物」若無法在國民大會中取得一定之席位，則國民大會在行使複決投票時，實無異成為立法院各主要政黨之橡皮圖章，不過是秉承各政黨之命，虛應故事一番。如此一來，又何須召開國民大會，多一道程序？

凡是憲政民主國家，無論採取「雙國會制」或行使兩輪式的複決制（先由議會第一院通過，再由另一院通過；或先由議會通過，再交公民複決通過），無不希望藉助兩輪投票（或複決）之多重民意及複式程序，使決策更趨穩健，以避免單一機關專權、擅權。但在此次修憲中，卻決定採取完全比例代表的選舉方式，實無異戕害了一般國民及非政黨人士的參政權與代議權，誠屬嚴重之缺憾！

二、依據前項規定之召開要件，國民大會之職權已萎縮為上述三項單一任務，亦即對憲法修憲案，領土變更案及總統、副總統之彈劾案，行使複決權，並無其他職權。

三、國民大會於選舉結果確認後十日內自行集會，而無須由總統召集。但其任期僅為「一個月」，而非過去的「一任六年」或「一任四年」。這更確定國民大會「非常設機關」的基本特性。

四、在第五階段修憲時，國民大會自行延長任期的規範因違憲而屬無效，任期至八十九年五月十九日為止。國民大會組織法也因其職權大幅度萎縮，而應於兩年內配合修正。民國九十一年五月十九日，國民大會祕書處已正式結束，由立法院處理相關業務。

第二條（總統、副總統之選舉、罷免及彈劾）

總統、副總統由中華民國自由地區全體人民直接選舉之，自中華民國八十五年第九任總統、副總統選舉實施。總統、副總統候選人應聯名登記，在選票上同列一組圈選，以得票最多之一組為當選。在國外之中華民國自由地區人民返國行使選舉權，以法律定之。

總統發布行政院院長與依憲法經立法院同意任命人員之任免命令及解散立法院之命令，無須行政院院長之副署，不適用憲法第三十七條之規定。

總統為避免國家或人民遭遇緊急危難或應付財政經濟上重大變故，得經行政院會議之決議發布緊急命令，為必要之處置，不受憲法第四十三條之限制。但須於發布命令後十日內提交立法院追認，如立法院不同意時，該緊急命令立即失效。

總統為決定國家安全有關大政方針，得設國家安全會議及所屬國家安全局，其組織以法律定之。

總統於立法院通過對行政院院長之不信任案後十日內，經諮詢立法院院長後，得宣告解散立法院。但總統於戒嚴或緊急命令生效期間，不得解散立法院。立法院解散後，應於六十日內舉行立法委員選舉，並於選舉結果確認後十日內自行集會，其任期重新起算。

總統、副總統之任期為四年，連選得連任一次，不適用憲法第四十七條之規定。

副總統缺位時，總統應於三個月內提名候選人，由立法院補選，繼任至原任期屆滿為止。

總統、副總統均缺位時，由行政院院長代行其職權，並依本條第一項規定補選總統、副總統，繼任至原任期屆滿為止，不適用憲法第四十九條之有關規定。

總統、副總統之罷免案，須經全體立法委員四分之一之提議，全體立法委員三分之二之同意後提出，並經中華民國自由地區選舉人總額過半數之投票，有效票過半數同意罷免時，即為通過。

立法院向國民大會提出之總統、副總統彈劾案，經國民大會代表總額三分之二同意時，被彈劾人應即解職。

本條文內容共分十項：

㈠有關總統、副總統直選之程序規定。
㈡有關行政院院長副署權之設限。
㈢有關總統緊急權力行使之規定。
㈣有關國家安全會議與國家安全局之法定規範。
㈤總統解散立法院之程序規定。
㈥總統、副總統之任期規定。
㈦有關副總統缺位之補選規定。
㈧總統、副總統均缺位時，行政院長代行職權及補選程序之規定。
㈨有關總統、副總統罷免案之規定。
㈩有關總統、副總統彈劾案之規定。

本條文第㈠、㈢至㈧項請參閱第四階段修憲之相關內容，其餘各項說明如下：

一、中華民國憲法基於「議會內閣制」之精神，規定「總統依法公布法律，發布命令，須經行政院院長之副署，或行政院院長及有關部會首長之副署」（憲法第三十七條），換言之，副署者負實際責任。行政院院長為最高行政首長，自應擔負公布法律與發布命令之全責。但經過歷次修憲之後，權力核心卻逐漸移向總統，尤其是總統對行政院院長，司法院院長、副院長及大法官，考試院院長、副院長及考試委員，以及監察院院長、副院長及監察委員等高層人事之提名權或任命權，均享有完全之實權。因此，總統「發布行政院院長與依憲法經立法院同意任命人員之任免命令」，無須「行政院長副署」。換言之，行政院長對於這些重要職位人員之任免，均無決定權，而總統卻獨享這些人事任命權。

在民國八十一年第二次修憲時，由於取消了國民大會選舉總統、副總統之權，改由全民直選，為恐國大代表反彈，乃於憲法增修條文第十一條中規定，將司法、考試、監察三院的人事同意權移交國民大會行使。但在第六次修憲後，國民大會改為非常設機關，因此上述三院之相關人事同意權又轉交立法院行使。但詭異的是，在西方憲政民主國家國會所普遍行使的閣揆（行政院長）同意權，竟非立法院所能掌握。這是因為在民國八十五年七月第四次修憲期間，國民黨與民進黨達成協議，民進黨同意取消立法院的閣揆同意權，而國民黨則同意取消臺灣省長選舉，並採取「精省」（將臺灣省政府虛級化）措施。在第六次修憲時，國、民兩黨的執政、在野地位互換，但依然達成政黨協議，將國民大會職權大幅度削減，並決定由立法院取得了對司法、考試、監察三院高層人事的同意權，但依然獨缺原先憲法本文規定的對行政院院長的同意權。這均係由於修憲過程一波三折、修憲主導者師心自用所致。

如果今後還有第七次、第八次的修憲，撇開政治權謀與政黨交易不論，到底立法院應該掌控哪些同意權呢？平情而論，立法院實係常設性國會，亦即政黨互動與政治決策之重心，而行政院又必須對立法院負責。因之，為了落實「責任內閣制」精神，並強化行政、立法兩院間之制衡關係，則行政院長必須得到立法院的充分信任，因此立法院對行政院長的同意權應予恢復。

至於司法、考試、監察三院的高層人事，因其必須超脫政黨政治，強調公正中立及專業形象，則不宜由立法委員對其直接行使同意權之審查任務。立法院應選出若干公正專業人士，組成審查委員會，對被提名之三院人員進行審慎細密之資格審查，其過程不應公開，最後則逐一進行可否同意之推荐性投票，再報請立法院進行同意權之投票。換言之，行政院長必須肩負起最高行政首長之職，立法院之同意權實不容或缺。而司法、考試與監察三院之高層人事，則必須超越黨派、公正廉明，且饒負專業知能，因此反而不宜由立法委員對其直接行使同意權。由此看來，過去六次修憲的結果，顯然是失當而歧出的轉折。

至於「解散立法院之命令」，則應由行政院院長負其責。因此修憲取消行政院長對此命令之副署權，已違背了權責相符的民主制衡原則，亟應補救，迅予恢復。

二、在第六次修憲中，原屬國民大會對總統、副總統之罷免權，移往立法院。這是立法院新增加的一項重要權限。由全體立法委員四分之一提議，全體立法委員三分之二同意後提出，交付全體選民投票。若經選舉人（全體選民）總額過半數之投票，有效票過半數同意罷免時，即為通過。此一程序規定十分嚴格，極不易通過。若選民通過罷免總統，依憲法第四十九條之規定：「總統缺位時，由副總統繼任，至總統任期屆滿為止。」若係副總統被罷免，則依本條文第七項規定，總統應於三個月內提名候選人，由立法院補選，繼任至原任期屆滿為止。若係總統、副總統均被罷免，則依本條文第八項之規定，應由選民直選，繼任至原任期屆滿為止。

三、憲法本文對於彈劾總統之規定，見於憲法第一百條：「監察院對於總統、副總統之彈劾案，須有全體監察委員四分之一以上之提議，全體監察委員過半數之審查及決議，向國民大會提出之。」修憲後，此一規定凍結。在第四階段修憲時進一步將此一權限移往立法院行使，條件則益趨嚴格。規定由立法院全體立法委員二分之一以上之提議，全體立法委員三分之二以上之決議，向國民大會提出，若經國民大會代表總額三分之二同意，被彈劾人應即解職（參見下文增修條文第三條第七項之說明）。

第三條　（行政院院長之任命、代理、行政院對立法院負責）

行政院院長由總統任命之。行政院院長辭職或出缺時，在總統未任命行政院院長前，由行政院副院長暫行代理。憲法第五十五條之規定，停止適用。

行政院依左列規定，對立法院負責，憲法第五十七條之規定，停止適用：

一、行政院有向立法院提出施政方針及施政報告之責。立法委員在開會時，有向行政院院長及行政院各部會首長質詢之權。

二、行政院對於立法院決議之法律案、預算案、條約案，如認為有窒礙難行時，得經總統之核可，於該決議案送達行政院十日內，移請立法院覆議。立法院對於行政院移請覆議案，應於送達十五日內作成決議。如為休會期間，立法院應於七日內自行集會，並於開議十五日內作成決議。覆議案逾期未議決者，原決議失效。覆議時，如經全體立法委員二分之一以上決議維持原案，行政院院長應即接受該決議。

三、立法院得經全體立法委員三分之一以上連署，對行政院院長提出不信任案。不信任案提出七十二小時後，應於四十八小時內以記名投票表決之。如經全體立法委員二分之一以上贊成，行政院院長應於十日內提出辭職，並得同時呈請總統解散立法院；不信任案如未獲通過，一年內不得對同一行政院院長再提不信任案。

國家機關之職權、設立程序及總員額，得以法律為準則性之規定。

各機關之組織、編制及員額，應依前項法律，基於政策或業務需要決定之。

請參閱第四階段修憲第三條之相關說明。

第四條　（立法委員之人數及分配）

立法院立法委員自第四屆起二百二十五人，依左列規定選出之，不受憲法第六十四條之限制：

一、自由地區直轄市、縣市一百六十八人。每縣市至少一人。

二、自由地區平地原住民及山地原住民各四人。

三、僑居國外國民八人。

四、全國不分區四十一人。

前項第三款、第四款名額，採政黨比例方式選出之。第一款每直轄市、縣市選出之名額及第三款、第四款各政黨當選之名額，在五人以上十人以下者，應有婦女當選名額一人，超過十人者，第滿十人應增婦女當選名額一人。

立法院於每年集會時，得聽取總統國情報告。

立法院經總統解散後，在新選出之立法委員就職前，視同休會。

中華民國領土，依其固有之疆域，非經全體立法委員四分之一之提議，全體立法委員四分之三之出席，及出席委員四分之三之決議，並提經國民大會代表總額三分之二之出席，出席代表四分之三之複決同意，不得變更之。

總統於立法院解散後發布緊急命令，立法院應於三日內自行集會，並於開議七日內追認之。但於新任立法委員選舉投票日後發布者，應由新任立法委員於就職後追認之。如立法院不同意時，該緊急命令立即失效。

立法院對於總統、副總統之彈劾案，須經全體立法委員二分之一以上之提議，全體立法委員三分之二以上之決議，向國民大會提出，不適用憲法第九十條、第一百條及增修條文第七條第一項有關規定。

立法委員除現行犯外，在會期中，非經立法院許可，不得逮捕或拘禁。憲法第七十四條之規定，停止適用。

本條文內容包括：

㈠立法委員員額及其組成之相關規定。
㈡有關政黨比例代表及婦女保障名額之規定。
㈢立法院聽取總統國情報告之規定。
㈣立法院經總統解散後視同休會。
㈤領土變更案之行使規範。
㈥總統緊急命令權之相關規定。
㈦立法院對總統、副總統彈劾權行使之規定。
㈧立法委員不受逮捕或拘禁之特權。

本條文第㈠、㈥、㈧項請參閱第四、五階段修憲第四條之相關說明，其餘各項說明如次：

一、在第六階段修憲後，增列「立法院於每年集會時，得聽取總統國情報告」，這是一項十分奇特的規定。依據中華民國憲法之基本精神，總統和國民大會均屬「國家」層次，超越五院之上，代表著「政權」機制。而五院則屬「政府」層次，代表「治權」的運作。基於此，在憲法本文中，並無總統赴立法院作國情報告之規定。但是在民國八十三年第三階段修憲時，為了讓國民大會擴權，變成每年定期開會，乃於修憲條文第一條中增列「國民大會集會時，得聽取總統國情報告」。此一規定在第四、第五兩階段修憲時均予維持。但國民大會代表依法並無對總統質詢之權。換言之，總統的國情報告係形式意義大於實質意義。在第六階段修憲後，轉將總統之國情報告移至立法院，但卻無配套的質詢之權，總統並不對立法院負責。相對的，總統任命的行政院長，卻必須接受立法院的質詢與監督，同時負政治成敗之責。基於此，本項條文的新增規定，並未改變基本的權責關係及制衡機制，可是卻增添了總統與立法院之間的形式化關係。

二、過去憲法本文中並無解散立法院的機制，從民國八十五年第四階段修憲後，總統得應行政院長之請解散立法院，因此特別增加本項之規定，「立法院經總統解散後，在新選出立法委員就職前，視同休會」。

三、在第六次修憲中，立法院新增了一項重要權限——領土變更之提議權。在憲法本文的規範中，此一權限本屬國民大會掌有。憲法第四條規定：「中華民國領土依其固有之疆域，非經國民大會之決議，不得變更之。」現因修憲後國民大會不再係常設性之機關，領土變更之提議權遂轉移至立法院。經立法委員四分之一之提議，全體立法委員四分之三之出席，及出席立委四分之三之決議，領土變更案即告成案，經公告半年後，選出新的國民大會（會期最長只有一個月），對領土變更案進行複決。經國民大會代表總額三分之二之出席，出席代表四分之三之同意，此案即可通過，否則即告失敗。此一程序性規定，凸顯領土變更問題的嚴重性。

四、在第四次修憲中，將對總統、副總統之彈劾權自監察院移至立法院，但卻又將彈劾權之範圍，僅限於總統、副總統之內亂、外患。至於內亂、外患以外之行為是否可予彈劾，則曖昧不明，並曾引起輿論界及學術界之爭議。在第六次修憲後，則取消了內亂、外患等條件限制，其他違法失職行為亦可列入彈劾權之範圍，終於解決了是項爭擾。

至於彈劾之程序，則採取嚴格審慎原則。須經全體立法委員二分之一以上之提議，全體立法委員三分之二以上之決議，彈劾案方才成立。在三個月內，選出新的國民大會，再經國民大會代表總額三分之二之同意，被彈劾人應即解職。如係總統被彈劾解職，依憲法第四十九條規定，「由副總統繼任，至總統任期屆滿為止」。若被彈劾人為副總統，則依憲法增修條文第二條之規定，應於三個月內由總統提名候選人，由立法院補選，繼任至原任期屆滿為止。

第五條　（司法院院長、副院長、大法官之提名、任命、任期、憲法法庭之組成、違憲之定義及概算之不得刪減）

司法院設大法官十五人，並以其中一人為院長、一人為副院長，由總統提名，經立法院同意任命之，自中華民國九十二年起實施，不適用憲法第七十九條之規定。司法院大法官除法官轉任者外，不適用憲法第八十一條及有關法官終身職待遇之規定。

司法院大法官任期八年，不分屆次，個別計算，並不得連任。但並為院長、副院長之大法官，不受任期之保障。

中華民國九十二年總統提名之大法官，其中八位大法官，含院長、副院長，任期四年，其餘大法官任期為八年，不適用前項任期之規定。

司法院大法官，除依憲法第七十八條之規定外，並組成憲法法庭審理政黨違憲之解散事項。

政黨之目的或其行為，危害中華民國之存在或自由民主之憲政秩序者為違憲。

司法院所提出之年度司法概算，行政院不得刪減，但得加註意見，編入中央政府總預算案，送立法院審議。

本條文分為六項：

㈠司法院院長、副院長與大法官之組成，以及產生之方式。

㈡司法院大法官之任期。

㈢民國九十二年提名之大法官，有關任期之特別規定。

㈣憲法法庭之相關規定。

㈤政黨違憲之規定。

㈥有關司法概算之規定。

本條文第㈠項說明如下，餘請參照第四階段修憲第五條之說明。

憲法第七十九條規定：「司法院設大法官若干人。」《司法院組織法》第三條規定：「司法院設大法官會議，以大法官十七人組織之，行使解釋憲法並統一解釋法律命令之職權。」第五條規定：「大法官之任期，每屆為九年。」上述之各項規定，在第四次修憲時已作了大幅度的改變，第六次修憲後再做調整。首先，大法官人數自十七人改為十五人，而且「以其中一人為院長、一人為副院長，由總統提名，經立法院同意任命之」，換言之，院長、副院長並為大法官，此係過去所無之規定。由於大法官的任期至民國九十二年終止，因此特別規定，本項「自中華民國九十二年起實施，不適用憲法第七十九條之規定」。此外，司法院大法官若非出自法官系統（例如學者、律師或政務官出身），則不適用憲法第八十一條有關「法官終身職」之規範，亦不得享有法官之終身職待遇。此一規範，原無須列在憲法之中，但因部分國民大會代表對大法官釋字三九九號解釋始終難以釋懷，乃堅持將上述規定列入修憲條文中，遂出現此一瑣細之規定。

第六條　（考試院之職權、院長、副院長、考試委員之提名及任命）

考試院為國家最高考試機關，掌理左列事項，不適用憲法第八十三條之規定：

一、考試。

二、公務人員之銓敘、保障、撫卹、退休。

三、公務人員任免、考績、級俸、陞遷、褒獎之法制事項。

考試院設院長、副院長各一人，考試委員若干人，由總統提名，經立法院同意任命之，不適用憲法第八十四條之規定。

憲法第八十五條有關按省區分別規定名額，分區舉行考試之規定，停止適用。

本條分為三項內容：

㈠有關考試院職掌之規範。

㈡考試院高層人事同意權之行使。

㈢分區考試規定之停用。

第㈡項說明如下，餘請參考第四階段修憲第六條之說明。

考試院院長、副院長及考試委員，過去依憲法第八十四條之規定，係由總統提名，經監察院同意任命之。修憲後因監察院不具同意權，則改交由國民大會行使。第六次修憲後再度因為國民大會已非常設之機關，遂改由立法院行使是項同意權。如前所述，考試委員本應超越黨派，獨立行使職權，則同意權實不宜由黨派色彩深厚的立委直接行使，已如前述。

至於考試委員之名額，則仍依照憲法本文之規定，並未予定額之規範。但是在《考試院組織法》第三條中，則明定「考試委員名額定為十九人」，在歷次修憲中，均未將此名額列入修憲條文之中，繼續維持著「考試委員若干人」的規定。此係與監察院部分規定「監察委員定為二十九人」不同之處。

第七條　（監察院之職權、院長、副院長、監察委員之產生及彈劾權之行使）

監察院為國家最高監察機關，行使彈劾、糾舉及審計權，不適用憲法第九十條及第九十四條有關同意權之規定。

監察院設監察委員二十九人，並以其中一人為院長、一人為副院長，任期六年，由總統提名，經立法院同意任命之。憲法第九十一條至第九十三條之規定停止適用。

監察院對於中央、地方公務人員及司法院、考試院人員之彈劾案，須經監察委員二人以上之提議，九人以上之審查及決定，始得提出，不受憲法第九十八條之限制。

監察院對於監察院人員失職或違法之彈劾，適用憲法第九十五條、第九十七條第二項及前項之規定。

監察委員須超出黨派以外，依據法律獨立行使職權。

憲法第一百零一條及第一百零二條之規定，停止適用。

本條文共分六項：

㈠監察院職掌之調整。

㈡監察委員之名額、任期及同意、任命方式。

㈢彈劾權行使之要件。

㈣對監察院人員彈劾之規定。

㈤監察委員獨立職權行使之規定。

㈥憲法相關條文停止適用之規定。

在修憲之後，監察院對總統、副總統之彈劾權均已取消，並移往立法院。在本條文中原先有關彈劾總統、副總統之規定，亦已一併取消。餘請參閱第四階段條憲第七條之解釋。

第八條　（立委及國代集會之報酬、待遇之訂定）

立法委員之報酬或待遇，應以法律定之。除年度通案調整者外，單獨增加報酬或待遇之規定，應自次屆起實施。國民大會代表集會期間之費用，以法律定之。

國民大會在第五次修憲時公然違背此一條文之規範，自行延任兩年，引起國人大譁，終於面臨大法官釋憲之裁判，最後被迫再行修憲，將國民大會改為非常設機關，即係因此一條文規範所致。

第九條　（省、縣地方制度之訂定）

省、縣地方制度，應包括左列各款，以法律定之，不受憲法第一百零八條第一項第一款、第一百零九條、第一百十二條至第一百十五條及第一百二十二條之限制：

一、省設省政府，置委員九人，其中一人為主席，均由行政院院長提請總統任命之。

二、省設省諮議會，置省諮議會議員若干人，由行政院院長提請總統任命之。

三、縣設縣議會，縣議會議員由縣民選舉之。
四、屬於縣之立法權，由縣議會行之。
五、縣設縣政府，置縣長一人，由縣民選舉之。
六、中央與省、縣之關係。
七、省承行政院之命，監督縣自治事項。
臺灣省政府之功能、業務與組織之調整，得以法律為特別之規定。

請參考第四階段修憲內容之相關解釋。

第十條　（經濟發展、中小企業之扶助、金融機構企業化經營、婦女之保障、全民健保、身心障礙者之保障、原住民之保障等）

國家應獎勵科學技術發展及投資，促進產業升級，推動農漁業現代化，重視水資源之開發利用，加強國際經濟合作。
經濟及科學技術發展，應與環境及生態保護兼籌並顧。
國家對於人民興辦之中小型經濟事業，應扶助並保護其生存與發展。
國家對於公營金融機構之管理，應本企業化經營之原則；其管理、人事、預算、決算及審計，得以法律為特別之規定。
國家應推行全民健康保險，並促進現代和傳統醫藥之研究發展。
國家應維護婦女之人格尊嚴，保障婦女之人身安全，消除性別歧視，促進兩性地位之實質平等。
國家對於身心障礙者之保險與就醫、無障礙環境之建構、教育訓練與就業輔導及生活維護與救助，應予保障，並扶助其自立與發展。

國家應重視社會救助、福利服務、國民就業、社會保險及醫療保健等社會福利工作，對於社會救助和國民就業等救濟性支出應優先編列。

國家應尊重軍人對社會之貢獻，並對其退役後之就學、就業、就醫、就養予以保障。

教育、科學、文化之經費，尤其國民教育之經費應優先編列，不受憲法第一百六十四條規定之限制。

國家肯定多元文化，並積極維護發展原住民族語言及文化。

國家應依民族意願，保障原住民族之地位及政治參與，並對其教育文化、交通水利、衛生醫療、經濟土地及社會福利事業予以保障扶助並促其發展，其辦法另以法律定之。對於澎湖、金門及馬祖地區人民亦同。

國家對於僑居國外國民之政治參與，應予保障。

本條文共分下列十三項：

㈠獎勵科技發展，促進產業升級。

㈡經濟與科技發展，應兼顧環境及生態保護。

㈢對中小企業之保障。

㈣公營金融機構本企業化之原則經營管理。

㈤全民健康保險之相關規定。

㈥婦女權益保障及兩性平權之相關規定。

㈦身心障礙者之權益保障。

(八)重視社會救助、福利服務、國民就業及相關預算之規定。
(九)對退伍軍人之權益保障。
(十)教育、科學、文化經費不再受憲法一百六十四條規定之限制。
(十一)對多元文化及原住民文化的重視。
(十二)對原住民族及澎湖、金門、馬祖人民權益之保障。
(十三)對於僑民參政權之保障。

第(八)、(九)項說明如下，餘請參閱第四階段修憲內容相關之說明。

在第五次修憲時，增列了第(八)、(九)兩項條文。第(八)項係強調對社會救助、福利服務、國民就業，社會保險及醫療保險等社會福利工作的重視，並優先編列相關之預算。第(九)項則強調對軍人的權益保障，肯定軍人對社會之貢獻。並對軍人退役後之就學、就業、就醫、就養等予優惠與保障。

此二項新增之條文均屬社會福利之範疇，與(五)、(六)、(七)等三項合併觀之，凸顯出國民大會代表對此類公共政策之高度重視。但若要求詳盡且能與時俱進，則只有經常透過修憲途徑予以變動調整，此實與憲法只對基本國策做「原則性規定」的基本原理不盡相符。

以美國修憲過程為例，一九一九年通過的修正案第十八條中規定，禁止「酒類之製造、銷售與運輸」，此即有名的「禁酒條款」，此本屬公共政策之範疇，以普通立法規範禁止即可。但在一九三三年憲法第二十一條修正案中，卻因此一禁令已經時過境遷，不合時宜，只有規定「憲法修正案第十八條自此廢止」。由此可見，在憲法條文（及修正條文）中，實不宜作受時效限制，或過為細瑣之政策規範，以免一修再修，失之粗率。

第十一條　（兩岸人民關係法之訂定）

自由地區與大陸地區間人民權利義務關係及其他事務之處理，得以法律為特別之規定。

本條條文係承襲自第一階段修憲之憲法增修條文第十條。

第四節　第七階段修憲內容分析

由於在第五階段修憲中，國民大會強行通過了「自肥」與「延任」條款，招致社會大眾的物議，並被司法院大法官會議的釋字四九九號解釋令認定為無效；國民大會修憲的正當性 (legitimacy) 頓失。加上國民黨與民進黨唯恐其他政治勢力（如親民黨）透過國大選舉而奠定政治地位，乃聯手完成第六階段修憲，將國民大會由原先的「常設性」機關，修改為「任務型」的「非常設性」機關。

依照第六階段修憲後憲法增修條文第一條之規定，「國民大會代表三百人，於立法院提出憲法修正案、領土變更案，經公告半年，或提出總統、副總統彈劾案時，應於三個月內採比例代表制選出之。」在同一條文中，還進一步凍結了原先憲法第二十七條之規定，亦即取消了國民大會修憲之權力，而將國民大會之權限，限制為「複決立法院所提之憲法修正案」這一項，至於原先憲法所規定之「選舉、罷免總統、副總統」、「修改憲法」等權，則均予凍結。

由於國民大會不再掌握主動性的修憲權，而國民黨與民進黨這兩大政黨勢力，又已聯手達成廢除國民大會、變更選舉制度與奠定兩黨體制等共識，立法院乃於民國九十三年八月二十三日第五屆第五會期第一次臨時會第三次會議中，通過了憲法修正案（於八月二十六日公告），這是行憲以來立法院第一次提出的憲法修正案。換言之，這是行憲以來第一次非經由國民大會主動提出憲法修正案，而係由立法院提出，由國民大會進行複決。這是第七次修憲不同於前六次修憲的首要之處。

其次，由於第七次修憲係由立法院提出憲法修正案，再由國民大會複決，間隔達半年之久。對於憲法修正案之具體內容，一般社會大眾多無認識，在選舉國民大會代表時，投票率更低至二三％，足見選民對此毫不關心。但在專業的法政專家部分，則大多傾向反對意見（後文詳述），對立法院所提出之憲法修正案多不表苟同。可是，由於選民投票率過低，國、民兩大政黨又以黨紀約束黨籍國大代表，結果依然在輿論物議、社會譁然的情況下，堅持完成第七次修憲，其政治後果及憲政影響則是備受爭議。

第七次修憲一共修正第一條、第二條、第四條、第五條、第八條等五條條文，並增訂第十二條。其要旨如次⓬：

一、**有關國會改革部分：**

1. 立法委員任期自第七屆起由三年改為四年。
2. 立法委員總額自第七屆起由二百二十五人改為一百一十三人，即立委席次減半，其中，自由地區直

⓬ 此說明係根據立法院編，〈立法院憲法修正案立法經過及修正內容報告〉，民國九十四年六月。

轄市、縣市七十三人，每縣市至少一人。自由地區平地原住民及山地原住民各三人。全國不分區及僑居國外國民共三十四人。

3.立法委員選舉改採單一選區兩票制，即單一選區制與比例代表制混合之兩票制。直轄市、縣市選出之區域立法委員部分，係「依各直轄市、縣市人口比例分配，並按應選名額劃分同額選舉區選出之」，採行單一選區制選舉，每一選區選出立委一人。全國不分區及僑居國外國民立法委員部分，係「依政黨名單投票選舉，由獲得百分之五以上政黨選舉票之政黨依得票比率選出之」，採比例代表制選舉，且設有百分之五之席次分配門檻，獲得政黨選舉票百分之五以上的政黨始得分配全國不分區及僑居國外國民立委之席次。在改採單一選區制與比例代表制混合方式之選舉下，選民投票時可投二票，一票投給區域立委選舉的個別候選人，選出直轄市、縣市區域立委；一票投給政黨，選出全國不分區及僑居國外國民立委。在我國此種兩票制下，某一政黨在立委選舉中所獲得之席次，其第一張單一選區的區域選舉結果與第二張投給政黨選舉票的選舉結果是分開計算的，分別計算兩類立法委員當選人名額後，再合計其總席次。此種計算方式與日本的並立制相同，而有別於德國所採行的聯立制⓭。

4.有關婦女保障名額，由於立法委員席次減半及區域立委選舉改採單一選區制，原婦女保障名額之規

⓭ 有關「聯立制」與「並立制」的比較，參見：龔意琇，〈單一選區兩票制：並立制與聯立制之分析〉，《國政分析》〇九一—〇五四號，民國九十一年七月二十四日。並立制與聯立制都是二票混合制的一種，其設計上的不同處，在於前者將單一選區與比例代表的名額分開計算，彼此互不影響名額；而後者則合併計算，以比例代表（第二票）為主，可修正得票率與議席數的不對稱性。

定在此種情形下難以落實執行，爰加以修正，明定各政黨全國不分區與僑居國外國民立委當選名單中，婦女名額不得低於二分之一。

二、有關廢除國民大會及其職權配套修正移轉部分：

1. 廢除國民大會。

2. 立法院提出總統、副總統彈劾案後，原係交由國民大會議決，國民大會廢除後，改由司法院大法官組成憲法法庭審理之。

3. 立法院提出領土變更案後，原係由國民大會複決，國民大會廢除後，改由公民投票複決，非經中華民國自由地區選舉人投票複決，有效同意票過選舉人總額之半數，不得變更之。

4. 立法院提出憲法修正案後，原係由國民大會複決，國民大會廢除後，改由公民投票複決，經中華民國自由地區選舉人投票複決，有效同意票過選舉人總額之半數，即通過之。

5. 配合國民大會廢除，有關國民大會代表集會期間費用之規定予以刪除。

對於上述各項修憲內容，各黨派的政治人物與專業的法政學者，多不以為然，而且表達了強烈的質疑態度。執政的民進黨籍立委林濁水，就在國民大會修憲前夕，表達了強烈的憂慮和不滿⓮：

世界上最魯莽的修憲案即將通過，世界上最超高的修憲門檻已將誕生，增修條文第十二條與其說是修憲條款，因其門檻過高，已成禁止修憲條款，這條款已宣告，類似政府體制這類爭議性較大的議題，修憲將無法過關，所謂二階段修憲已不可能，目前因體制不明的政治亂象不但將持續，而且將持續累積動亂的能量，還將受到因這次魯莽

⓮ 引自林濁水，〈魯莽修憲・綠軍災難國家動亂〉，《聯合報》，民國九十四年六月六日，第十五版。

修憲的國會選制之牽動更形擴大。

* * *

今天藍軍控制國會卻無法使綠軍就範，最重要的原因是不敢倒閣（這情形在將來恐有不同），另外就是藍軍運用國會多數的技巧仍未熟練，但這情形已逐漸轉變，兩種武器已經浮出。一是主導立法，先是全面在程序委員會封殺法案付委，結果六個會期下來，行政院賴以施政的法案逐會期減少，逼到最近已有法案是由行政部門草擬委由藍軍立委提案，這一來，整個行政院的部會首長已變成藍軍立委的法案助理；二是確立單一召委制，這一來召委權力集中，將強有力控制立法、預算，這制度的力量藍軍過去不瞭解，但去年已首度提出單一召委制，如立法成功，藍軍召委將成實質部長，而行政院部會首長將成其副手。這樣將來陳、蘇、謝總統能不讓出組閣權也將成為實質的虛位元首。

不只如此，召委將擁實權而不負政策成敗之責，部長權力架空卻要負政策的全責；雙方在權責不分之下衝突角力，國政之亂將無法想像。

* * *

魯莽修憲，已成定局。對綠軍固然無非災難，但國家也同蒙其害，要避免兩年後的大災難只能寄望於三項奇蹟上：或是民進黨真的獲百分之五十五以上選票；或是所有政治領袖們痛改前非，聆聽學界和輿論界幾乎一致對目前修憲案的痛批，鼓起勇氣認錯並從善如流，以謀補救；或大法官以這次修憲既以不到百分之二十五的低投票率卻要通過超高的修憲門檻，以及修憲內容嚴重違背平等權原則而判修憲違憲。

除了政黨利害與政治版圖的考慮之外，許多憲政學者與法政專家也紛紛著文對第七次修憲表達了反對的立場。作者本人即在〈憲政改革的迷思與出路〉一文中指出⓯：

第七次修憲即將展開，任務型國大的選舉工作也將在五月十四日舉行。這是中華民國有史以來第一次完全以政黨及團體做為投票對象的選舉，而且是以「比例代表」方式分配幾席。儘管投票率可能甚低，但對各政黨及社團（包括「民主行動聯盟」等）的象徵意義，卻非同小可。這正是此次選舉的第一項重要意義。

再者，這次選舉也與過去兩居民代選舉迥異，它不是一次「藍綠對抗」的選舉，而是「大黨對抗小黨」、「強勢對抗弱勢」的新型對峙。對於第七次修憲的主要議題：㈠修改選舉制度；㈡削減立委名額（減半席次）；㈢廢除任務型國大（改採公民投票，以及由大法官會議——憲法法庭，決定是否彈劾總統和副總統）等，目前各政黨表達的態度分別是：兩大黨（民進黨和國民黨）均表贊成，各小黨（親民黨、新黨、台聯、建國黨等）則一致反對。另外，由民間學者專家和社運人士組成的「民主行動聯盟」也強烈表示反對。其中主要原因，是一旦修憲案通過，在新的立委總額（一一三席）和選舉制度之下，各小黨均將失去生存的空間；居時恐怕只剩下國民黨和民進黨這兩黨了。無怪乎，這次國大選舉和修憲任務，已成為「以大吃小」與「以強凌弱」的一場殊死戰。

但是，撇開選舉制度的利害關係不論，我們是不是能找到一些民主體制的基本運作規範，作為衡量此次修憲議題的客觀準繩呢？作者根據西方的民主經驗，進一步指出：

㈠在國會議員席次部分，一般中型的民主國家，包括 OECD（經濟合作與發展組織）的成員國，如英、法、

⓯ 引自周陽山，〈憲政改革的迷思與出路〉，《蘋果日報》，民國九十四年四月十八日。

德等國為例，大約是平均國民人口每十萬人選出一名國會議員。基於此，英國當前人口約五千八百萬人，國會議員總額為六五九人；法國人口（含海外屬地）六千零七十萬人，國民議會（即下議院）議員總額為五七七人，以臺澎金馬地區人口二千三百四十萬計，若減半為一一三人，則是明顯的不足。而且不符合上述的國際通例。

㈡國會制度在運作上，必須有足夠的議員員額和適當數額的委員會配置，始能充分發揮監督與制衡的功能。以北歐的民主楷模——芬蘭為例，目前人口雖然僅有五百二十萬人，卻有國會議員二百人，芬蘭新憲法（二〇〇〇年制定）規定（第三十五條）「憲法委員會、外交事務委員會與財政委員會，每一委員會至少應有十七位委員，其他常設委員會至少應有十一位委員」。如果立法院在此次修憲後真的改成一一三席，以目前十二個委員會的編制而言，恐怕每一委員會平均都不足十人！這對於議會本身的運作而言，恐將失諸草率，也會影響到立法—行政二者間的有效制衡。

㈢目前立法院的客觀政治生態，是只有三分之一左右的立委以「立法問政」為其主業，其餘三分之二則以「選區服務」和「選民關係」作為主要考量，基於此《立法院議事規則》中規定，各委員會的合法出席人數是三分之一（前述的芬蘭憲法則規定應為三分之二），據此，在立委總額減半（一一三席）後，每一委員會只要有三至四人出席，即已達到法定人數。如此一來，立法問政品質到底是「向上提升」，或者是「向下沉淪」呢？恐怕更是不堪聞問了，這種憲政改革，一旦實現，真的就要釀成民主的災難了！

或許有人會辯稱，在「選制改革」與「席次減半」的配套措施下，改革應該是越改越好吧！我們看一看到底修憲條文中的「選制改革」是怎麼一回事：

㈠臺澎金馬地區分為七十三個選區，每一選區選出一位立委（即單一選區）。

㈡原住民委員六席。山地及平地各三席。

㈢全國不分區（由政黨比例代表方式產生）二十八席。

㈣海外僑民代表六席，同樣是依政黨比例代表制產生。

在上述四種類型中，前二者共佔立委總額約七成，由「地區選票」選舉產生。後二者則共佔三成，由「政黨比例代表制選票」產生。如果兩者所佔之比例是一比一，則至少有一半的立委不必忙於選區事務和選民服務，則提升立法問政品質，就會有落實的基礎。但是，現在修憲案卻將「政黨比例代表」的總席次列為百分之三十，這不啻將讓目前「只有三分之一立委勤於問政」的政治生態，持續下去。試想：在未來的立法院裡，一一三席的立委中只有不到四十位可以專心問政，而不必忙於選區事務，這樣的國會改革真的不會越改越糟嗎？

推動修憲的國民黨與民進黨，透過第七次修憲，藉「國會減半」與「選區改制」，將使臺澎金馬地區現階段的「多黨體制」（兩大黨、兩小黨）調整為「兩黨制」（只保留國、民兩黨，其他小黨則歸於消失）。且為了戮力完成修憲任務，國民黨與民進黨均對黨籍國代祭出黨紀處分的動員令，不但不容許國大代表在行使複決權時討論修憲案的內容，而且強行規定：凡是在複決權行使時違反黨意投下反對票的國代，將立即開除黨籍，並由中央選舉委員會即時完成候補國代的遞補程序，重付投票，以保證修憲案順利過關。

這種威權式 (authoritarian) 的強制性手段，一方面充分反映了國、民兩大黨亟欲讓修憲案強渡關山的堅決立場，另一方面也說明在社會物議、輿論質疑的氣氛下，修憲案能否過關的確充滿變數。在國民大會第一次會議的現場（民國九十四年六月六日下午，地點是陽明山中山樓中華文化堂），一位國代向大會主席質疑《國民大會議事規則》，必須由大會主席團重新做出決定後，再報請大會同意。針對此一嚴重的程序性瑕疵，大會主席無奈的說⑯：「……對於你的意見，我可以理解。我可以告訴各位，國民大會到此即將走入歷史；既然你有這個意見，我非常了解你提出會議規則各方面有若干瑕疵，我可以理解。但事情已經到這個地步，我們只好照辦。」

「事情已經到這個地步，只好照辦」這句無奈的心底話，到底指的是從第五次、第六次到第七次修憲過程中，國民大會由自行擴權、非法延任，到被迫自裁、強制縮權，乃至自我了斷、全盤虛位化，最後則走向終結的歷程？還是指國、民兩大黨強行推動修憲，並以強勢黨紀制裁，而黨員只好照辦，不得不然？或許只有當事人心知肚明，點點滴滴盡在心頭了。

但是，不管是無知、無辜或是無奈，第七次修憲畢竟已成為事實，而且國民大會確已走入歷史。而第八次修憲又已緊鑼密鼓的逐步展開，總統本人就是主要的推手。權威的憲法學者、中央研究院院士胡佛教授的一席話，或許正可以做為這一連串修憲任務的重要註腳。胡教授說⑰：「憲法的功能原在凝聚人民的國家意識，擺在眼前的現實卻是主政者以憲改之名，撕裂人民對國家的認同。……十五年來修了七次憲，如今才修完憲，總統又要推動修憲，有問題的顯然不是憲法，更嚴重的恐怕是意識型態操弄了修憲。『制度有其窮盡，徒法不足以自行』，如果政治人物乃至民眾參不透其中真意，就會一再墮入修憲的輪迴中，反而

---

⑯ 見《國民大會速紀錄》，國民大會祕書處編印，民國九十四年六月二十一日，頁二一七。這次大會主席是陳金讓（國民黨籍）。

⑰ 楊湘鈞專訪，〈胡佛：修憲綁選舉．撕裂國家認同〉，《聯合報》，民國九十四年六月十三日，第十版。

看不清楚根本的憲政問題，更無法擺脫被操弄的命運。……」

民國九十四年六月七日下午二時，國民大會終於以二四九票贊成，四八票反對，一票廢票（共發票二九八張），強行通過了第七次修憲任務。民國九十四年六月十日，以華總一義字第〇九四〇〇〇八七五五一號，公布了修憲條文，其具體內容如次。

第一條　（修憲、領土變更案之複決）

中華民國自由地區選舉人於立法院提出憲法修正案、領土變更案，經公告半年，應於三個月內投票複決，不適用憲法第四條、第一百七十四條之規定。

憲法第二十五條至第三十四條及第一百三十五條之規定，停止適用。

本條文內容包括：

㈠立法院提出憲法修正案、領土變更案，以及選舉人投票複決之規定。

㈡憲法第三章「國民大會」（第二十五條至第三十四條）以及第一百三十五條停止適用之規定。

一、依第㈠項所指，在正式廢除國民大會後，憲法修正案與領土變更案均由立法院提出，經公告半年後，應於三個月之內，由中華民國自由地區選舉人投票複決。換言之，自第七次修憲完成後，憲法修正案與領土變更案通過的程序，已由「國民大會決議」，改為「立法院提出，由公民投票複決之」。由於國民大會此一「政權機關」已經廢除，由公民投票行使複決權業已取代國民大會原先的「政權」功能。但是，此一「取代」是否真能充分體現國民大會的「政權」功能呢？

若就「政權」的基本內涵而論，應包括選舉、罷免、創制、複決等四項基本權利。憲法第二十七條中即規定「關於創制、複決兩權，除前項第三、第四兩款規定外，俟全國有半數之縣、市曾經行使創制、複決兩項政權時，由國民大會制定辦法並行使之」。由此可知，在制憲當初（民國三十六年）就已預設創制與複決二權實屬缺一不可，俱為重要之「政權」內涵。但是，現在取消了國民大會及其修憲權與變更國土權，卻未賦與選舉人行使「創制」之權利，這顯然並非完整的「政權」概念的落實，更與孫中山先生所倡導的「權能區分」（「政權」與「治權」的區分）原則，有著相當大的落差。無論就三民主義所倡導的「直接民權」的行使，或西方憲政民主國家所強調的「直接民權」的落實而言，這均係嚴重之缺憾。

試想：經歷了七次的修憲，而且大費周章的廢除了國民大會，但是一般公民卻只有修憲與變更國土的「複決權」而無「創制權」。「創制權」仍然係由代議機關立法院所掌控，這豈非立法院的變相擴權？這難道不是對直接民權的限制與侵害？吾人在前揭文中指陳第七次修憲既「魯莽」又「失諸草率」，由此亦可得到證實。

我們必須強調，如果由國民大會代行創制、複決二權，係違背「直接民權」的原意（即「直接由公民行使之」）；則在第七次修憲後，將憲法規範修正為「由立法院掌握修憲與變更國土的創制權」，仍是根本違背「直接民權」的原理。這不過是「立法院藉修憲而侵奪國民大會之權限」罷了，並沒有真正增益憲法的民主基礎與民權內涵。而立法院中的兩大政黨——國民黨與民進黨利用政黨優勢與黨紀約束，強行要求該黨籍之國大代表進行包裹表決，同意立法院所提之憲法修正案，更可說是藉立法院之政黨優勢，以強凌弱，迫使弱勢的國民大會自我了斷、自絕其生路。無論從程序正義、民主正當性 (democratic legitimacy) 與法治 (rule of law) 的角度分析，這均屬不當之至，實有違憲政主義與自由民主的基本原理，令人遺憾！

二、在國民大會廢止後，憲法第三章「國民大會」也被迫失其效力，從第二十五條到第三十四條這十條條文，均一體「停止適用」。

至於憲法第一百三十五條，則是規定「內地生活習慣特殊之國民代表名額及選舉，其辦法以法律定之」。由於中華民國自由地區已有關於原住民族選舉之特別規定，實無需再另定法律，故停止適用之。

第二條　（總統、副總統之選舉、罷免之彈劾）

總統、副總統由中華民國自由地區全體人民直接選舉之，自中華民國八十五年第九任總統、副總統選舉實施。總統、副總統候選人應聯名登記，在選票上同列一組圈選，以得票最多之一組為當選。在國外之中華民國自由地區人民返國行使選舉權，以法律定之。

總統發布行政院院長與依憲法經立法院同意任命人員之任免命令及解散立法院之命令，無須行政院院長之副署，不適用憲法第三十七條之規定。

總統為避免國家或人民遭遇緊急危難或應付財政經濟上重大變故，得經行政院會議之決議發布緊急命令，為必要之處置，不受憲法第四十三條之限制。但須於發布命令後十日內提交立法院追認，如立法院不同意時，該緊急命令立即失效。

總統為決定國家安全有關大政方針，得設國家安全會議及所屬國家安全局，其組織以法律定之。

總統於立法院通過對行政院院長之不信任案後十日內，經諮詢立法院院長後，得宣告解散立法院。但總統於戒嚴或緊急命令生效期間，不得解散立法院。立法院解散後，應於六十日內舉行立法委員選舉，並於選舉結果確認後十日內自行集會，其任期重新起算。

總統、副總統之任期為四年，連選得連任一次，不適用憲法第四十七條之規定。

副總統缺位時，總統應於三個月內提名候選人，由立法院補選，繼任至原任期屆滿為止。

總統、副總統均缺位時，由行政院院長代行其職權，並依本條第一項規定補選總統、副總統，繼任至原任期屆滿為止，不適用憲法第四十九條之有關規定。

總統、副總統之罷免案，須經全體立法委員四分之一之提議，全體立法委員三分之二之同意後提出，並經中華民國自由地區選舉人總額過半數之投票，有效票過半數同意罷免時，即為通過。

立法院提出總統、副總統彈劾案，聲請司法院大法官審理，經憲法法庭判決成立時，被彈劾人應即解職。

本條文內容包括：

㈠有關總統、副總統直選之程序規定。
㈡有關行政院院長副署權之設限。
㈢有關總統緊急權力行使之規定。
㈣有關國家安全會議與國家安全局之規範。
㈤總統解散立法院之程序規定。
㈥總統、副總統之任期規定。
㈦副總統缺位時之補選規定。

㈧總統、副總統均缺位時，行政院長代行其職權及補選程序之規定。
㈨有關總統、副總統罷免案之規定。
㈩有關總統、副總統彈劾案之規定。

在第七次修憲中，僅對上述之第㈩項進行修正，其餘㈠至㈨項均請參見第六次修憲部分之相關說明。就第㈩項言，依憲法第一百條規定，「監察院對於總統、副總統之彈劾案，須有全體監察委員四分之一以上之提議，全體監察委員過半數之審查及決議，向國民大會提出之。」修憲後，此一規定已予凍結，不再適用。民國八十六年第四次修憲後，將監察院對總統、副總統的彈劾權，移交立法院行使，監察院僅能對一般政府官員行使彈劾權，而不及於總統、副總統。

至於立法院彈劾總統、副總統之程序規定，則較原先監察院行使時之規定更為嚴格。依據憲法修正條文第四條第七項之規定，「立法院對於總統、副總統之彈劾案，須經全體立法委員二分之一以上之提議，全體立法委員三分之二以上之決議」。換言之，修憲前後對總統、副總統之彈劾權行使要件，已產生如下的變化：

(1)憲法原先之規定，係由全體監察委員四分之一之提議，全體監察委員過半數之審查及決議。

(2)修憲後之新規定，則係全體立法委員二分之一之提議，全體立法委員三分之二之決議。足見彈劾權行使之門檻設限，已大幅度提高，彈劾權行使之程序要件更趨於嚴格。

在第七次修憲廢除國民大會之後，原先歸國民大會掌握之各項權限均改由公民直接行使，並由選舉人以複決投票方式行之。但在彈劾權行使的規範上，卻改為立法院「聲請司法院大法官審理」。換言之，過去憲法與憲政體系係將彈劾案定位為由民意機關審理，按多數決 (majority) 或特別多數 (special majority) 方式決定之⓲。在本次修憲後，彈劾案卻改由民意機關提案，司法機關審理，性質上已改變為「司法審理」，而非「立法機關議決」(即「國會議決」)。

司法審理本身則面臨著大法官能否真正公正審理的考驗。在第四次修憲中，對司法院大法官的提名方式與任期規定，作出重大的改變。自民國九十二年起，總統提名之大法官，「其中八位，含院長、副院長，任期四年，其餘大法官任期為八年」。換言之，總統在他的四年任期中，將可提名十五位大法官中的八位(超過二分之一)，包括院長、副院長在內。在這樣的前提下，一旦立法院通過了對總統、副總統的彈劾案，「聲請司法院大法官審理，經憲法法庭判決成立時，被彈劾人應即解職。」此一規定，究竟能否真正落實，公平運作，迨屬疑問。因為大法官之中超過一半(八位)，俱由現任總統所提名。儘管大法官有其資格要件限制，但總統在提名時必然會考慮大法官本身的政治立場、意識型態，乃至人際關係與人事背景⓳，這些因

⓲ 彈劾 (impeachment) 係指立法機關對政府高層官員正式提出的司法控訴。彈劾並不一定會剝奪政府高層官員的職務，其性質接近司法審判中之起訴 (indictment)，係剝奪其職或令其去職過程中的第一步。一旦高官被彈劾後，將可能面臨立法機關的多數決投票，通常係以超過立法機關議員總額過半數或特別多數(如三分之二、四分之三，甚至五分之四)作為通過之門檻，除非高官濫權或違法的情事十分嚴重，否則應不會輕易的去職下臺。中國古諺有云：「刑不上大夫」，對高官一向十分尊重，而彈劾權卻是淵源自英國，係國會對付高官重臣的一種重要制衡手段。如果彈劾權行使的條件限制過於嚴苛，勢將形同虛設。而立法機關面對行政機關及高級官員違法濫權時，恐怕也就無計可施了。

⓳ 以美國為例，聯邦最高法院的九位大法官俱為終身職，但可自行選擇提前退休。此時現任總統就掌握著決定最高法

素均會影響到大法官在審理總統彈劾案時的政治立場與專業判斷。就此而論，第七次修憲時將總統、副總統的彈劾案交由大法官審理的決定，顯然未充分考慮到第四次修憲後大法官提名方式與任期改變後的政治生態，這也是一項考慮未周的憲政瑕疵。

第三條　（行政院長之任命、代理、行政院對立法院負責）

本條文並未修正，請參照第六階段修憲條文之相關說明。

第四條　（立法委員之人數及分配）

立法院立法委員自第七屆起一百一十三人，任期四年，連選得連任，於每屆任滿前三個月內，依左列規定選出之，不受憲法第六十四條及第六十五條之限制：

一、自由地區直轄市、縣市七十三人。每縣市至少一人。

二、自由地區平地原住民及山地原住民各三人。

三、全國不分區及僑居國外國民共三十四人。

前項第一款依各直轄市、縣市人口比例分配，並按應選名額劃分同額選舉區選出之。第三款依政黨名單投票選舉之，由獲得百分之五以上政黨選舉票之政黨依得票比率選出之，各政黨當選名單中，婦女不得低於二分之一。

院日後發展方向的重要提名權。以雷根總統為例，由於在他的八年任期內，提名了多位保守派 (conservative) 大法官，扭轉了過去最高法院的自由派 (liberal) 形象，其影響持續甚久，超過二十年。

立法院於每年集會時，得聽取總統國情報告。

立法院經總統解散後，在新選出之立法委員就職前，視同休會。

中華民國領土，依其固有疆域，非經全體立法委員四分之一之提議，全體立法委員四分之三之出席，及出席委員四分之三之決議，提出領土變更案，並於公告半年後，經中華民國自由地區選舉人投票複決，有效同意票過選舉人總額之半數，不得變更之。

總統於立法院解散後發布緊急命令，立法院應於三日內自行集會，並於開議七日內追認之。但於新任立法委員選舉投票日後發布者，應由新任立法委員於就職後追認之。如立法院不同意時，該緊急命令立即失效。

立法院對於總統、副總統之彈劾案，須經全體立法委員二分之一以上之提議，全體立法委員三分之二以上之決議，聲請司法院大法官審理，不適用憲法第九十條、第一百條及增修條文第七條第一項有關規定。立法委員除現行犯外，在會期中，非經立法院許可，不得逮捕或拘禁。憲法第七十四條之規定，停止適用。

本條文內容包括：

㈠立法委員員額及其產生方式。

㈡有關選舉區、政黨名單及婦女名額之規定。

㈢立法院聽取總統國情報告之規定。

㈣立法院經總統解散後視同休會。

㈤領土變更案之行使規範。

㈥總統緊急命令權之規定。

㈦立法院對於總統、副總統彈劾權行使之規定。

㈧立法委員不受逮捕或拘禁之特權。

本次修憲只更動㈠、㈡、㈤、㈦四項，其他各項請參照前次修憲之說明。

一、除了廢除國民大會之外，第七次修憲的另一項重要任務，係「國會減半」，亦即將立法委員名額自二二五席減為一半——即一一三席。「國會減半」的主要理由是為了改善國會效率，減少立委的員額和薪資，同時也為國庫節省下一大筆公帑。立法院一向被視為腐化的機關，既無議事效率，又與黑金牽扯不清，儘管國會確有其必要性，是一種「必要之惡」，但規模卻是愈小愈好。基於此，釜底抽薪、正本清源之計，乃在將國會議員總額減半，從而促成這次的「國會改革」。但另一方面，減半之後的國會對行政機關而言則會因其員額與規模的不足，而無法有效的扮演監督制衡的角色。

對於這種以「國會改革」為名的修憲舉措，絕大部分的憲政專家與法政學者均不以為然，在立法院第五屆立委所提的各種修憲案中，也有不少提案反對這種「席次減半」的主張[20]。但最後這些方案均不敵「國會減半」這個目標明確、言簡意賅的口號，而成為第七次修憲的改革標的。事實上，從民國八十一年迄今，立委名額從一六一位（第二屆）到一六四位（第三屆），再改為民國八十六年第四次修憲後的二二五位（自

[20] 例如民進黨立委柯建銘等八十四人擬具的「中華民國憲法增修條文第四條條文修正草案」，就將立法院席次定為一百五十人。而親民黨立委呂學樟等七十一人擬具的「中華民國憲法增修條文部分條文修正草案」，則將立委席次定為一百九十六人，均非「國會減半」的一一三席。

第四屆到第六屆），其員額究竟應如何訂定，始終言人人殊，莫衷一是。但基本上，若根據一般中型民主國家（人口在六千萬人以下，一千萬人以上），則從每十萬國民中產生一位國會議員，應屬合宜。本書在分析第四次修憲時曾指出，立法院應維持第三屆時一六四人的規模，不必擴增。基於此，若能在前述由立委所提的修憲方案中，以一百五十人至二百人為規劃方案，擇一行之，實不難形成共識，並據之作為推動國會法制改革的藍本。

但是，此次修憲卻罔顧學術界與輿論界的反對意見，也未採納其他立委的折衷方案，而堅持以「國會減半」為改革方案。對於此一方案的利弊得失，我們且以舉例的方式，選擇全球三十一個重要國家的國會制度與選舉方式作一比較（見附表二）。從此一比較中，可以得到以下幾項結論：

(1)在這三十一國中，只有奧地利、澳大利亞、比利時、智利、芬蘭、荷蘭、斯里蘭卡與瑞典等八國人口比中華民國少，但這八國的國會議員人數，均較第七次修憲後的一一三席為多。在這三十一國中，中華民國新的國會席次位居倒數第一，其規模比所有人口數相似的國家均要少得多。

(2)若以人口一千萬至三千萬的國家作為比較之基準，則澳大利亞（二〇〇九萬人／共二二六席）、荷蘭（一六四〇萬人／共二二五席）、斯里蘭卡（二〇〇六萬人／共二二五席）、烏茲別克（二六八五萬人／共二二〇席）等四國的數據顯示，中華民國的國會席次若維持為二二五席，正好居於中位數(median)，並不嫌多。相反的，若減為二分之一（即一百一十三席），則顯得規模不足，難以承擔國會有效監督政府的制衡性任務。

(3)在人口不足一千萬的國家，包括芬蘭（五二三萬人／二〇〇席）、瑞典（九〇〇萬人／三四九席）等老牌民主政體，和中華民國類似，係採單一國會制(unicameralism)，但其席次卻遠遠超過第七次修憲後的一一三席。由此可知，儘管同樣是採取「一院制」的國會體制，仍應維持二〇〇席左右的規模，才能充分發揮國會監督與制衡的功能。北歐的民主經驗，也證明了第七次修憲以「國會減半」為改革藍圖，是失之輕率，而且有害於民主運作的危險作法。

(4)所有人口超過五千萬的大型民主國家，包括德國（八二四三萬人／六七二席）、法國（六〇七〇萬人／八九八席）、義大利（五八一〇萬人／九四五席）、英國（六〇四四萬人／一二六四席），其國會規模均超過五〇〇席，為我國立法院（第四屆至第六屆）席次（二二五席）兩倍以上。但卻絲毫不因為其規模大、席次多，而影響權力制衡品質。由此可知，所謂「議席減半、效率提升」之說根本站不住腳。

附表二　世界各國國會席次與產生方式一覽表

國名	人口	國會席次：一院／兩院	產生方式
1.奧地利	八一八萬人	兩院制：共二四七席 I.聯邦院（六四席，一任四至六年） II.國民院（一八三席，一任四年）	I.由各邦任命 II.直選產生
2.澳大利亞	二〇〇九萬人	兩院制：共二二六席 I.參議院（七六席，一任三或六年） II.眾議院（一五〇席，一任三年）	I.直選產生 II.直選產生
3.比利時	一〇三六萬人	兩院制：共二二一席 I.參議院（七一席，一任四年）	I.其中四〇席直選產生；三一席間接選出

		II.眾議院（一五〇席，一任四年）	II.直選，根據比例代表制原則分配議席
4.巴西	一八六一一萬人	兩院制：共五九四席 I.參議院（八一席，一任八年） II.眾議院（五一三席，一任四年）	I.直選（絕對多數產生） II.依比例代表制產生
5.加拿大	三二八〇萬人	兩院制：共四一三席 I.參議院（一〇五席，終身職，通常服務至七十五歲退休） II.眾議院（三〇八席，一任五年）	I.由總督任命（經總理建議） II.直選產生
6.智利	一五九八萬人	兩院制：共一六八席 I.參議院（四八席，一任八年） II.眾議院（一二〇席，一任四年）	I.(1)三八席由直選產生(2)九席為總統任命(3)另外一席為任滿六年的前任總統，任期為終身 II.直選產生
7.中國大陸	一三〇六三一萬人	一院制：二九八五席 人民代表大會（一任五年）	間接產生，由省、市、自治區人代會代表選出
8.中華民國	二二八九萬人	I.新制——一院制：一一三席 立法院（一任四年） II.舊制——一院制：二二五席 立法院（一任三年）	I.(1)七九席由直選產生(2)三四席由比例代表選舉產生，依政黨比例代表制分配 II.(1)一七六席由直選產生(2)四九席由間接選舉產生，依政黨比例代表制分配
9.芬蘭	五二二萬人	一院制：二〇〇席 國會（一任四年）	直選，依比例代表制分配議席
10.法國	六〇七〇萬人	兩院制：共八九八席 I.參議院（三二一席，一任九年） II.眾議院（五七七席，一任五年）	I.由選舉人團間接選舉產生，每三年改選三分之一 II.直選產生，在單一選區中獲得絕對多數者當選

11. 德國	八二四三萬人	兩院制：共七二五席 I. 參議院（六九席，依各邦規定） II. 眾議院（六五六席，一任四年）	I. 由各邦（共十六邦）所任命 II. 單一選區和政黨比例代表名單各佔一半席次
12. 印度	一〇八〇二六萬人	兩院制：共七九五席 I. 參議院（二五〇席，一任六年） II. 眾議院（五四五席，一任五年）	I. 十二席由總統任命，其他由各州議會選出 II. 二席由總統任命，其餘由直選產生
13. 義大利	五八一〇萬人	兩院制：共九四五席 I. 參議院（三一五席，一任五年；卸任總統擔任參議員，則為終身職） II. 眾議院（六三〇席，一任五年）	I. 二三二席由直選產生；八三席按地區比例代表制產生 II. 四七五席由直選產生；一五五席按地區比例代表制產生
14. 大韓民國	四八四二萬人	一院制：二九九席 國民議會（一任四年）	二四三席由單一選區選出；五六席按比例代表制選出
15. 墨西哥	一〇六二〇萬人	兩院制：共六二八席 I. 參議院（一二八席，一任六年） II. 眾議院（五〇〇席，一任三年）	I. 九六席由直選產生；三二席按政黨得票比例分配 II. 三〇〇席由直選產生；二〇〇席按政黨得票比例分配
16. 日本	一二七四一萬人	兩院制：共七二二席 I. 參議院（二四二席，一任六年） II. 眾議院（四八〇席，一任四年）	I. 一四四席為直選（多席次選區）；九八席為比例代表，三年改選一半 II. 三〇〇席為直選（單一席次選區）；一八〇席為比例代表選制；分由十一個地區選出
17. 荷蘭	一六四〇萬人	兩院制：共二二五席 I. 第一院（七五席，一任四年） II. 第二院（一五〇席，一任四年）	I. 由十二個省議會間接選出 II. 由直選產生

25. 瑞典	九〇〇萬人	一院制：三四九席	依照比例代表制選舉產生
24. 南非	四四三四萬人	兩院制：共四九〇席 I. 參議院（九〇席，一任五年） II. 國民議會（四〇〇席，一任五年）	I. 由九個省的省議會間接選舉產生，每一省分配十席 II. 直選產生，依比例代表制分配議席
23. 斯里蘭卡	二〇〇六萬人	一院制：二二五席（國會）（一任六年）	由直選產生，依照比例代表制在各地區分配議席
22. 西班牙	四〇三四萬人	兩院制：共六〇九席 I. 參議院（二五九席，一任四年） II. 眾議院（三五〇席，一任四年）	I. 二〇八席由直選產生；五一席由地方議會任命 II. 由直選產生，依政黨比例方式分配
21. 俄羅斯	一四三二萬人	兩院制：共六二八席 I. 參議院（一七八席，一任四年） II. 眾議院（亦稱杜馬，共四五〇席，一任四年）	I. 由八十九個聯邦主體任命，每一個聯邦主體分配二席 II. 二二五席由單一席次選區選出；另外二二五席依政黨比例代表方式產生
20. 波蘭	三八六三萬人	兩院制：共五六〇席 I. 參議院（一〇〇席，一任四年） II. 眾議院（四六〇席，一任四年）	I. 以各省為單位，以絕對多數方式產生。 II. 依比例代表制選舉產生
19. 菲律賓	八七八五萬人	兩院制：共二六〇席 I. 參議院（二四席，一任六年） II. 眾議院（憲法規定不超過二五〇席，目前為二三六席，一任三年）	I. 由直選產生，每三年改選一半。 II. 二一二席由選區選舉產生；二四席由政黨名單產生
18. 巴基斯坦	一六二四一萬人	兩院制：共四四二席 I. 參議院（一〇〇席，一任四年） II. 國民議會（三四二席，一任四年，其中女性代表六〇席，少數民族代表一〇席）	I. 由各省議會間接選出 II. 由直選產生

		國會（一任四年）	
26.泰國	六五四四萬人	兩院制：共七〇〇席 I.參議院（二〇〇席，一任六年） II.眾議院（五〇〇席，一任四年）	I.由直選產生 II.由直選產生
27.土耳其	六九六六萬人	一院制：五五〇席 大國民議會（一任五年）	由直選產生
28.烏克蘭	四七四二萬人	一院制：四五〇席 最高議會（一任五年）	由直選產生，依比例代表制分配議席
29.英國	六〇四四萬人	兩院制：共約一二六四席 I.上議院（約五〇〇位封爵，九二位世襲貴族，二六位教士） II.下議院（六四六席，一任五年）	I.任命或世襲產生 II.由直選產生，每一選區選出一席
30.美國	二九五七三萬人	兩院制：共五三五席 I.參議院（一〇〇席，一任六年） II.眾議院（四三五席，一任二年）	I.由直選產生，每一州選出二席，每兩年選出總額三分之一的參議員 II.由直選產生，每一選區選出一位眾議員
31.烏茲別克	二六八五萬人	兩院制：共二二〇席 I.參議院（一〇〇席，一任五年） II.眾議院（一二〇席，一任五年）	I.八四席由地方議會選出；一六席由總統任命 II.由直選產生

除了「國會減半」的爭議之外，另一項引人垢病的修憲措施，是將立委總額（一一三席）中的絕大部分席次（共七十九席，佔七成），列入區域選舉名額，並採取單一選區制。而政黨比例代表名單（包括「全國不分區」和「僑居國外國民」，共三四席），則僅佔總額的三成。此一制度設計，是模倣自日本式的「並

立制」而非德國式的「聯立制」。對於眾多小黨而言，若係採取德國式的「聯立制」，其中單一席次選區 (single-seat constituency) 和政黨比例代表名單 (party proportionate list) 各佔五〇%，則小黨生存空間尚不致被過度壓縮。因為小黨雖然不易在「第一票」即單一席次的選區中獲勝，導致其獲得之席次 (seats) 往往低於所獲選票 (votes) 之比例㉑；但因「第二票」即政黨比例代表名單的補償作用，仍然可以維持一定的席次，而不致倏爾銷亡。但在日本式的「並立制」之下，則因單一席次選區所佔比例過高，則維持其生存底線之立足點將嚴重失衡，對小黨而言將是嚴重的斲傷，同時也使局部的民意無法正確反映在席次上。但正因第七次修憲係由國民黨和民進黨這兩大政黨所主導，因而即使可能造成「席次不足，選票浪費」的不公平競賽環境，仍勉予強行通過。除非真有奇蹟出現，否則「多黨體制」恐將走向終結矣。

依據本項之規定，臺澎金馬地區的「直轄市、縣市共選出七十三人，每縣市至少一人」。據此，依據民國九十四年的人口數據，下列各縣市將只有一席立法委員，亦即：金門縣、連江縣、澎湖縣、臺東縣、花蓮縣、宜蘭縣、基隆市、新竹市、新竹縣和嘉義市。在這些縣市以外，凡選民數超過三十萬五千人的縣市，將有超過一席的立委名額。但如何劃分選區？選區劃分原則如何公平公正？選區劃分應由誰來負責，由誰來監督？則充滿著爭議性。

依照目前輿論界與學術界的看法，選區劃分工作應依循下列幾項原則㉒：

㉑ 以英國為例，由於選區制度係採「單一選區」制，確實造成小黨生存不易。第三大黨自由與社會民主黨 (Liberal& Social Democratic Party) 即曾拿下二二%的選票，卻僅獲四%的席次。此即「立足點不平等」、「票票不等值」的選制困境。

㉒ 參考陳華昇、陳朝政，〈健全立委選區劃分法制之建議〉，《國政評論》，內政評〇九四—〇三三號，民國九十四年七

(1)選區劃分應以「專法規範」方式完成立法，並在中央選舉委員會之外，另成立超然中立、獨立運作的專責機關（可定名為「選區規劃委員會」），專門負責選區規劃工作，而不涉及實際選務。

(2)明定選區規劃應依循「縣市保障」、「席次與選舉人人口數比例接近」與「票票等值」等原則辦理。避免為特定人物劃分對其有利之選區（即所謂「傑利蠑螈法案」(gerrymandering)㉓），並應定期檢討，重新調整選區。

(3)選區規劃方案應經立法院同意，「選區規劃委員會」委員應依政黨比例推薦，由行政院長提名，經立法院同意任命之。但立法院對於選區規劃方案，應以「全案接受」或「全案否決」方式決定可否，而無權要求作部分修正，以免圖利個人，影響到選區規劃的公正性。

二、在第七次修憲之後，由於第二項規定「各政黨當選名單中，婦女不得低於二分之一」，因此在「全國不分區及僑居國外國民共三十四人」中，至少將有十七位係女性立委。這是基於兩性平權與尊重女性權益而作出的新規定。

三、關於修憲之門檻，由於國民大會已被廢除，立法院提出之領土變更案（由全體立委四分之一之提議，四分之三之出席，及出席立委四分之三之決議提出之），將先公告半年，再由選舉人投票複決之。有效同意票必須超過選舉人總額之過半數。若以二〇〇五年六月之數據為準，此一「總額過半數」之門檻，約

月八日。

㉓ 「傑利蠑螈」係一八一二年美國麻薩諸塞州長傑利為了政黨私利，將選區分割得有如蠑螈的形狀，故取州長(Gerry)與蠑螈(Salamander)之名合組成以譏諷之。

為八百三十七萬人。除非係高度之政治動員，否則將難以通過。但因「變更領土」本身即是亟應慎重考慮的重大決定，將其程序要件訂定得十分嚴謹，也是必要的。

四、同理，立法院對於總統、副總統的彈劾案，也因國民大會的廢除，而改為「聲請司法院大法官審理」。請參見前文第二條之說明。

第五條　（司法院院長、副院長、大法官之提名、任命、任期、憲法法庭之組成，違憲之定義及概算之不得刪減）

司法院設大法官十五人，並以其中一人為院長、一人為副院長，由總統提名，經立法院同意任命之，自中華民國九十二年起實施，不適用憲法第七十九條之規定。司法院大法官除法官轉任者外，不適用憲法第八十一條及有關法官終身職待遇之規定。

司法院大法官任期八年，不分屆次，個別計算，並不得連任。但並為院長、副院長之大法官，不受任期之保障。

中華民國九十二年總統提名之大法官，其中八位大法官，含院長、副院長，任期四年，其餘大法官任期為八年，不適用前項任期之規定。

司法院大法官，除依憲法第七十八條之規定外，並組成憲法法庭審理總統、副總統之彈劾及政黨違憲之解散事項。

政黨之目的或其行為，危害中華民國之存在或自由民主之憲政秩序者為違憲。

司法院所提出之年度司法概算，行政院不得刪減，但得加註意見，編入中央政府總預算案，送立法院審議。

本條文僅在第四項中增列司法院大法官「組成憲法法庭審理總統、副總統之彈劾」，請參見第二條第十項及第四條第七項之說明。其他各項請參見第六階段修憲之說明。

第六條　（考試院之職權、院長、副院長、考試委員之提名及任命）

本條文未修正，請參照第六階段修憲之說明。

第七條　（監察院之職權、院長、副院長、監察委員之產生及彈劾權之行使）

本條文未修正，請參照第六階段修憲之說明。

第八條　（立法委員報酬、待遇之決定）

立法委員之報酬或待遇，應以法律定之。除年度通案調整者外，單獨增加報酬或待遇之規定，應自次屆起實施。

由於國民大會業已廢除，原條文中之規定，「國民大會代表集會期間之費用，以法律定之」，在此次修憲中亦同步刪除。

第九條　（省、縣地方制度之訂定）

本條文未修正，請參照第六階段修憲之相關說明。

第十條　（經濟發展、中小企業之扶助、金融機構企業化經營、婦女之保障、全民健保、身心障礙者之保障、原住民之保障等）

本條文俱為重要之國策與公共政策之相關內涵。過去由國民大會修憲期間，幾乎每一次修憲時都會增添一些新的內容。第七次修憲改為由立法院提出修憲案，由於立委本身即負責公共政策之推動、監督與立法等相關工作，故未再增添任何新的內容。請參見歷次修憲之相關說明。

第十一條　（兩岸人民關係法之訂定）

本條文未修正，請參照第六階段修憲之說明。

第十二條　（憲法修改之程序）

憲法之修改，須經立法院立法委員四分之一之提議，四分之三之出席，及出席委員四分之三之決議，提出憲法修正案，並於公告半年後，經中華民國自由地區選舉人投票複決，有效同意票過選舉人總額之半數，即通過之，不適用憲法第一百七十四條之規定。

本條文係新增，由於國民大會業已廢除，修憲任務改為經「立法委員四分之一之提議，四分之三之出席，及出席委員四分之三之決議」，提出「憲法修正案」。這是對於修憲任務的第一階段規範。

若依據修憲後立法院總額一一三席作分析，只要有二十九位（即總額四分之一）立委提議，即可提出憲法修正案之草案；接著，若有八十五位（即總額四分之三）立委之出席，及其中六十三位（即八五席的四分之三）的同意，此憲法修正案即告成立。由此看來，在新的國會結構下，立法委員推動修憲的門檻實在不高。

至於修憲的第二階段規範，即憲法修正案「於公告半年後，經中華民國自由地區選舉人投票複決，有效同意票過選舉人總額之半數，即通過之。」依據民國九十四年之選舉人數，約為一千六百七十五萬人（總人口為二千二百八十九萬人），則至少要有八百三十七萬選舉人投票贊成，修憲案才能通過。就此而論，第一階段之修憲由立法院主導，因其門檻不高，困難度並不大。但第二階段則牽涉到全民動員，殊屬不易。基於此，儘管陳總統已提出另一階段的修憲規劃，但究竟如何落實，如何推動，恐怕仍屬未定之天。

重要參考書目

1. 《八、九全大會後，總裁對於黨的會議訓詞總編》
2. 《中國國民黨八十年大事年表》
3. 《中國國民黨歷屆代表大會宣言》
4. 王　昇著：《三民主義與其他主義的比較》、《國父思想》
5. 王　洸著：《實業計畫交通論》
6. 王寵惠著：《五權憲法之理論與實施》
7. 王覺源著：《民生哲學申論》、《力行哲學》
8. 任卓宣著：《孫中山哲學原理》、《三民主義與其他主義之比較》
9. 《先總統　蔣公言論彙編》
10. 朱執信著：《國家主義之發生及其背景》、《瑞士之直接民權》
11. 吳曼君著：《民生史觀與唯物史觀》
12. 吳寄萍編著：《國父思想基本教材》
13. 吳康、周世輔著：《哲學概論》
14. 吳敬恆著：《精神與物質應當並重說》、《人生以服務為目的》
15. 李玉彬著：《民生主義經濟研究》
16. 李石岑著：《中國哲學講話》、《西洋哲學史》

17. 周世輔著：《國父思想》、《中國哲學史》、《三民主義的哲學體系》、《國父思想與先秦學說》、《反共抗俄基本論研解》（與趙愼安合著）、《革命建國的政綱政策》、《三民主義之體系及其實行程序研解》、《解決共產主義思想與方法的根本問題研解》、《國父思想新論》、《三民主義要義》、《管子經濟學說與民生思想》
18. 周世輔、馬璧合著：《國父遺教要義》
19. 周金聲著：《中國經濟思想史》、《國父經濟思想》
20. 林桂圃著：《三民主義精論》、《民權主義新論》、《蔣總統的政治思想》
21. 林　森著：《人類以互助為原則》、《民生意義的闡釋》
22. 邵元冲著：《三民主義的人生觀》、《總理學記》
23. 胡一貫著：《民生哲學之研究》
24. 胡睦臣著：《中國國民黨政綱政策之研究》
25. 胡漢民著：《三民主義的心物觀》、《三民主義的歷史觀》、《三民主義的連環性》、《三民主義與中國革命》、《三民主義與世界革命》
26. 桂崇基等著：《國父思想與現代學術》
27. 蒲薛鳳著：《現代西洋政治思潮》
28. 馬君武譯、達爾文著：《天演論》
29. 馬　璧著：《國父學術思想新評價》
30. 馬璧、涂子麟、熊彙萱著：《三民主義》課本
31. 高蔭祖編：《中華民國大事記》
32. 《國父全書》

33.《國民革命史》
34.崔書琴著：《三民主義新論》
35.崔載陽著：《國父哲學研究》、《國父思想之哲學體系》
36.張弦、吳演南著：《西洋經濟思想史》
37.張則堯著：《西洋經濟思想史》
38.張默君著：《中國政治與民生哲學》
39.張鐵君著：《國父思想概要》、《王學解蔽》、《民生史觀疏解》
40.賀　麟著：《當代中國哲學》
41.黃宗義撰：《原君》
42.葉尚志著：《民生經濟學》
43.賈捐之撰：《棄珠崖對》
44.廖仲凱譯、威爾確斯著：《全民政治》
45.趙蘭坪著：《馬克思主義批判》
46.劉盧隱等譯、威廉著：《社會史觀》
47.蔣一安著：《國父哲學思想概論》
48.蔡元培著：《中華民族與中庸之道》、《三民主義的中和性》
49.戴季陶著：《孫文主義之哲學的基礎》、《論精神總動員》
50.謝君韜著：《福利經濟學》
51.韓　愈撰：《原道》

52. 羅　光著：《中國哲學大綱》、《歷史哲學》
53. 羅時實著：《民生主義新論》
54. 羅　素著：《西方哲學史》（鍾建閎譯）、《哲學問題》（潘公展譯）
55. 羅敦偉著：《計畫的自由經濟》

國父年表

（本表錄自《國父畫傳》，中國國民黨中央黨史史料編輯委員會編輯，五十四年十一月十二日出版）

國父生平事蹟簡表

年齡	時期	事蹟
一歲	民前四十六年（清同治五年丙寅）一八六六年	十一月十二日誕生於廣東香山縣（今中山縣）翠亨村。（按國父手書自傳其生日則為是年「華曆十月十六日」）
七歲	民前四十年（清同治十一年壬申）一八七二年	開始上學。
十三歲	民前三十四年（清光緒四年戊寅）一八七八年	讀畢重要經書。
十四歲	民前三十三年（清光緒五年己卯）一八七九年	六月侍楊太夫人赴檀香山，就兄德彰公。入英教會意奧蘭尼書院 (Iolani College)。
十七歲	民前三十年（清光緒八年壬午）一八八二年	㈠七月卒業於意奧蘭尼書院。 ㈡秋入美教會阿湖書院 (Oahu College)。

十八歲	民前二十九年（清光緒九年癸未）一八八三年	七月自檀香山返粵。
十九歲	民前二十八年（清光緒十年甲申）一八八四年	秋，入香港拔萃書室 (Diocesan Home)。
二十歲	民前二十七年（清光緒十一年乙酉）一八八五年	(一)三月轉學香港皇仁書院 (Queen's College)。 (二)在香港受基督教洗禮。 (三)娶盧夫人（五月七日）。 (四)是年決心傾覆清廷，創建民國。
二十一歲	民前二十六年（清光緒十二年丙戌）一八八六年	入廣州美教士創設之博濟醫院 (Canton Hospital)，在校鼓吹革命，與三合會鄭士良訂交。
二十二歲	民前二十五年（清光緒十三年丁亥）一八八七年	二月轉入香港西醫書院 (The College of Medicine for Chinese)，鼓吹革命益力。
二十三歲	民前二十四年（清光緒十四年戊子）一八八八年	三月二十四日父達成公卒於里，享年七十六歲。
二十七歲	民前二十年（清光緒十八年壬	七月以第一名畢業於香港西醫書院，設中西藥局於澳門。

	辰）一八九二年	
二十八歲	民前十九年（清光緒十九年癸巳）一八九三年	遷中西藥局於廣州，改名東西藥局，施藥贈醫，進行革命運動。
二十九歲	民前十八年（清光緒二十年甲午）一八九四年	(一)偕陸皓東至天津，上書李鴻章，陳救國大計。 (二)十一月創立興中會於檀香山。
三十歲	民前十七年（清光緒二十一年乙未）一八九五年	(一)一月由檀香山返香港。 (二)二月設興中會總機關於香港。 (三)十月謀在廣州起義，事洩未成（第一次起義），脫險至日本，設興中會分會於橫濱。 (四)十一月赴檀香山。
三十一歲	民前十六年（清光緒二十二年丙申）一八九六年	(一)六月自檀香山抵美國舊金山，旋赴紐約。 (二)十月抵英國倫敦，被誘禁於清使館，尋獲釋。
三十二歲	民前十五年（清光緒二十三年丁酉）一八九七年	(一)在英研究，並考察歐洲政治，完成三民主義之重要體系。 (二)七月自倫敦經加拿大抵日本。
三十四歲	民前十三年（清光緒二十五年戊	(一)命陳少白創辦《中國日報》於香港。 (二)十一月聯絡各會黨首領，別立興漢會於香港。

	戌）一八九九年	
三十五歲	民前十二年（清光緒二十六年庚子）一九〇〇年	㈠六月策劃廣東獨立未成。 ㈡九月抵臺北策劃惠州起義，十月鄭士良舉兵失敗（第二起義）。史堅如炸兩廣總督德壽，不成，被捕遇害。 ㈢十一月赴東京。
三十七歲	民前十年（清光緒二十八年壬寅）一九〇二年	十二月自日本經香港赴西貢轉河內，旋在河內設興中會分會。
三十八歲	民前九年（清光緒二十九年癸卯）一九〇三年	㈠七月自安南西貢經暹羅抵日本。 ㈡九月赴檀香山與保皇黨論戰，並加入洪門致公堂。
三十九歲	民前八年（清光緒三十年甲辰）一九〇四年	㈠三月離檀赴美，倡議洪門會員總註冊，重訂致公堂章程。 ㈡十二月離美赴英。
四十歲	民前七年（清光緒三十一年乙巳）一九〇五年	㈠春在比京、柏林、巴黎成立革命組織。 ㈡七月抵日本東京。 ㈢八月舉行中國革命同盟會正式成立大會，被推為總理。 ㈣十一月《民報》在東京發刊，撰發刊詞，正式揭出民族、民權、民生三主義。
四十一歲	民前六年（清光緒三十二年丙	㈠是年在南洋各地設立同盟會分會。 ㈡十二月同盟會會員舉事於江西萍鄉，湖南醴陵、瀏陽。

	午）一九〇六年	
四十二歲	民前五年（清光緒三十三年丁未）一九〇七年	㈠三月自日本抵河內，設立機關，策劃革命軍事。 ㈡五月命余丑起義於潮州、黃岡（第三次起義）。 ㈢六月命鄧子瑜起義於惠州七女湖（第四次起義）。 ㈣九月命王和順起義於欽州之王光山（第五次起義）。 ㈤十二月命黃明堂起義攻佔廣西鎮南關，並親臨指揮（第六次起義）。
四十三歲	民前四年（清光緒三十四年戊申）一九〇八年	㈠三月命黃興起義於欽州（第七次起義）。 ㈡四月命黃明堂起義於雲南河口（第八次起義）。 ㈢十月《民報》被日政府封禁。 ㈣冬，漫遊南洋各地。
四十四歲	民前三年（清宣統元年己酉）一九〇九年	㈠五月由南洋赴歐洲。 ㈡十一月自歐抵美，設同盟會分會。
四十五歲	民前二年（清宣統二年庚戌）一九一〇年	㈠二月倪映典以廣州新軍起義（第九次起義）。 ㈡三月自美經檀香山、日本抵南洋。 ㈢十一月在庇能召開會議，謀在廣州大學，旋赴歐。
四十六歲	民前一年（清宣統三年辛亥）一九一一年	㈠二月由歐抵美。 ㈡四月二十七日（三月二十九日）黃興等起義於廣州，死難者八十六人（第十次起義）。 ㈢七月在美籌集革命軍費。 ㈣十月武昌起義，各省次第響應。 ㈤十月自美赴英、法，致力於外交。 ㈥十二月抵上海，當選為中華民國臨時大總統。

四十七歲	中華民國元年	㈠一月一日就任臨時大總統於南京。 ㈡三月公布臨時約法。 ㈢四月卸臨時大總統任（旋遊皖、贛、鄂、閩、粵、冀、晉、魯、浙等省）。 ㈣八月同盟會在北京改組為國民黨，被推為理事長。 ㈤九月受任全國鐵路督辦。
四十八歲	中華民國二年	㈠三月宋教仁遇刺，在滬籌劃討伐袁世凱。 ㈡七月江西、江蘇、安慶、廣東、福建等省舉兵討袁，八月相繼失敗（通常稱為二次革命）。 ㈢八月自上海經臺灣赴日本。
四十九歲	中華民國三年	㈠六月中華革命黨在東京成立，被推為總理。 ㈡九月發表中華革命黨宣言，制定中華革命黨革命方略，定青天白日滿地紅旗為國旗。
五十歲	中華民國四年	㈠九月通告海內外同胞申討袁罪。 ㈡十二月上海肇和兵艦起義，未成，旋有雲南起義。
五十一歲	中華民國五年	㈠四月自日本返上海。 ㈡五月發表宣言，與各方一致討袁。 ㈢六月發表規復約法宣言，電各地罷兵（時袁世凱死，黎元洪繼任總統）。
五十二歲	中華民國六年	㈠二月著《民權初步》。 ㈡六月以督軍團叛變，電西南各省討逆救國。 ㈢七月自上海抵廣州，倡導護法。 ㈣九月當選為中華民國軍政府海陸軍大元帥，宣言戡定內亂，恢復約法。
五十三歲	中華民國七年	㈠五月辭大元帥，軍政府改組，被選為七總裁之一，離粵赴滬，從事著述。 ㈡八月發「告海外同志書」，主重訂黨章，促進黨務。 ㈢十二月著《孫文學說》。

五十四歲	中華民國八年	㈠二月發表宣言，南北議和必須以恢復國會為先決條件。 ㈡八月創辦《建設》雜誌於上海，發表《實業計畫》。 ㈢十月改組中華革命黨為中國國民黨。
五十五歲	中華民國九年	㈠三月著《地方自治開始實行法》。 ㈡六月與唐紹儀、伍廷芳、唐繼堯共同宣言，申討桂系軍閥。 ㈢北方段祺瑞來電表示悔過。 ㈣七月與唐紹儀等再度宣言，貫徹救國護法主張。 ㈤八月命陳炯明自閩南率粵軍回粵，十月克廣州。 ㈥十一月自上海抵粵，恢復軍政府。
五十六歲	中華民國十年	㈠四月國會議決取消軍政府，改設中華民國政府。 ㈡五月就任非常大總統。 ㈢六月討伐廣西軍閥陸榮廷，九月全省底定。 ㈣十月出巡廣西，籌備北伐。 ㈤十二月蘇俄代表馬林 (Mahlin) 來見。
五十七歲	中華民國十一年	㈠一月與胡漢民、蔣中正商決，大本營自桂林移設韶關。 ㈡三月以陳炯明阻撓北伐，自桂林回師，四月抵廣州。 ㈢五月赴韶關督師，北伐軍入江西。 ㈣六月自韶關回廣州。陳炯明叛變，督軍艦討伐，並命北伐軍回師。蔣中正自浙來粵赴難。 ㈤八月因北伐軍回師失利，離粵赴滬。 ㈥蘇俄代表越飛 (Joffe) 派人來見。 ㈦九月召開會議，商國民黨改進事。 ㈧十一月審查國民黨改進案。 ㈨十二月駐廣西滇軍會合桂軍奉命東討陳炯明。
五十八歲	中華民國十二年	㈠一月發表「中國國民黨宣言」，宣布時局主張，及民族、民權、民生政策。召集黨

		員會議，宣布黨綱及總章。滇桂軍克廣州，陳炯明敗走惠州。與蘇俄代表越飛聯合聲明。著《中國革命史》。 (二)二月自上海抵粵，設大元帥府。任命蔣中正為大本營參謀長。 (三)三月發表「裁兵之重要與處置方法」。 (四)四月與西南各省領袖聯名通電，聯合對抗直系武力政策。 (五)五月破陳炯明部於廣州附近。 (六)六月發表對外宣言，痛斥北方軍閥行動。 (七)八月蔣中正奉命赴俄考察（十二月返國）。 (八)九月親督滇桂軍攻惠州。 (九)十月發表宣言，申討曹錕賄選竊位。派胡漢民等組織國民黨臨時執行委員會，準備召集全國代表大會。 (十)十一月致牒北京外交團，要求粵海關關餘。擊退進犯廣州之陳炯明。
五十九歲	中華民國十三年	(一)一月召開中國國民黨第一次全國代表大會。在廣東高等師範學校開始講「三民主義」（每週一次至八月止）。 (二)四月公布「國民政府建國大綱」。 (三)五月任命蔣中正為陸軍軍官學校校長兼粵軍參謀長。 (四)六月陸軍軍官學校開學，親致訓詞。 (五)七月國民黨宣言，申明三民主義為革命惟一途徑。 (六)九月赴韶關督師北伐，命胡漢民留守廣州，代行大元帥職權。發表宣言，討伐直系軍閥。發表「制定建國大綱宣言」。 (七)十月組織革命委員會，自任會長。任蔣中正為軍事委員會委員長。弭平廣州商團叛變。 (八)十一月發表宣言，主速開國民會議及廢除不平等條約。離粵北上。抵上海，宣布時局主張。過日本講大亞洲主義。 (九)十二月抵天津，扶病至北京。

六十歲	中華民國十四年	㈠一月提出善後會議主張。病勢加重，入協和醫院受手術。廣州東征軍出動，連敗陳炯明部。 ㈡二月自協和醫院移居行轅。 ㈢三月東征軍克潮州、汕頭。 ㈣三月十一日簽字於遺囑，十二日上午九時三十分逝世於北京。 ㈤五月十六日中國國民黨中央執行委員會接受遺囑。
	中華民國十八年	六月一日安葬於南京紫金山。
	中華民國二十九年	四月一日國民政府明令尊稱為中華民國國父，永世崇敬。

中華民國憲法

民國三十六年一月一日國民政府公布同年十二月二十五日施行

中華民國國民大會受全體國民之付託，依據　孫中山先生創立中華民國之遺教，為鞏固國權，保障民權，奠定社會安寧，增進人民福利，制定本憲法，頒行全國，永矢咸遵。

第一章　總綱

第一條　中華民國基於三民主義，為民有、民治、民享之民主共和國。

第二條　中華民國之主權屬於國民全體。

第三條　具有中華民國國籍者為中華民國國民。

第四條　中華民國領土，依其固有之疆域，非經國民大會之決議，不得變更之。

第五條　中華民國各民族一律平等。

第六條　中華民國國旗定為紅地，左上角青天白日。

第二章　人民之權利義務

第七條　中華民國人民，無分男女、宗教、種族、階級、黨派，在法律上一律平等。

第八條　人民身體之自由應予保障，除現行犯之逮捕由法律另定外，非經司法或警察機關依法定程序，不得逮捕拘禁。

非由法院依法定程序，不得審問處罰。非依法定程序之逮捕、拘禁、審問、處罰，得拒絕之。

人民因犯罪嫌疑被逮捕拘禁時，其逮捕拘禁機關應將逮捕拘禁原因，以書面告知本人及其本人指定之親友，並至遲於二十四小時內移送該管法院審問。本人或他人亦得聲請該管法院，於二十四小時內向逮捕之機關提審。

法院對於前項聲請，不得拒絕，並不得先令逮捕拘禁之機關查覆。逮捕拘禁之機關，對於法院之提審，不得拒絕或遲延。

人民遭受任何機關非法逮捕拘禁時，其本人或他人得向法院聲請追究，法院不得拒絕，並應於二十四小時內向逮捕拘禁之機關追究，依法處理。

第九條　人民除現役軍人外，不受軍事審判。

第十條　人民有居住及遷徙之自由。

第十一條　人民有言論、講學、著作及出版之自由。

第十二條　人民有秘密通訊之自由。

第十三條　人民有信仰宗教之自由。

第十四條　人民有集會及結社之自由。

第十五條　人民之生存權、工作權及財產權，應予保障。

第十六條　人民有請願、訴願及訴訟之權。

第十七條　人民有選舉、罷免、創制及複決之權。

第十八條　人民有應考試、服公職之權。

第十九條　人民有依法律納稅之義務。

第二十條　人民有依法律服兵役之義務。

第二十一條　人民有受國民教育之權利與義務。

第二十二條　凡人民之其他自由及權利，不妨害社會秩序公共利益者，均受憲法之保障。

第二十三條　以上各條列舉之自由權利，除為防止妨礙他人自由、避免緊急危難、維持社會秩序或增進公共利益所必要者外，不得以法律限制之。

第二十四條　凡公務員違法侵害人民之自由或權利者，除依法律受懲戒外，應負刑事及民事責任。被害人民就其所受損害，並得依法律向國家請求賠償。

第三章　國民大會

第二十五條　國民大會依本憲法之規定，代表全國國民行使政權。

第二十六條　國民大會以左列代表組織之：

一　每縣市及其同等區域各選出代表一人，但其人口逾五十萬人者，每增加五十萬人，增選代表一人。縣市同等區域以法律定之。

二　蒙古選出代表，每盟四人，每特別旗一人。

三　西藏選出代表，其名額以法律定之。

四　各民族在邊疆地區選出代表，其名額以法律定之。

五　僑居國外之國民選出代表，其名額以法律定之。

六　職業團體選出代表，其名額以法律定之。

七　婦女團體選出代表，其名額以法律定之。

第二十七條　國民大會之職權如左：

一　選舉總統、副總統。

二　罷免總統、副總統。

三　修改憲法。

四　複決立法院所提之憲法修正案。

關於創制、複決兩權，除前項第三、第四兩款規定外，俟全國有半數之縣、市曾經行使創制、複決兩項政權時，由國民大會制定辦法並行使之。

第二十八條　國民大會代表每六年改選一次。

每屆國民大會代表之任期，至次屆國民大會開會之日為止。

現任官吏不得於其任所所在地之選舉區當選為國民大會代表。

第二十九條　國民大會於每屆總統任滿前九十日集會，由總統召集之。

第　三十　條　國民大會遇有左列情形之一時，召集臨時會：

一　依本憲法第四十九條之規定，應補選總統、副總統時。

二　依監察院之決議，對於總統、副總統提出彈劾案時。

三　依立法院之決議，提出憲法修正案時。

四　國民大會代表五分之二以上請求召集時。

國民大會臨時會，如依前項第一款或第二款應召集時，由立法院院長通告集會。依第三款或第四款應召集時，由總統召集之。

第三十一條　國民大會之開會地點，在中央政府所在地。

第三十二條　國民大會代表在會議時所為之言論及表決，對會外不負責任。

第三十三條　國民大會代表，除現行犯外，在會期中，非經國民大會許可，不得逮捕或拘禁。

第三十四條　國民大會之組織、國民大會代表之選舉罷免及國民大會行使職權之程序，以法律定之。

第四章　總　統

第三十五條　總統為國家元首，對外代表中華民國。

第三十六條　總統統率全國陸海空軍。

第三十七條　總統依法公布法律，發布命令，須經行政院院長之副署，或行政院院長及有關部會首長之副署。

第三十八條　總統依本憲法之規定，行使締結條約及宣戰、媾和之權。

第三十九條　總統依法宣布戒嚴，但須經立法院之通過或追認。立法院認為必要時，得決議移請總統解嚴。

第　四十　條　總統依法行使大赦、特赦、減刑及復權之權。

第四十一條　總統依法任免文武官員。

第四十二條　總統依法授與榮典。

第四十三條　國家遇有天然災害、癘疫或國家財政經濟上有重大變故，須為急速處分時，總統於立法院休會期間，得經行政院會議之決議，依緊急命令法，發布緊急命令，為必要之處置，但須於發布命令後一個月內，提交立法院追認。如立法院不同意時，該緊急命令立即失效。

第四十四條　總統對於院與院間之爭執，除本憲法有規定者外，得召集有關各院院長會商解決之。

第四十五條　中華民國國民年滿四十歲者，得被選為總統、副總統。

第四十六條　總統、副總統之選舉，以法律定之。

第四十七條　總統、副總統之任期為六年，連選得連任一次。

第四十八條　總統應於就職時宣誓，誓詞如左：

「余謹以至誠，向全國人民宣誓，余必遵守憲法，盡忠職務，增進人民福利，保衛國家，無負國民付託。如違誓言，願受國家嚴厲之制裁。謹誓。」

第四十九條　總統缺位時，由副總統繼任，至總統任期屆滿為止。總統、副總統均缺位時，由行政院院長代行其職權，並依本憲法第三十條之規定，召集國民大會臨時會，補選總統、副總統，其任期以補足原任總統未滿之任期為止。總統因故不能視事時，由副總統代行其職權。總統、副總統均不能視事時，由行政院院長代行其職權。

第　五十　條　總統於任滿之日解職，如屆期次任總統尚未選出，或選出後總統、副總統均未就職時，由行政院院長代行總統職權。

第五十一條　行政院院長代行總統職權時，其期限不得逾三個月。

第五十二條　總統除犯內亂或外患罪外，非經罷免或解職，不受刑事上之訴究。

第五章　行　政

第五十三條　行政院為國家最高行政機關。

第五十四條　行政院設院長、副院長各一人，各部會首長若干人，及不管部會之政務委員若干人。

第五十五條　行政院院長，由總統提名，經立法院同意任命之。

立法院休會期間，行政院院長辭職或出缺時，由行政院副院長代理其職務，但總統須於四十日內咨請立法院召集會議，提出行政院院長人選，徵求同意。行政院院長職務，在總統所提行政院院長人選未經立法院同意前，由行政院副院長暫行代理。

第五十六條　行政院副院長、各部會首長及不管部會之政務委員，由行政院院長提請總統任命之。

第五十七條　行政院依左列規定，對立法院負責：

一　行政院有向立法院提出施政方針及施政報告之責。立法委員在開會時，有向行政院院長及行政院各部會首長質詢之權。

二　立法院對於行政院之重要政策不贊同時，得以決議移請行政院變更之。行政院對於立法院之決議，得經總統之核可，移請立法院覆議。覆議時，如經出席立法委員三分之二維持原決議，行政院院長應即接受該決議或辭職。

三　行政院對於立法院決議之法律案、預算案、條約案，如認為有窒礙難行時，得經總統之核可，於該決議案送達行政院十日內，移請立法院覆議。覆議時，如經出席立法委員三分之二維持原案，行政院院長應即接受該決議或辭職。

第五十八條　行政院設行政院會議，由行政院院長、副院長、各部會首長及不管部會之政務委員組織之，以院長為主席。

行政院院長、各部會首長，須將應行提出於立法院之法律案、預算案、戒嚴案、大赦案、宣戰案、媾和案、條約案及其他重要事項，或涉及各部會共同關係之事項，提出於行政院會議議決之。

第五十九條　行政院於會計年度開始三個月前，應將下年度預算案提出於立法院。

第　六十　條　行政院於會計年度結束後四個月內，應提出決算於監察院。

第六十一條　行政院之組織，以法律定之。

第六章　立　法

第六十二條　立法院為國家最高立法機關，由人民選舉之立法委員組織之，代表人民行使立法權。

第六十三條　立法院有議決法律案、預算案、戒嚴案、大赦案、宣戰案、媾和案、條約案及國家其他重要事項之權。

第六十四條　立法院立法委員依左列規定選出之：

一　各省、各直轄市選出者，其人口在三百萬以下者五人，其人口超過三百萬者，每滿一百萬人增選一人。

二　蒙古各盟旗選出者。

三　西藏選出者。

四　各民族在邊疆地區選出者。

五　僑居國外之國民選出者。

六　職業團體選出者。

立法委員之選舉及前項第二款至第六款立法委員名額之分配，以法律定之。婦女在第一項各款之名額，以法律定之。

第六十五條　立法委員之任期為三年，連選得連任，其選舉於每屆任滿前三個月內完成之。

第六十六條　立法院設院長、副院長各一人，由立法委員互選之。

第六十七條　立法院得設各種委員會。

各種委員會得邀請政府人員及社會上有關係人員到會備詢。

第六十八條　立法院會期，每年兩次，自行集會，第一次自二月至五月底，第二次自九月至十二月底，必要時得延長之。

第六十九條　立法院遇有左列情事之一時，得開臨時會：

一　總統之咨請。

二　立法委員四分之一以上之請求。

第七十條　立法院對於行政院所提預算案，不得為增加支出之提議。

第七十一條　立法院開會時，關係院院長及各部會首長得列席陳述意見。

第七十二條　立法院法律案通過後，移送總統及行政院，總統應於收到後十日內公布之，但總統得依照本憲法第五十七條之規定辦理。

第七十三條　立法委員在院內所為之言論及表決，對院外不負責任。

第七十四條　立法委員，除現行犯外，非經立法院許可，不得逮捕或拘禁。

第七十五條　立法委員不得兼任官吏。

第七十六條　立法院之組織，以法律定之。

第七章　司　法

第七十七條　司法院為國家最高司法機關，掌理民事、刑事、行政訴訟之審判及公務員之懲戒。

第七十八條　司法院解釋憲法，並有統一解釋法律及命令之權。

第七十九條　司法院設院長、副院長各一人，由總統提名，經監察院同意任命之。

司法院設大法官若干人，掌理本憲法第七十八條規定事項，由總統提名，經監察院同意任命之。

第　八十　條　法官須超出黨派以外，依據法律獨立審判，不受任何干涉。

第八十一條　法官為終身職，非受刑事或懲戒處分或禁治產之宣告，不得免職，非依法律，不得停職、轉任或減俸。

第八十二條　司法院及各級法院之組織，以法律定之。

第八章　考　試

第八十三條　考試院為國家最高考試機關，掌理考試、任用、銓敘、考績、級俸、陞遷、保障、褒獎、撫卹、退休、養老等事項。

第八十四條　考試院設院長、副院長各一人，考試委員若干人，由總統提名，經監察院同意任命之。

第八十五條　公務人員之選拔，應實行公開競爭之考試制度，並應按省區分別規定名額，分區舉行考試。非經考試及格者，不得任用。

第八十六條　左列資格，應經考試院依法考選銓定之：

一　公務人員任用資格。

二　專門職業及技術人員執業資格。

第八十七條　考試院關於所掌事項，得向立法院提出法律案。

第八十八條　考試委員須超出黨派以外，依據法律獨立行使職權。

第八十九條　考試院之組織，以法律定之。

第九章　監　察

第　九十　條　監察院為國家最高監察機關，行使同意、彈劾、糾舉及審計權。

第九十一條　監察院設監察委員，由各省市議會、蒙古西藏地方議會及華僑團體選舉之。其名額分配，依左列之規定：

一　每省五人。

二　每直轄市二人。

三　蒙古各盟旗共八人。

四　西藏八人。

五　僑居國外之國民八人。

第九十二條　監察院設院長、副院長各一人，由監察委員互選之。

第九十三條　監察委員之任期為六年，連選得連任。

第九十四條　監察院依本憲法行使同意權時，由出席委員過半數之議決行之。

第九十五條　監察院為行使監察權，得向行政院及其各部會調閱其所發布之命令及各種有關文件。

第九十六條　監察院得按行政院及其各部會之工作，分設若干委員會，調查一切設施，注意其是否違法或失職。

第九十七條　監察院經各該委員會之審查及決議，得提出糾正案，移送行政院及其有關部會，促其注意改善。監察院對於中央及地方公務人員，認為有失職或違法情事，得提出糾舉案或彈劾案，如涉及刑事，應移送法院辦理。

第九十八條　監察院對於中央及地方公務人員之彈劾案，須經監察委員一人以上之提議，九人以上之審查及決定，始得提出。

第九十九條　監察院對於司法院或考試院人員失職或違法之彈劾，適用本憲法第九十五條、第九十七條及第九十八條之規定。

第　一百　條　監察院對於總統、副總統之彈劾案，須有全體監察委員四分之一以上之提議，全體監察委員過半數之審查及決議，向國民大會提出之。

第一百零一條　監察委員在院內所為之言論及表決，對院外不負責任。

第一百零二條　監察委員，除現行犯外，非經監察院許可，不得逮捕或拘禁。

第一百零三條　監察委員不得兼任其他公職或執行業務。

第一百零四條　監察院設審計長，由總統提名，經立法院同意任命之。

第一百零五條　審計長應於行政院提出決算後三個月內，依法完成其審核，並提出審核報告於立法院。

第一百零六條　監察院之組織，以法律定之。

第十章　中央與地方之權限

第一百零七條　左列事項，由中央立法並執行之：

一　外交。
二　國防與國防軍事。
三　國籍法及刑事、民事、商事之法律。
四　司法制度。
五　航空、國道、國有鐵路、航政、郵政及電政。
六　中央財政與國稅。
七　國稅與省稅、縣稅之劃分。
八　國營經濟事業。
九　幣制及國家銀行。
十　度量衡。
十一　國際貿易政策。
十二　涉外之財政經濟事項。
十三　其他依本憲法所定關於中央之事項。

第一百零八條　左列事項，由中央立法並執行之，或交由省縣執行之：

一　省縣自治通則。
二　行政區劃。

三　森林、工礦及商業。
四　教育制度。
五　銀行及交易所制度。
六　航業及海洋漁業。
七　公用事業。
八　合作事業。
九　二省以上之水陸交通運輸。
十　二省以上之水利、河道及農牧事業。
十一　中央及地方官吏之銓敘、任用、糾察及保障。
十二　土地法。
十三　勞動法及其他社會立法。
十四　公用徵收。
十五　全國戶口調查及統計。
十六　移民及墾殖。
十七　警察制度。
十八　公共衛生。
十九　振濟、撫卹及失業救濟。
二十　有關文化之古籍、古物及古蹟之保存。
前項各款，省於不牴觸國家法律內，得制定單行法規。

第一百零九條　左列事項，由省立法並執行之，或交由縣執行之：

一　省教育、衛生、實業及交通。
二　省財產之經營及處分。
三　省市政。
四　省公營事業。
五　省合作事業。
六　省農林、水利、漁牧及工程。
七　省財政及省稅。
八　省債。
九　省銀行。
十　省警政之實施。
十一　省慈善及公益事項。
十二　其他依國家法律賦予之事項。

前項各款，有涉及二省以上者，除法律別有規定外，得由有關各省共同辦理。

各省辦理第一項各款事務，其經費不足時，經立法院議決，由國庫補助之。

第一百十條　左列事項，由縣立法並執行之：

一　縣教育、衛生、實業及交通。
二　縣財產之經營及處分。
三　縣公營事業。

四　縣合作事業。

五　縣農林、水利、漁牧及工程。

六　縣財政及縣稅。

七　縣債。

八　縣銀行。

九　縣警衛之實施。

十　縣慈善及公益事項。

十一　其他依國家法律及省自治法賦予之事項。

前項各款，有涉及二縣以上者，除法律別有規定外，得由有關各縣共同辦理。

第一百十一條　除第一百零七條、第一百零八條、第一百零九條及第一百十條列舉事項外，如有未列舉事項發生時，其事務有全國一致之性質者屬於中央，有全省一致之性質者屬於省，有一縣之性質者屬於縣。遇有爭議時，由立法院解決之。

第十一章　地方制度

第一節　省

第一百十二條　省得召集省民代表大會，依據省縣自治通則，制定省自治法，但不得與憲法牴觸。

省民代表大會之組織及選舉，以法律定之。

第一百十三條　省自治法應包含左列各款：

一　省設省議會，省議會議員由省民選舉之。

二　省設省政府，置省長一人，省長由省民選舉之。

三　省與縣之關係。

第一百十四條　屬於省之立法權，由省議會行之。

省自治法制定後，須即送司法院。司法院如認為有違憲之處，應將違憲條文宣布無效。

第一百十五條　省自治法施行中，如因其中某條發生重大障礙，經司法院召集有關方面陳述意見後，由行政院院長、立法院院長、司法院院長、考試院院長與監察院院長組織委員會，以司法院院長為主席，提出方案解決之。

第一百十六條　省法規與國家法律牴觸者無效。

第一百十七條　省法規與國家法律有無牴觸發生疑義時，由司法院解釋之。

第一百十八條　直轄市之自治，以法律定之。

第一百十九條　蒙古各盟旗地方自治制度，以法律定之。

第一百二十條　西藏自治制度，應予以保障。

第二節　縣

第一百二十一條　縣實行縣自治。

第一百二十二條　縣得召集縣民代表大會，依據省縣自治通則，制定縣自治法，但不得與憲法及省自治法牴觸。

第一百二十三條　縣民關於縣自治事項，依法律行使創制、複決之權，對於縣長及其他縣自治人員，依法律行使選舉、罷免之權。

第一百二十四條　縣設縣議會，縣議會議員由縣民選舉之。

屬於縣之立法權，由縣議會行之。

第一百二十五條　縣單行規章，與國家法律或省法規牴觸者無效。

第一百二十六條　縣設縣政府，置縣長一人。縣長由縣民選舉之。

第一百二十七條　縣長辦理縣自治，並執行中央及省委辦事項。

第一百二十八條　市準用縣之規定。

第十二章　選舉、罷免、創制、複決

第一百二十九條　本憲法所規定之各種選舉，除本憲法別有規定外，以普通、平等、直接及無記名投票之方法行之。

第一百三十條　中華民國國民年滿二十歲者，有依法選舉之權。除本憲法及法律別有規定者外，年滿二十三歲者，有依法被選舉之權。

第一百三十一條　本憲法所規定各種選舉之候選人，一律公開競選。

第一百三十二條　選舉應嚴禁威脅利誘。選舉訴訟，由法院審判之。

第一百三十三條　被選舉人得由原選舉區依法罷免之。

第一百三十四條　各種選舉，應規定婦女當選名額，其辦法以法律定之。

第一百三十五條　內地生活習慣特殊之國民代表名額及選舉，其辦法以法律定之。

第一百三十六條　創制、複決兩權之行使，以法律定之。

第十三章　基本國策

第一節　國防

第一百三十七條　中華民國之國防，以保衛國家安全，維護世界和平為目的。

國防之組織，以法律定之。

第一百三十八條　全國陸海空軍，須超出個人、地域及黨派關係以外，效忠國家，愛護人民。

第一百三十九條　任何黨派及個人不得以武裝力量為政爭之工具。

第　一百四十　條　現役軍人不得兼任文官。

第二節　外交

第一百四十一條　中華民國之外交，應本獨立自主之精神，平等互惠之原則，敦睦邦交，尊重條約及聯合國憲章，以保護僑民權益，促進國際合作，提倡國際正義，確保世界和平。

第三節　國民經濟

第一百四十二條　國民經濟應以民生主義為基本原則，實施平均地權，節制資本，以謀國計民生之均足。

第一百四十三條　中華民國領土內之土地屬於國民全體。人民依法取得之土地所有權，應受法律之保障與限制。私有土地應照價納稅，政府並得照價收買。
附著於土地之礦及經濟上可供公眾利用之天然力，屬於國家所有，不因人民取得土地所有權而受影響。
土地價值非因施以勞力資本而增加者，應由國家徵收土地增值稅，歸人民共享之。
國家對於土地之分配與整理，應以扶植自耕農及自行使用土地人為原則，並規定其適當經營之面積。

第一百四十四條　公用事業及其他有獨占性之企業，以公營為原則，其經法律許可者，得由國民經營之。

第一百四十五條　國家對於私人財富及私營事業，認為有妨害國計民生之平衡發展者，應以法律限制之。
合作事業應受國家之獎勵與扶助。
國民生產事業及對外貿易，應受國家之獎勵、指導及保護。

第一百四十六條　國家應運用科學技術，以興修水利，增進地力，改善農業環境，規劃土地利用，開發農業資源，促成農業之工業化。

第一百四十七條　中央為謀省與省間之經濟平衡發展，對於貧瘠之省，應酌予補助。省為謀縣與縣間之經濟平衡發展，對於貧瘠之縣，應酌予補助。

第一百四十八條　中華民國領域內，一切貨物應許自由流通。

第一百四十九條　金融機構，應依法受國家之管理。

第一百五十條　國家應普設平民金融機構，以救濟失業。

第一百五十一條　國家對於僑居國外之國民，應扶助並保護其經濟事業之發展。

第四節　社會安全

第一百五十二條　人民具有工作能力者，國家應予以適當之工作機會。

第一百五十三條　國家為改良勞工及農民之生活，增進其生產技能，應制定保護勞工及農民之法律，實施保護勞工及農民之政策。

婦女兒童從事勞動者，應按其年齡及身體狀態，予以特別之保護。

第一百五十四條　勞資雙方應本協調合作原則，發展生產事業。勞資糾紛之調解與仲裁，以法律定之。

第一百五十五條　國家為謀社會福利，應實施社會保險制度。人民之老弱殘廢，無力生活，及受非常災害者，國家應予以適當之扶助與救濟。

第一百五十六條　國家為奠定民族生存發展之基礎，應保護母性，並實施婦女、兒童福利政策。

第一百五十七條　國家為增進民族健康，應普遍推行衛生保健事業及公醫制度。

第五節　教育文化

第一百五十八條　教育文化，應發展國民之民族精神，自治精神，國民道德，健全體格與科學及生活智能。

第一百五十九條　國民受教育之機會，一律平等。

第一百六十條 六歲至十二歲之學齡兒童，一律受基本教育，免納學費。其貧苦者，由政府供給書籍。已逾學齡未受基本教育之國民，一律受補習教育，免納學費，其書籍亦由政府供給。

第一百六十一條 各級政府應廣設獎學金名額，以扶助學行俱優無力升學之學生。

第一百六十二條 全國公私立之教育文化機關，依法律受國家之監督。

第一百六十三條 國家應注重各地區教育之均衡發展，並推行社會教育，以提高一般國民之文化水準，邊遠及貧瘠地區之教育文化經費，由國庫補助之。其重要之教育文化事業，得由中央辦理或補助之。

第一百六十四條 教育、科學、文化之經費，在中央不得少於其預算總額百分之十五，在省不得少於其預算總額百分之二十五，在市、縣不得少於其預算總額百分之三十五，其依法設置之教育文化基金及產業，應予以保障。

第一百六十五條 國家應保障教育、科學、藝術工作者之生活，並依國民經濟之進展，隨時提高其待遇。

第一百六十六條 國家應獎勵科學之發明與創造，並保護有關歷史、文化、藝術之古蹟、古物。

第一百六十七條 國家對於左列事業或個人，予以獎勵或補助：

一 國內私人經營之教育事業成績優良者。

二 僑居國外國民之教育事業成績優良者。

三 於學術或技術有發明者。

四 從事教育久於其職而成績優良者。

第六節 邊疆地區

第一百六十八條 國家對於邊疆地區各民族之地位，應予以合法之保障，並於其地方自治事業，特別予以扶植。

第一百六十九條 國家對於邊疆地區各民族之教育、文化、交通、水利、衛生及其他經濟、社會事業，應積極舉辦，並扶助其發展，對於土地使用，應依其氣候、土壤性質，及人民生活習慣之所宜，予以保障及發展。

第十四章　憲法之施行及修改

第一百七十條　本憲法所稱之法律，謂經立法院通過，總統公布之法律。

第一百七十一條　法律與憲法牴觸者無效。

法律與憲法有無牴觸發生疑義時，由司法院解釋之。

第一百七十二條　命令與憲法或法律牴觸者無效。

第一百七十三條　憲法之解釋，由司法院為之。

第一百七十四條　憲法之修改，應依左列程序之一為之：

一　由國民大會代表總額五分之一之提議，三分之二之出席，及出席代表四分之三之決議，得修改之。

二　由立法院立法委員四分之一之提議，四分之三之出席，及出席委員四分之三之決議，擬定憲法修正案，提請國民大會複決。此項憲法修正案，應於國民大會開會前半年公告之。

第一百七十五條　本憲法規定事項，有另定實施程序之必要者，以法律定之。

本憲法施行之準備程序，由制定憲法之國民大會議定之。

中華民國憲法增修條文

民國八十年五月一日總統令公布
八十一年五月二十八日總統令修正公布
八十三年八月一日總統令修正公布
八十六年七月二十一日總統令修正公布
八十八年九月十五日總統令修正公布
八十九年四月二十五日總統令修正公布第一、二、四~一〇條條文
九十四年六月十日總統令修正公布第一、二、四、五、八條條文；並增訂第十二條條文。

第一條　中華民國自由地區選舉人於立法院提出憲法修正案、領土變更案，經公告半年，應於三個月內投票複決，不適用憲法第四條、第一百七十四條之規定。

憲法第二十五條至第三十四條及第一百三十五條之規定，停止適用。

第二條　總統、副總統由中華民國自由地區全體人民直接選舉之，自中華民國八十五年第九任總統、副總統選舉實施。總統、副總統候選人應聯名登記，在選票上同列一組圈選，以得票最多之一組為當選。在國外之中華民國自由地區人民返國行使選舉權，以法律定之。

總統發布行政院院長與依憲法經立法院同意任命人員之任免命令及解散立法院之命令，無須行政院院長之副署，不適用憲法第三十七條之規定。

總統為避免國家或人民遭遇緊急危難或應付財政經濟上重大變故，得經行政院會議之決議發布緊急命令，為必要之處置，不受憲法第四十三條之限制。但須於發布命令後十日內提交立法院追認，如立法院不同意時，該緊急命令立即失效。

總統為決定國家安全有關大政方針，得設國家安全會議及所屬國家安全局，其組織以法律定之。

總統於立法院通過對行政院院長之不信任案後十日內，經諮詢立法院院長後，得宣告解散立法院。但總統於戒嚴或緊急命令生效期間，不得解散立法院。立法院解散後，應於六十日內舉行立法委員選舉，並於選舉結果確認後十日內自行集會，其任期重新起算。

總統、副總統之任期為四年，連選得連任一次，不適用憲法第四十七條之規定。

副總統缺位時，總統應於三個月內提名候選人，由立法院補選，繼任至原任期屆滿為止。

總統、副總統均缺位時，由行政院院長代行其職權，並依本條第一項規定補選總統、副總統，繼任至原任期屆滿為止，不適用憲法第四十九條之有關規定。

總統、副總統之罷免案，須經全體立法委員四分之一之提議，全體立法委員三分之二之同意後提出，並經中華民國自由地區選舉人總額過半數之投票，有效票過半數同意罷免時，即為通過。

立法院提出總統、副總統彈劾案，聲請司法院大法官審理，經憲法法庭判決成立時，被彈劾人應即解職。

第三條　行政院院長由總統任命之。行政院院長辭職或出缺時，在總統未任命行政院院長前，由行政院副院長暫行代理。憲法第五十五條之規定，停止適用。

行政院依左列規定，對立法院負責，憲法第五十七條之規定，停止適用：

一、行政院有向立法院提出施政方針及施政報告之責。立法委員在開會時，有向行政院院長及行政院各部會首長質詢之權。

二、行政院對於立法院決議之法律案、預算案、條約案，如認為有窒礙難行時，得經總統之核可，於該決議案送達行政院十日內，移請立法院覆議。立法院對於行政院移請覆議案，應於送達十五日內作成決議。如為休會期間，立法院應於七日內自行集會，並於開議十五日內作成決議。覆議案逾期未議決者，原決議失效。覆議時，如經全體立法委員二分之一以上決議維持原案，行政院院長應即接受該決議。

三、立法院得經全體立法委員三分之一以上連署，對行政院院長提出不信任案。不信任案提出七十二小時後，應於四十八小時內以記名投票表決之。如經全體立法委員二分之一以上贊成，行政院院長應於十日內提出辭職，並得同時呈請總統解散立法院；不信任案如未獲通過，一年內不得對同一行政院院長再提不信任案。

國家機關之職權、設立程序及總員額，得以法律為準則性之規定。

各機關之組織、編制及員額，應依前項法律，基於政策或業務需要決定之。

第四條

立法院立法委員自第七屆起一百一十三人，任期四年，連選得連任，於每屆任滿前三個月內，依左列規定選出之，不受憲法第六十四條及第六十五條之限制：

一、自由地區直轄市、縣市七十三人。每縣市至少一人。

二、自由地區平地原住民及山地原住民各三人。

三、全國不分區及僑居國外國民共三十四人。

前項第一款依各直轄市、縣市人口比例分配，並按應選名額劃分同額選舉區選出之。第三款依政黨名單投票選舉之，由獲得百分之五以上政黨選舉票之政黨依得票比率選出之，各政黨當選名單中，婦女不得低於二分之一。

立法院於每年集會時，得聽取總統國情報告。

立法院經總統解散後，在新選出之立法委員就職前，視同休會。

中華民國領土，依其固有疆域，非經全體立法委員四分之一之提議，全體立法委員四分之三之出席，及出席委員四分之三之決議，提出領土變更案，並於公告半年後，經中華民國自由地區選舉人投票複決，有效同意票過選舉人總額之半數，不得變更之。

總統於立法院解散後發布緊急命令，立法院應於三日內自行集會，並於開議七日內追認之。但於新任立法委員選舉投票日後發布者，應由新任立法委員於就職後追認之。如立法院不同意時，該緊急命令立即失效。

立法院對於總統、副總統之彈劾案，須經全體立法委員二分之一以上之提議，全體立法委員三分之二以上之決議，聲請司法院大法官審理，不適用憲法第九十條、第一百條及增修條文第七條第一項有關規定。

立法委員除現行犯外，在會期中，非經立法院許可，不得逮捕或拘禁。憲法第七十四條之規定，停止適用。

第五條

司法院設大法官十五人，並以其中一人為院長、一人為副院長，由總統提名，經立法院同意任命之，自中華民國九十二年起實施，不適用憲法第七十九條之規定。司法院大法官除法官轉任者外，不適用憲法第八十一條及有關法官終身職待遇之規定。

司法院大法官任期八年，不分屆次，個別計算，並不得連任。但並為院長、副院長之大法官，不受任期之保障。

中華民國九十二年總統提名之大法官，其中八位大法官，含院長、副院長，任期四年，其餘大法官任期為八年，不適用前項任期之規定。

司法院大法官，除依憲法第七十八條之規定外，並組成憲法法庭審理總統、副總統之彈劾及政黨違憲之解散事項。

政黨之目的或其行為，危害中華民國之存在或自由民主之憲政秩序者為違憲。

司法院所提出之年度司法概算，行政院不得刪減，但得加註意見，編入中央政府總預算案，送立法院審議。

第六條　考試院為國家最高考試機關，掌理左列事項，不適用憲法第八十三條之規定：

一、考試。

二、公務人員之銓敘、保障、撫卹、退休。

三、公務人員任免、考績、級俸、陞遷、褒獎之法制事項。

考試院設院長、副院長各一人，考試委員若干人，由總統提名，經立法院同意任命之，不適用憲法第八十四條之規定。

憲法第八十五條有關按省區分別規定名額，分區舉行考試之規定，停止適用。

第七條　監察院為國家最高監察機關，行使彈劾、糾舉及審計權，不適用憲法第九十條及第九十四條有關同意權之規定。

監察院設監察委員二十九人，並以其中一人為院長、一人為副院長，任期六年，由總統提名，經立法院同意任命之。憲法第九十一條至第九十三條之規定停止適用。

監察院對於中央、地方公務人員及司法院、考試院人員之彈劾案，須經監察委員二人以上之提議，九人以上之審查及決定，始得提出，不受憲法第九十八條之限制。

監察院對於監察院人員失職或違法之彈劾，適用憲法第九十五條、第九十七條第二項及前項之規定。

監察委員須超出黨派以外，依據法律獨立行使職權。

憲法第一百零一條及第一百零二條之規定，停止適用。

第八條　立法委員之報酬或待遇，應以法律定之。除年度通案調整者外，單獨增加報酬或待遇之規定，應自次屆起實施。

第九條　省、縣地方制度，應包括左列各款，以法律定之，不受憲法第一百零八條第一項第一款、第一百零九條、第一百十二條至第一百十五條及第一百二十二條之限制：

一、省設省政府，置委員九人，其中一人為主席，均由行政院院長提請總統任命之。

二、省設省諮議會，置省諮議會議員若干人，由行政院院長提請總統任命之。

三、縣設縣議會，縣議會議員由縣民選舉之。

四、屬於縣之立法權，由縣議會行之。

五、縣設縣政府，置縣長一人，由縣民選舉之。

六、中央與省、縣之關係。

七、省承行政院之命，監督縣自治事項。

臺灣省政府之功能、業務與組織之調整，得以法律為特別之規定。

第十條　國家應獎勵科學技術發展及投資，促進產業升級，推動農漁業現代化，重視水資源之開發利用，加強國際經濟合作。

經濟及科學技術發展，應與環境及生態保護兼籌並顧。

國家對於人民興辦之中小型經濟事業，應扶助並保護其生存與發展。

國家對於公營金融機構之管理，應本企業化經營之原則；其管理、人事、預算、決算及審計，得以法律為特別之規定。

國家應推行全民健康保險，並促進現代和傳統醫藥之研究發展。

國家應維護婦女之人格尊嚴，保障婦女之人身安全，消除性別歧視，促進兩性地位之實質平等。

國家對於身心障礙者之保險與就醫、無障礙環境之建構、教育訓練與就業輔導及生活維護與救助，應予保障，並扶助其自立與發展。

國家應重視社會救助、福利服務、國民就業、社會保險及醫療保健等社會福利工作，對於社會救助和國民就業等救濟性支出應優先編列。

國家應尊重軍人對社會之貢獻，並對其退役後之就學、就業、就醫、就養予以保障。

教育、科學、文化之經費，尤其國民教育之經費應優先編列，不受憲法第一百六十四條規定之限制。

國家肯定多元文化，並積極維護發展原住民族語言及文化。

國家應依民族意願，保障原住民族之地位及政治參與，並對其教育文化、交通水利、衛生醫療、經濟土地及社會福利事業予以保障扶助並促其發展，其辦法另以法律定之。對於澎湖、金門及馬祖地區人民亦同。

國家對於僑居國外國民之政治參與，應予保障。

第十一條　自由地區與大陸地區間人民權利義務關係及其他事務之處理，得以法律為特別之規定。

第十二條　憲法之修改，須經立法院立法委員四分之一之提議，四分之三之出席，及出席委員四分之三之決議，提出憲法修正案，並於公告半年後，經中華民國自由地區選舉人投票複決，有效同意票過選舉人總額之半數，即通過之，不適用憲法第一百七十四條之規定。

國父思想要義 周世輔／著 周陽山／修訂

民族、民權與民生主義，其位階順序為何？後冷戰時代，東歐、蘇俄地區新興國家興起，使我們有機會重新思考此一問題。本書以國父思想形成的基礎、理論體系始，輔以後冷戰時代至二十一世紀初，新興國家面臨的經濟發展、族群動盪、憲政與民粹對立三方困境為例，檢視中山思想精要；並展望未來三民主義如何配合時代潮流，在新世紀中落實。

國父思想 周世輔、周陽山／著

周世輔教授的「國父思想」出版以來，風行海內，歷久不衰，除為相關考試所必備外，亦為教學研究所必需。本書的特色有三：一、遵照教育部規定編著而最早出版的國父思想用書；二、述及國父思想淵源及演進時，強調哲學層面；三、對中西學說與國父思想之比較，亦較他書為多。

為因應現今政治情勢，本書乃由周教授的哲嗣，臺大教授周陽山修訂，增添憲政改革等內容，期能保留原書精髓，並收踵事增華之效。

國父思想 涂子麟、林金朝／編著

本書內容分為五章二十七節。行文採條列敘述方式，文字力求淺顯，易學、易記。書中徵引資料，均詳加註明其出處，以便查考。每節之後，並附有「自修復習問題」、「討論問題」、「國父原著選讀」。每一章節，均自成一教學單元，教師可按實際教學需要，而作重點講授。總之，本書深淺適度而具彈性，並使教學與進修兼籌並顧，實為大專院校理想的教科書。

中山思想新詮──總論與民族主義 周世輔、周陽山／著
中山思想新詮──民權主義與中華民國憲法 周世輔、周陽山／著

為了使三民主義及國父思想的研究及教學工作，迎接時代挑戰，結合廣泛的現代學術成果，並配合當代國際思潮及制度的研究新趨向，政治學者及當代思潮研究者周陽山教授，特別重新整理周世輔教授遺著《國父思想》、《國父思想新論》、《國父思想要義》，並增撰詳細的註釋、導論、附編、參考書目及比較性素材，以及特別選編的中山先生原著，合為《中山思想新詮》一書。期望能擴大三民主義與中山思想的研究視野，並從比較國際思潮及制度發展的角度，凸顯中山思想與學說的時代性意蘊。